U0139155

# 教育認識論

賈馥茗 著

台灣師範大學教育系名譽教授

五南圖書出版公司 印行

# 序

　　教育早已是盡人皆知的名詞，教育工作者無不耳熟能詳，教育論述也汗牛充棟，可是「教育學」卻缺少「系統的」論著，也就是說，對教育的「根源」以及「理論與實用的認識」，分述得頗為詳盡，卻缺少通徹的論述，未曾把教育從本源到實施完整的彙成系統的專書，所以教育學三個字連用時，竟無法指出一本專書為代表，因為教育內涵包羅萬象，要整理出系統來並不容易。

　　因為教育不似哲學般專注於理論探討，而是理論離不開實用，否則將徒託空言，無補實際。有一個「實際」限制在前，教育便不能只做「純學術」的討論，於是便不得不把理論和實際相提並論。如此做很可能使論述的「學術價值」減色，但是這是教育學命定的「特質」或「特徵」，使之成為「學」的進程落在其他「學」之後，是教育領域中一直努力的工程。

　　另一方面，本來教育從開始就著重實用，而在實用上，一則是用法或有欠妥之處，一則是人類生活進步，教育也隨之需要改變，故而始終重視實務，忽略了理論的系統整理，實務離開理論，而理論又不確定，難免治絲益棼。

　　作者以為要建立教育學的系統，首先要確定教育的根源，經過若干年苦思冥想，終於在中庸裡找到「人道本乎天道」的論據，「妄意」以為可以作為教育的「形上」根本，這「一得之愚」，先寫了「教育的本質」，進而不揣愚陋，寫出這本「教育認識論」，希望這本書對有志進入教育工作者，在確定了教育的根源之後，堅定對教育的信念，再來認識教育的理論與實際，可以得到貫穿教育知識的線索，同時也知道在應用時的注意點，但也只能提綱挈領，因為實用在技術或技巧，好在另有專書可供應用。

這本書在求概括的認識「全部」教育，只求認識的「正確」，說明多於辯論，因為多作「是非」之辨，徒勞無益，提出「是」的一面，以供參考，或者比較直接。教育的對象是「人」，教育人不是只「灌輸」知識，更在使人提高品格，正確的認識，應用起來，才真正有效。因此論述與實用不得不相提並論。

作者以為提高人的品格在行為指導，行為正當與否，卻又離不開「知」，所以知和行的認識，很難截然劃分。不過對於和行密切相關的品格陶冶，需要另作專論，無法全部涵蓋在本書之中，試看赫爾巴特的《普通教育學》，幾乎有一半的篇幅談品格陶冶，就是知與行的教育，難以分割的原因。但因近來大家對品格陶冶頗有誤解，端在對道德的觀點有異，認為道德違反個人自由，而加以唾棄，需要客觀冷靜的探討，有機會時將是下一步的工作。

寫這本書歸功於從前作者的博士班研究生（後在英國曼徹斯特大學獲博士學位），現任師大教育系教授林逢祺君的建議催促，因為自己並無把握，而且已入垂暮之年，還仿效牛刀初試，粗陋之處，謹待方家不吝指教。

# 目　錄

序

導　言 ………………………………………………………… 001

第一章　認識的官能㈠感知作用 ……………………………… 015

　　第一節　視覺 ………………………………………………… 018

　　第二節　聽覺 ………………………………………………… 020

　　第三節　味覺 ………………………………………………… 022

　　第四節　嗅覺 ………………………………………………… 024

　　第五節　體覺 ………………………………………………… 026

　　第六節　意識（consciousness）………………………………… 027

第二章　認識的官能㈡心理作用 ……………………………… 031

　　第一節　意向（intention）…………………………………… 034

　　第二節　記憶（memory）…………………………………… 036

　　第三節　想像（imagination）………………………………… 038

　　第四節　思想（thinking）…………………………………… 040

　　第五節　直觀（intuition）…………………………………… 042

　　第六節　了解（understanding）……………………………… 043

　　第七節　初步觀念（elementary idea）……………………… 046

　　第八節　情感情緒 ………………………………………… 048

第三章　心靈作用 ……………………………………………… 053

　　第一節　抽象思考 ………………………………………… 055

第二節　清明的知覺 ·······························059

第三節　語文概念 ·································061

第四節　判斷作用 ·································064

第五節　意志力 ···································066

第六節　分化與統整 ·······························070

第七節　欣賞 ·····································073

第四章　認識教育的基礎知識 ·······················081

第一節　天文曆數 ·································084

第二節　文學哲學和史學 ···························092

第三節　心理與自然科學 ···························105

第五章　教育的必須與目的 ·························113

第一節　是誰需要教育 ·····························115

第二節　為誰而教 ·································126

第六章　學生的面相和心相 ·························137

第一節　學生的面相 ·······························139

第二節　知道學生面相之後的認識 ·····················145

第三節　學生的心相 ·······························148

第四節　學生心相之後的認識 ·······················159

第七章　教師的形象 ·····························165

第一節　傳統的教師形象 ···························167

第二節　現代的教師形象 ···························169

第三節　教師的心理調適 ···························175

第八章　教材的認識與運用 ·························189

第一節　初步教材的源流 ···························191

第二節　教材的相關名目 ……………………………… 194

第三節　教材在哪裡入門 ……………………………… 198

第四節　教材的選擇 …………………………………… 206

第九章　教學方法及運用 ……………………………… 217

第一節　中西傳統教學狀況 …………………………… 219

第二節　教法的演進 …………………………………… 223

第三節　教學的新局面 ………………………………… 227

第四節　方法的變通應用 ……………………………… 240

第十章　教育環境與功能 ……………………………… 243

第一節　教育環境的普遍功能 ………………………… 246

第二節　普及教育與實際教育環境的層次功能 ……… 251

第三節　高等教育環境 ………………………………… 265

第十一章　教育的機動功能 …………………………… 275

第一節　人員組織的基本信條 ………………………… 278

第二節　組織中的職務分掌 …………………………… 285

第十二章　教育研究 …………………………………… 299

第一節　研究方法問題 ………………………………… 301

第二節　教育研究的性質 ……………………………… 306

第三節　教育研究的重點 ……………………………… 313

結語——教育通觀 ……………………………………… 321

參考書目 ………………………………………………… 335

索　引 …………………………………………………… 339

導 言

在進入本書之前，先看下面的幾個問題，你如何回答。

1. 你以為什麼叫知道，什麼叫認識？

2. 你還記得自己學習時的「心路歷程」嗎？

3. 你怎樣說明你所知道的「教育」？

4. 你以為自己所知道的教育已經很完備且透徹了嗎？

5. 你對自己所知的毫不懷疑嗎？

6. 你心目中的「好老師」和「壞老師」差別在哪裡？

7. 你以為「好學生」和「壞學生」最大的差別是什麼？

8. 你批評過別人的缺點嗎？那些缺點對你有什麼作用嗎？

9. 你羨慕過當老師的嗎？如果有，可羨慕的是什麼？

10. 你以為知道就可以做到嗎？

11. 你以為「想像」和「認為」有無差別？如果有，差別在哪裡？

12. 你怎樣確定你所知道的是正確的？

現在簡介一下認識教育的線索。

## 一、和認識有關的幾個「概念」

在教育認識論中有幾個基本概念先要加以認識。

### (一)認識和知識在中文裡的差別

在中文裡，認識和知識的詞類和用法不完全相同。認識通常做動詞用，例如認識某個人或某個地方，只用認識兩個字，絕不會說「知識」某個人或「知識」某個地方，因為知識只做名詞用。不似英文字的 episteme 和 knowledge 都做名詞，而英文的 episteme 這個字的意思是「和知識有關或獲得知識的狀況」；knowledge 則是常用的名詞。其次「認識」也不等於「知識」，如同平常說認識或認得時，頂多只算是「知道」，卻不能說知道就是有知識。具體的說，稱為知識時，就不僅是知道，而是知道

的更深入，有更深刻的了解，可以從頭到尾的述說清楚，成為有系統的說明。也可以說，除了具體表面的知道一些外，還知道更多抽象的內容，並且把內容組織成有條理的整體。所以要有相當多的認識才可以構成知識，不可隨便說認識就是知識。

## ㈡認識論和知識論來自同一英文字

至於作名詞用的「認識論」源自英文字的 Epistemology，意思是知識的理論，用英文說，就是 Theory of knowledge，中文也有譯為知識論的。由此可以看出雖然中文的認識和知識用法有別，但是到了論述的層次，即是理論的層次時，便可以相通，因為「認識」和「知」有密切關係，認識達到「相當程度」，才可算是「知識」。因為如此，認識論和知識論，在中文裡才成為同義詞。

## ㈢知識

要了解知識，先要知道有關知識的幾個概念。

### 1.知識的本源

知識源自於一個知者，就是人。人有「知」（knowing）的能力，是知者（knower），才能有「所知」（the known）。累積所知的才形成知識。知識是人類的創造物，雖然荀子說動物也有知，可是動物卻未創造出知識。尤其在人類創造了文字以後，用所發明的文字把所知的記錄了下來，此後一說到知識，就會想到有文字記錄的書本上去，相信讀書可以得到知識，其實人才是知識的本源。

### 2.知的差別或程度

中文最早用一個「知」字兼指知道、知識、以至「智」慧。如是專用一個「知」字時，便可能有幾個解釋，如：

無知：指無所知，不知道，或沒有知識。

略知：指略有所知，但知之不深或不透徹，不算有知識。

誤知：指錯誤的知或是不確切的知識。

知徹：指透徹的知識或正確的知識，是莊子所用的名詞真知。

真知：指正確的知識，哲學裡也稱為真理。（莊子書中也談
到真知，所指的是對本體的認識，和西方哲學所說的 Truth 有些
接近，但和 truth 指真實時並不相同。）哲學的知識論就是探討
什麼是真知和獲得真知的方法。哲學裡辨別知識的真偽問題，是
一個無盡無休的問題，因為知識是人所創造的，知識隨著人的進
步而增加，到新知識出現後，可能否定了從前認為「對」的，因
而從前所認為的「真」，即使不致成為「偽」，也成為可疑的
了。從這一點來看，莊子所說的「知也無涯」，也可解釋為知識
進步無窮。

### 3.影響知識的因素

知識指知道的正確且客觀，和意見、信念不同。意見（opining）
只是看法或想法，不一定出自慎重的思考和周密的辯解，也就是
說，未經過學術性的探討，不免偏頗。信念（belief）這個英文字
在中文裡有幾個譯法，除了信念而外，又可作為信心、相信（和
信念近似）、信仰等等。意義和應用不同，除了信仰和宗教或理
念有關外，從心理狀況說，都是指相信「如此」，意在心裡以為
「就是如此」。而心裡以為就是如此，就是認為所相信的真實無
誤，不過所相信的，是否有充分的資料和證據，確定其真實無
誤，還有待討論，不能冒然的承認其正確無誤，所以信念在經過
辨證之前，不等於知識，但卻足以影響知識。

### 4.知識的意義

中國的經典裡，最早出現的是只有一個「知」字，這個字照
字形看，從口從矢，意思是用口表白，其快速猶如箭矢飛馳。所
以有「一言出口，駟馬難追」的說法。查知字的涵意則是：

「週知事理，通達人情，了然於心，口說出來，明白順暢，所表現的識見，通達而正確。」

因此「知」也可以做「識」用。再看「識」字的字形是從言從音，又言在戈上，古代戈是一種武器，平頭出而啄人，意思是形容聲音出自喉頭，聲浪達到對方，字的本意和「知」字相通，可知兩個字連在一起的命意。

當中文裡開始用兩個字作詞以後，知字後面再加一個字而成的詞很多，例如「見識」或「識見」，其涵意便是辨別事理，審察真偽，判斷是非，並推究因果的綜合能力。由此可以知道所謂知識，統合了多種心理能力，要知道的透徹周全，清楚明白，才能用這兩個字。

孔子曾說自己無知，在沒有知識的人問他問題時，只能就著問者所能知道的先來問他，要他把知道的正反兩面都說出來，然後叫他自己判斷。這和蘇格拉底的觀點相同，不自以為有知識，從和對方的問答中，使他自己得到知識。由此可以看出兩位先哲對知識的態度。

由上述知識的涵意可以明白何以意見、信念不能算是知識，這在中西哲學家都說得非常確定。

## 二、教育知識和認識教育

教育知識意在對教育透徹的認識，重在有關人類生長發展和培育人的知識。所知的內容除了抽象的知識以外，更包括具體應用的知識和技巧。從這方面來說，教育認識論和哲學的認識論就有了差別，簡單的說，哲學中的認識論，重在對知識的探討，所以說是知識的理論。其中對如何獲得知識、知識的性質，多所討論，特別注重對知識真偽的辨別，至於如何應用知識，並非重點。

教育認識論則並不廣泛的探討知識，而是「從教育的立場來探討有關教育的知識，」這樣說似乎範圍小了些，實際上並不

然，只是探討的有了專指的一個領域。而在這個領域裡，除了探討「所需要的知識」以外，更要探討「如何應用」這項知識，因為教育乃是一門應用學科，這是必須先辨別清楚的。

　　其次，教育工作者似乎有一個誤會，以為只要「知道教育」就夠了，尤其當教育是一種專業的說法出現以後，把教育看作一門專門知識，只在「教育」兩個字中探討，而疏忽了其他相關的知識，特別是教育所涵蓋的知識。在赫欽斯主編的「巨著」中，主編艾德勒介紹「教育」這個主題中說，「教育是一個永久性的實際問題。要討論這個問題，將牽涉到許多學問：像文學中的文法、修辭、邏輯、心理學、醫學、形上學、神學、倫理學、政治學、經濟學等等都有關係。」（Great Books, Hutchins, Editor in chief, M. J. Adler, Chief Editor）如此即使想把教育視為一門獨立學科，其獨特處就是不能封閉在「教育」兩個字裡。現在要討論如何認識教育，還要先討論幾個問題。

　　問題之一是忽略了教育的主體是人，是要教育人。不可把重點只放在教「知識」上。當然在教育的過程中，是包括教知識，不過教知識只是教育的一部分。在這一部分之外，更要教人，更要教人如何生活，如何在生活中立身行事。那麼便要具備對人和人生的知識，因為這些知識都含在所教的科目中，教者怎麼可以不知道？但是和人生有關的知識包羅萬象，如艾德勒所說，那麼教育知識的獲得豈非毫無邊際了嗎？事實上也並不然，許多有關人生的知識是都要知道一些，不過並不需要樣樣專精，而是應該都有所了解。總而言之，在教育裡，所要具備的知識是不嫌其多的。

　　至於教人如何生活，只在知識（文字）中乃是紙上談兵，因為許多知識必須在行為或作為上來印證，不是只知道就可以。所謂「學以致用」就在這裡。

　　把知識應用在行為和作為上，不但表現在能力，更表現在人的品格上，我國一向把這方面歸入於道德。教育道德、或道德教

育，尤其是學校教育，視為是訓導的職務，和教務分開，形成知識和道德分立的事實。於是有關道德的知識，只限於文字的學習，不能見於行為和作為，失去了教育的實質的功能，應該說是教育的一大失誤。尤其當唾棄道德的風氣出現以後，教育中更諱言道德，教育失去了一部分重要的功能，不但降低了教育的效果，更增加了許多社會問題。

問題之二是分科教學缺乏科際間的聯繫，未曾注意到各門知識間有相通之處，需要融會貫通。當各科只強調本身的知識以後，有意無意的對別科生出排斥作用，各不相能，不屑於關照別科的知識，因而使學習者所學的，只是支離破碎的知識，並不周備，更不知道如何應用。這種現象的成因，乃是大家忘卻了教育的對象，本是一個整個的人，這個人原本是一個整體，要從事整體全面的生活，在多數的情境中，需要融會貫通多種知識，才能應付一個事件或一個問題。孤立的知識是僵化的，除了口述之外，毫無用處。

問題之三是從二十世紀科學在知識界獨占鰲頭以後，許多學科都企圖躋入科學之林，而所謂之科學，乃是自然科學。事實上自然科學之獨特處，在於應用實驗研究方法，其他學科並不用嚴格的實驗法，因為性質不同。就以教育來說，便不能用嚴格的實驗法研究。因為自然科學研究的材料多是物質，實驗失敗了，可以把作廢的物質棄置，重新再作。教育研究的對象是人，試問如果失敗了，將如何處置這些人？所以教育實驗不是不可以做，而是要極端慎重，因為教育實驗是不容失敗的，而且這種實驗也不可能像自然科學般的嚴格。故而教育是否為科學，還難做定論，田培林教授曾說，教育頂多可以說是「規範科學」，卻不能說是純科學（自然科學）。或者也可以說，教育是「應用科學」，因為教育也需要如科學般的「客觀」和「確實」與「求真」的精神，這也是獲得教育知識所應該具備的條件。

問題之四和上一個問題有關，即是未曾確認教育是應用學科，以致教育知識和實用脫節。明顯的現象是教育研究只重理論的探討，忽視實際問題。探討理論當然不錯，因為理論可以指導實際。但是如果只在理論中用工夫，甚至只在討論理論或宣傳理論，就不免陷入空言，無補實際。尤其當教育工作者面對自己無法解決的問題時，研究者便應伸出援手，發揮研究的力量。然而教育知識界似乎有一種態度，以為研究實際問題不算知識，或者說是沒有學術價值，似乎學術界都有這種觀點。教育知識界放棄了自己的立場，罔顧教育知識自有其特性，乃是一大憾事，這也是應該重新認識的一點。

從近代學術發展的歷程和演變看，哲學原是統攝百學的學問，早期的哲學家的論述包羅極廣，此外文學、史學，藝術等，各有其獨特的性質而各自獨立。待到數學、物理等從哲學中分立出來以後，學問的種類日多，也各有其學術地位，只有教育的學術地位瞠乎其後。這是一個很奇怪的現象！「學問家」都由受教育而來，卻不以教育為學問，彷彿學問都是來自於自學。當然自學有成者不乏其人，可是在初學時總會有人啟蒙，有多少人是生而知之的？這且不論，就連從事教育工作者或教育研究者，也不免多少存著自卑的心理，倒是應該再重新加以檢討和認識的。現在只要認清一點，教育認識論不是探討「純知識」，而是探討教育知識和其應用的知識。尤其這門知識並不徒做空論，而是要實際應用的。問題只在對「應用的知識」和「純知識」，如何衡量其學術價值。

## 三、做些追根究柢的工作

教育事實雖然發生的很早，教育知識（論述）卻出現的相當晚，此後似乎論者多就事論事，忽略了一些基本觀念。到今天還有一些觀念相當模糊，應該再追究一番。

首先是「為誰而教」？單從中國的歷史看，據《尚書》（書經）載舜命契為司徒，是為了教百姓五品相遜，乃是國家的政策，為了教育國民；另一方面則教育貴族子弟，培植治術人才。這項措施歷代相沿，所形成的觀念是「受教育者」為了本身提高地位而求知。如果不問政治目的，還看得出有受教者的目的存在。可以說受教者在教育中有其地位。然而時勢演變，受教者的目的變成了父母的目的，變成了父母為了教子成名，顯親揚名、光宗耀祖而教育下一代。受教育成了父母的目的，真正的受教者反而不在考慮之中，豈不滑稽？這事實自古已然，卻於今為烈！

我們都知道，學習是學習者自己的事。除了一個人自己想要學，沒有人可以強迫，也沒有人可以代替他學。學習者本身沒有意願，即是心理學中所說的沒有學習動機，其學習自然無效。

在父母越俎代庖的替子女決定了學習之外，現代教育也替學習者決定必須受教育。不錯，受教育不但不是壞事，而且是好事。但是這是成人的認知，誰曾問過受教育者是否也這麼說？是否因為事實造成一種順理成章的觀念，認為受教育是「當然」，無須讓受教者知道；更沒讓他們知道：「受教育是一個人自己的事，是自己的義務。」同時也沒讓他們知道：「不受教育就無以為生，要生活就要受教育，受教育就要學習。」受教者缺乏這項認知，是否教育從開始就有一點疏失？因此教育應該一開始就確定，教育是為受教者而存在，受教者才是主體，教育者和父母並不是教育的「受惠者」。

其次，教育中常說的「百年樹人」到底是什麼意思？我們知道現在的教育以學校為代表，其正式歷程大概在二十年左右，則「百年」意何所指？查這四個字的來源，出自管子的「權修」篇，文字是：「一年之計，莫如樹穀；十年之計，莫如樹木；終身之計，莫如樹人。一樹一（年可）穫者，穀也。一樹十（年可）穫者，木也。一樹百（年可）穫者，人也。」這是管子論述

治國之道時比喻作為的效果，以種穀、植樹和培育人時效的長短比較，培育人要長達百年才見效。而管子提倡「禮義廉恥」是教人的法則，一則可以解釋說，教育人的工作要長達百年；一則可以說，教人的工作要百年才能見出效果。教育中似乎把兩者都採用了，指教育是一個需要長時間才能生效的工作。從人類生長發展的歷程看，教育的確不是可以立竿見影的事，必須先確定原則，貫徹始終，才會有效。而在教育了一代人後，雖然當代的受教者受了教育的影響，卻難以根除「原有的」一切習性，尤其還有許多未受教者，更有影響力，必待兩三代以後，教育效果普遍存在，多數人以至全體人都改變了，才見出實效。所以教育不可急功好利，操切從事。更不能希望一個措施或作為，立即生效。

　　再次是，教育的「核心精神」何在？這個問題的答案最早出現在中國。從孔子教授生徒，便建立了這種精神，即是「學而不厭，教而不倦」的「師道」。當然孔子是因為沒有實現治國安民大志的機會，才退而用教授人才來表現自己的願望，希望由所教的學生來實現自己的理想。如果說這是孔子所選擇的一項任務，比喻現在選擇一種職業，那麼選擇了以後，便要秉持這種精神，認真的去做。

　　師道精神之學而不厭，教而不倦，首先表現的是教和學同時並行，可能是後來說「教學相長」的原由。不過真正表現的是忠誠無二，執著於所要做的工作。現在教育已經是一種職業，則從事這種職業應出於自己的選擇，則在選擇之前就該對教育有正確的認識。就現況說，進入教育領域要經過學習，那麼在學習的過程中，就要正確而透徹的認識教育，更要具有教育精神，於是忠誠便是教育的一項精神。這種精神表現在教育工作裡，應是「無私無我」。

　　說教育工作無私無我，是就現況來說，從事教育工作無名無利又無權，幾乎是一種奉獻──為培育下一代而工作。只有到所

培養的人有了成就，才見出教育的效果。然而所培植的人的成就，是他自己成功，未必歸功於教育者。而一個教育者，並不計較，不會假借教育，求取個人的聲望或利益。教育精神之可貴，也就在此。

另一項教育精神的表現，在於「教育的愛」。這種愛的內涵，第一是理想。「理想」教人從無知無識成為有知有識，更等而上之，成為有品格有價值的人。在這個教人的過程中，如同培植一根幼苗，灌溉施肥，看著它一天天壯大，予人無限欣慰。其中有希望，有努力，也有成績。第二是過程或歷程。人雖然生而有好逸惡勞的傾向，同時也是工作的動物，如果終日無所事事，並不會快樂，所以還要找些事來做。做事不是要用心，就是要用力，有時是二者都要。這是因為在工作的過程中，能夠得到快樂。就用力的工作說，譬如把庭園闢成菜園或花園，自然要挖掘土地，除去雜草砂石，使人累得汗流浹背，然而同時也使人得到快樂，尤其看到自己工作的成果——把一片荒地變成將有收穫的園地，是一個可愛的過程。再就用心的工作說，解一個數學題或是寫一篇文章，總不免要思考，甚至要經過苦苦思想，絞盡腦汁，似乎很痛苦，卻又不肯放棄，終於得到答案或靈感，於是高興得手舞足蹈起來，把前此的苦心焦慮一掃而光，然後反而把用心的過程看作是快樂的泉源。教育過程之可愛也就在此。

最後是，教育「所期望於人」的是什麼？這要分對個人和對全人類兩方面來說。對個人而言，是希望每個人都能成為一個好人，即是能夠獨立生活而不防害別人和別人的生活。至於各個人如何生活，應該各自按照自己的能力和志願去發展。教育所能並應該做的，是啟發和指引，而不是代做決定。這是從每一個人出發，是一個普遍的希望，希望人人都能做到。試想倘若世界上都是好人，豈非就成了人類的樂園！

就人類而言，是希望儘量發展人的潛能。時至今日，我們還

不知道人的能力極限。所謂之極限，一方面指聰明才智，一方面指毅力。對前者，只有在發現了一個出人意表的作為時，才引起人們的驚異，而這類出現往往是無意的，只是偶然的機會。教育是否能多多製造一些機會，使聰明才智可以表現出來？也就是說，不要使預定作業占據了學生全部課外時間，留些時間讓學生自由思考或活動，因為自由思考的思緒往往是在無意間出現的。所以教育是否要放開胸襟，放開眼光，看得大些，看得遠些？對後者，教育中相信對學生要克盡保護之責，惟恐傷害了他們的健康，這當然是應該。不過也有許多實例，在極端困苦危難的情況中，照常情判斷，無法度過或克服，需要掙扎過來。說是不甘心認輸使然固然不錯，說是毅力可能更正確。而毅力是可以鍛鍊的。那麼教育是否也要注意毅力的鍛鍊，以培養堅苦卓絕的精神！

## 四、本書的旨趣

### ㈠本書的目的

　　本書的目的在討論教育知識，同時並闡明其應用的方法。前面已經說過，教育認識論和哲學的認識論性質及內容有不同之處。探討教育知識，坦白的說，並非「純知識」的探討，更直接的說，並不「徒做空言」，而是要「言而有用」。這樣說並無對哲學有任何偏見，反而要說在看本書之前，應該具備哲學認識論的基本知識，以便對認識論先有基本概念，然後才能了解教育知識，並知道如何應用教育知識。因為教育知識的內涵，一則要學習者增加自己的知識，一則還要學習者知道如何教人（後於自己的學習者）學習，因而實際上有雙重任務，也就是有雙重目的。

### ㈡本書的體例

　　基於本書的目的和性質，在文字方面，求其簡單明瞭，儘量避免用「術語」，寧可少做學理的探討，多做應用的說明，可能

缺少「學術意味」，但作者希望和讀者站在一起，希望知道如何做，才能發揮教育的功能，所以想和讀者如對話般爽直親切的交談。不過一個人習慣於自己的說話方式以後，是否能適應多數人，便很難確定了。這是要請讀者諒解的。

### ㈢閱讀本書的態度

現在是一個追求「速效」的時代，讀書也要求速效，所以有了「速讀法」。不過應用不當者，往往只想快快讀完一段書或一本書，以為便可以「交代」。忽略了速讀不但求速度，同時還要「了解」並「把握重點」。如果只是看過一遍，而不知道所看的是什麼，豈非和沒看一樣？更有甚者，忘卻了速讀是在迅速獲得一些訊息，要想把握書中的要點，「匆匆一瞥」不但不能深入，更無法「窺其堂奧」。通常要想得到一些知識，不但要細心閱讀，還要邊讀邊想，甚至要一想再想。像這樣讀書，就不能計較時間了。尤其本書兼重應用，需要在知道以後，還要想如何應用，而應用可能比知道還複雜且困難。

應用之難，難在「想」比「做」快而容易。稍微想一下便知道：我們在做一件事時，往往只想其「成」，很少想到做時可能遇到困難，因為許多困難不在意料之中，俗話說，看事容易做事難，就是由此而來。作者建議：讀本書時，切勿貪快，不妨讀到一個段落時，停下來想一想，如此可能發現更好的意見，得到更多的收穫。

第一章

認識的官能㈠感知作用

## 感覺敏銳與感覺遲鈍有何差別？
## 感知作用的可靠性如何？

　　明代劉宗周在其「人譜」中說：「大哉人乎！無知無不知。」人之知的能力，的確超出萬物之上。荀子的「王制」篇中說：「水火有氣而無生，草木有生而無知，禽獸有知而無義，人有氣、有生、有知、亦且有義。」即是說人之知的領域最廣。但是知從何而來？基本上是因人有好奇心，想要追究一些不知道的東西。

　　中西哲學家都曾探討知從何而來，從基本上說，是由於人有知的官能，但官能有層次的分別。試先從這裡說起。

　　人的官能首先是感官，即是所謂之五官：耳目口鼻體。後者荀子稱為「形」，西方稱為「皮膚」。其功能是：耳聽、目視、口味、鼻嗅、體觸，統稱為感覺。職司感覺的感官都生在軀體的外部，接受外在刺激而有所感，如果到此為止，似乎人體結構就分解了，而非一個整體。而人的整體結構，確有內外聯繫，所以內外是相連的。即是感覺會傳達到內在的一個官能，一個「知」的官能，從前叫做「心」。這個心，不但有知，還有其他的功能。下面再來解釋一下。

　　前面說，感官受到外在刺激會生出感覺，這個「覺」字頗有再解釋一下的必要。即是「覺」是否全在「感官」？例如耳管聽、目管視，倘若只是耳朵聽了，眼睛看了，就真的有所聞、有所見嗎？《中庸》裡不是說：有「視而不見，聽而不聞」的狀況嗎？我們不是常常遇到一個人說話，而另一個人「充耳不聞」的情形嗎？這原因是和《中庸》裡說的一樣，我們認為那個聽話的人是「心不在焉」。故而這個「覺」字所指的是聽要和心相通，才能「聽見」，才能有所「覺」。這就表示感官的覺，沒有內在作用，只有「感」並沒有效果。早期西方哲學家說感覺時，多用 sense-perception 這個字，後一個英文字的意思我們譯為知覺，是

很有道理的。到心理學把感覺和知覺分開來說以後，又不能把兩者分別得很清楚，反而滋生困擾。因為感和知在神經通路上連接的可能比電流還快，不易切斷，除非「心」發出作用，才因感而有覺。所以應該說，感而不覺，是不知，不知乃是由於心不在焉。明白這一點後，可以知道老師上課時，學生似乎在「聽」，實際上可能「聽而不聞」。因此教師不但要觀察學生的外在表情，還要穿透他們的內心，才能確定他們是否真正的聽了。至於上課時老師只管口若懸河的講，不注意學生的狀況者，就談不到教學效果了。

感覺作用靠感官，感官的功能靠應用而練習其靈敏度。如果把感官當作工具，則工具會愈用愈有效。感官既然是接受外在刺激的，尤其是眼睛，只要眼能看，便可看見許多事物，關鍵在一個人是否肯看。這就是教育問題了。

## 第一節　視覺

從觀察幼兒得知，當幼兒發展到聽見聲音而轉動眼球以尋找聲音時，便表示能看了。此後父母把有聲有色以至能動的東西給他看，會減少幼兒啼哭的次數。顯示幼兒有看的好奇心。隨著時日增長，看是幼兒打發時間最好的方法。不過幼兒的看，並不一定有特殊目的，很多眼前的東西，未必能引起他的注意，所以視而不見。如果有人提示給他，就會引起他的興趣來看。時時提醒他看，可以培養隨時注意看的習慣，而增加知覺領域。有兩個故事可以借鑑。據說有一位官員等待皇帝接見，等了很久，覺得無聊，看見桌上有一盤糖，便拿起一塊吃了下去。不料吃了以後，肚子痛了起來，只好告病回家，沒有見到皇帝。另一位官員也是等皇帝召見，在召見之前，皇帝曾聽推薦者說這位官員事事留

心，所以故意延遲召見。這位官員枯坐無聊，把整個房間裡的東西都看遍了，最後只好數屋頂的橫樑。到皇帝召見時，第一句話就問他，你等待的屋頂有幾根房樑？他正確的答了出來，於是皇帝認為推薦者不錯，相信他真是事事留心，是一個可用之才。由此可以看到，兩位官員對眼睛的用法，一個只看到吃，另一個卻無所不看，把可見的東西毫無遺漏的都看見了。這兩個人，誰的眼睛最有用？世俗人可以說，兩個人的個性不同，但是在教育裡，寧可說兩個人用眼的習慣不同，而習慣乃是培養出來的。倘若及早培養兒童多看，養成習慣以後，就會不輕易忽略任何眼前的東西。

其次是，視覺由於常常看，可以增加看的靈敏度。那就是，看一樣東西，不只看見「大概」，還能看見每個微細的部分。也就是常說的，不但見其表，更能見其「裡」，所謂「深入底裡」。這樣的視覺效果，表示看時用了心，看完以後，能夠把所看的，巨細無遺的描述出來，才算真看見了。真看見的事實，是心裡留下了清楚的印象，到能夠完全描述，心理學中稱為能夠「再生」。這在心理的歷程中，所謂心的作用，包括感覺、知覺和記憶。記憶把所見的保留在心中，稱為「表象」，到描述的時候，表象出現，彷彿所見的東西如在眼前，才能清楚的說出來。學習就是要得到這樣的結果。曾經有一位教師想要考驗學生感覺和記憶作用的聯接效果，帶他們走過幾條街後，叫他們說出所見的商店之類的名字，結果有人記得很多，有人卻所記無幾。麥司樓（A. H. Maslow）曾經研究一批稱為「自我實現」的大學生，發現他們有敏銳的感受力，據他們自述，每天看見同樣的東西，都能看出不同之點，而得到一種新奇的感受。這樣的人在學習中，一定會學到更多的東西，其學習才是真正的學習。說到此不免順便提一下，目前測量學習結果的測驗題中，是非、選擇之類的題目，測不出對所學的「再生」能力，只是「再見」而已，即是說，作答

者要看見所提供的才能回答，心中未必有清楚明白的表象，很難斷定學習的確實結果。

# 第二節　聽覺

　　從聽覺來說，也可以經訓練增加靈敏度。那就要從幼年「訓練」（這兩個字為尊重兒童的教育者所排斥，因其權威的味道太重，其實心理學家斯金納的行為主義，就是以訓練為實驗重點。）用「訓練」兩個字的原因是，幼兒發聲的習慣是培養而成的，更是從學習而來的。我們常從一個人說話聲音的高度和速度，判斷這個人的品質，乃是一項社會評價。但是我們必須知道，幼兒說話的聲音，是從大人那裡學來的。父母習慣高聲說話，孩子必然大喊大叫。習慣了以後，就很難輕聲細語了。我們有時發現有的老師上課時，聲震瓦屋。替這樣的老師設想，未免太辛苦，這會喊叫得聲嘶力竭，喉嚨沙啞，最後得了職業病。對學生來說，高頻率的聲音，是劇烈的刺激，容易引起聽覺疲勞；時間久了，失去聽的意願，反而使老師的講述白費。倒不如輕聲細語更能增加聽的注意力。在和人相處時，社會性的禮貌講究「傾聽」。所謂傾聽，表面上是眼睛看著對方，表示注意，同時也表示尊重對方，並注意聽對方說話（有時雖然不想聽，表面的禮貌還是要有）。而傾聽實際上就是用心聽，如此即使對方說話的聲音很低，仍然可以聽得清楚。目前所謂之熱門音樂，固然是風尚使然，但從長久處看，對聽覺並沒有好處。我們已經知道「噪音」對聽覺的傷害，便不該再受其害。習慣於聽高聲，說話也就自然而然的發出大聲，在正式場合高聲大叫，自然不免遭人白眼，在國外則會惹人恥笑。

　　聞和見是兩種常常應用的知的來源，教育要訓練這兩種常用

的感官，更要指引應用的方法和利用機會的心意。洛克在其「人類的了解」（J. Locke：Concerning Human Understanding）中，強調感覺是經驗的第一個來源。我們知道洛克是著名的經驗主義的倡導者，主張由感官接觸外在事物而形成觀念，是知的第一步，所以認為幼兒在封閉的環境中將無所知。那麼要使幼兒和兒童增加知識，當然要使他們多多接觸外物，使他們多有機會運用感官。但是目前有一個奇怪的現象，熱心幼兒教育的人，早早的教幼兒看書寫字，只用一些抽象的符號訓練感官，卻不讓他們看到實物。這種作法，和生長發展的歷程相矛盾，違反學習歷程。大家都知道裴斯泰洛齊（J. H. Pestalozzi）著名的「直觀教學法」曾經轟動歐洲，就是他所用的教法，是先以實物給兒童看，然後才學習抽象的文字。因為具體的物對兒童的感官更有刺激作用。兒童看見實物，印象更為深刻。例如數學常是學生最怕的功課，因為像 1＋2＝3 這樣的算術式，他們一下子無法了解。如果老師拿三個任何東西，分成一和二兩份，然後把那一個和兩個放在一起，問學生現在是幾個，相信學生會毫無困難的正確的回答出來，因為他們早就會數數了。他們的問題是不知道＋和＝這兩個符號。如果老師讓學生知道放在一起是＋（順便把中文字的「加」也教給他們，豈不是一舉兩得！）

　　教育只注重「知識」的影響，變成只注重文字，只以「讀書識字」為先，忽略了學習者的狀況，忽略了學習要從具體到抽象。抽象符號的學習，對初學者來說，先要經過具體的了解才能達到，而我們卻常常忽略了這一點。許多學習困難的學生，就是因為無法一下子進入抽象的文字中去。書中許多抽象符號，在他們看來，「遙不可及」，不想看下去，那就只好自己尋找「自娛」的途徑了。如果學校裡不允許自得其樂，就只好「逃之夭夭」了。

　　在這裡我們可以看到感官的訓練，並非只在訓練感官，必需

那個接受訓練者「有意」接受才有效，那就要探討認識的另一種官能，即心靈作用。

# 第三節　味覺

　　味覺主要在舌，所謂五味之酸甜苦辣鹹，是靠味蕾辨別。可能因為食物要從口入，吃進以後，舌才有辨味的機會，所以味覺的舌反而不在「口語」之中，而經常說「口味」，彷彿是口辨味而不是舌了。同時對於食物的功用，很少說「食能療饑」，倒說是「滿足口腹之慾」。於是食的最大且重要的作用，由「維持生命」的基本需要變成了「慾望」，而出現了所謂「美食家」。中國先哲早就戒人不可貪口腹之慾，孟子說：「飲食之人，則人皆賤之矣。」所指的是，一心一意的以飲食為重，忽略為人做事更重要的，會為別人藐視。接著又說：「養大體者為大人，養小體者為小人。」所謂養大體是在「養心」；養小體則在養口腹。

　　事實上，飲食在中國發展進步的相當早，對食物的烹調早就有了許多「講究」，尤其發明了許多「奇怪」的食物，幾乎無所不吃，像熊掌、魚翅之類，視為高貴的食物，從未想到吃這些東西，既殘忍，又沒有營養。

　　願意吃「可口」的食物，似乎是人之常情，我們的先哲早就了解到這一點。荀子也說過，人在吃的方面，「口欲綦味」（綦，意同極），指要儘可能的追求美味。實際上，所謂美味，其一在自己的愛好，其二在世俗的傳聞，其三在個人的幼年習慣。除了世俗傳聞受風氣影響以外，愛好和習慣有密切關係。一個人幼年時常吃的食物，因為習慣而被制約，就成了愛吃的東西，許多人在成年或老年時，還想吃小時候常吃的東西，就是一例。

　　食物成了「口腹之慾」後，對一個人的影響很大。因為吃本

來是維持生命的，到了習慣吃飯的時候就會餓，養成一日三餐的習慣後，一天就要餓三次。而飢餓的感覺使人非常不舒服，這種需要又只有一個方法滿足，就是吃。如果只是要吃，則凡是可吃的，吃過後就不會再餓。那麼只要有得吃，就不成問題。問題之所在，在於要求「合口味」。

　　一個人喜歡吃自己愛吃的東西，出於人情之常，荀子也承認這一點，就像眼睛喜歡看美好的東西，耳朵喜歡聽美妙的聲音，鼻子喜歡嗅馨香的氣味，都出自性情，無須學習。但是這些「喜歡」，不能超出「平常」的範圍以外，例如要吃龍肝鳳髓，要聽天上仙樂之類，乃是妄想；至於吃燕窩魚翅，倒可能吃到，可是超出了「平常」之外，並非「需要」，而成了「欲」，這就要三思了。仔細想一想，吃一餐簡單而營養的飯，和一頓「豪華大餐」，效果幾乎一樣，就是到下次吃飯的時候，仍然會餓，還得再吃。如此想來，便可知道「欲」並非「必須」了。

　　總起來說，感覺直接而切近，每天出現的非常頻繁，如果只為這些感覺的滿足而忙碌不堪，生活不但「辛苦」，而且「毫無意義」。

　　倘若把和感覺相連的知覺的「知」延伸一下，使其免於進入「欲」的層次，加入一番認識，就到了教育的領域。從前面所說的可以看出，感覺中伴和著「情感作用」（愛惡之情），並非純粹的感覺而已。「欲」乃是七情（喜怒哀懼愛惡欲）之一，是與生俱來的，很難消除，只有明白「欲」對人生的影響力──縱慾使人「沉淪」──才能免於沉淪。試看古今中外，多少人因為「欲」而「身敗名裂」！（當然欲不僅只上述三項。）我們常說，「慾海無邊」，就是說「欲不可縱」。說到此可能被譏為「道學」，但是在教育裡卻不能不說，因為人常常想不通這一點。我們先哲多教人「禁欲」，是與人為善。禁慾才能使人免於沉淪，才有提昇品格的可能，因為人有應該做的許多有意義的

事，不應該把精力「浪費」在無意義的行動上。可是荀子卻提出
「養欲」之說，這樣說就似乎沒有「道學味」了。荀子說：「芻、
豢稻粱、五味調香，所以養口也。椒蘭芬苾，所以養鼻也。雕琢
刻鏤、黼黻文繡、所以養目也。鐘鼓管磬、琴瑟竽笙，所以養耳
也。……」（禮論）這是說視聽口味等感覺和材料的對應（應
和）。不過荀子又說，聲色的對象雖然「平常」（不求其極），
仍然可以養目養耳，如蔬食菜羹可以養口一樣。因為人要役物，
物能滿足需要即可。如果求聲色口腹之慾，就變成「人為物役」，
不得不去追求物，而失去人的價值。所以荀子說是「養欲」，這
個「養」字卻等於「節」字，那麼說「節欲」可能比「禁慾」合
理，聽起來也覺得不那麼「道學」。平心而論，人類隨著文化的
進步，可用的物也隨著大量增加，物質誘惑不絕如縷；尤其感官
的享受，可以不費心力，就能得到「愉快」。但是這種愉快是短
暫的，過時即逝，待到時過境遷，快感消失了，仍然覺得「茫然
若有所失」。所以最好不沉迷在這種「享樂」之中，振作精神，
計畫做些有意義的活動。我們的先哲苦口婆心的「說教」，即是
知道什麼是人該做的，什麼是不必做的。若只當作「陳腐之言」，
寧願追求短暫的享樂，將來後悔就晚了。教育中所以不厭其煩的
這麼說，是因為年輕人不知道，不得不及時提醒。

# 第四節　嗅覺

　　嗅覺作用是辨別氣味的，是盡人皆知的事實，其生理作用無
須贅言。此處要說的是在生理作用之外，生活中應該知道的。
「大學」「誠意」章中說：「所謂誠其意者，勿自欺也，如好好
色，如惡惡臭。」臭味是很容易辨的，何以用來比喻誠意？仔細
推想，是在說明「誠」字，即是說不自欺猶如辨別臭味一樣，乃

是輕而易舉的。可是人卻常常欺騙自己而不自知。例如明明現在可以做的事，卻找出種種藉口推拖而不做，就是騙自己。這是從嗅覺聯想到的一個例子，提醒我們讀書做事不可推拖延宕，該做的應立刻就做。找藉口自圓其說的「姑息自己」，實際上就是自欺。

其次，嗅覺作用受環境影響，環境薰染，會使嗅覺發生錯誤，即是說：「入芝蘭之室，久而不聞其香；入鮑魚之市，久而不聞其臭。」又如「近朱者赤，近墨者黑。」更見習染的力量。再則如荀子所說：「蓬生麻中，不扶而直，……所漸者然也。」由嗅覺連接到環境，除了警惕人在「擇友」要特別慎重之外，也要選擇居住的環境，如孔子所說：「里仁為美」。這樣說，是由嗅覺引伸到另一方面。

從生活狀況說，嗅覺由呼吸而來，我們無時無刻不在呼吸，因為需要空氣中的氧氣，即使沒有明顯的香味或臭味，也要空氣新鮮，即是空氣中的氧氣充分，才適合健康，於是就有了兩件要知道的事。其一是保持室內空氣新鮮，原則是開窗，在此就有兩個問題：其一是室內加了溫度調節，其二是冷天。空氣調節器功能好的，對室內外空氣的置換，有其效果；但是如果室外空氣惡濁，可能也就有問題。至於天冷的時候，人們常把門窗緊閉，室內空氣不流通還在其次，如果用了取暖器具，用木炭或煤氣做燃料，往往發生危險，這是現代生活中應有的常識，不可忽略，在普及教育中，不可因為這不是知識而等閒視之。

和嗅覺有關的，在小或切近的環境之外，還有一個很大的環境，就是我們的地球。由於工業和交通工具廢氣污染，不但使地面空氣惡化，且破壞了臭氧層，改變了地表，不只影響呼吸，更影響溫度雨量，關係到生活，成為一個嚴重的問題，有賴教育喚醒大眾，及時醒覺，更要先使幼年人警惕，立意不做危害地球的活動。從這方面說，教育所負的責任很廣，如果說這是知識，所要知道的還包括地球科學。

# 第五節 體覺

　　從前講感覺，把皮膚列為第五，稱為皮膚的觸覺，是相演已久的說法。後來又有增加，其中之一便是體覺。此處採用這個說法，因為體覺可以涵蓋的較廣，不但皮膚，且連肢體在內。人是動物，身體各部的活動都有感覺，而且和健康有關。心理學開始時，曾做過皮膚實驗，現在對運動的注意，更關心運動對身體的利與害，不只觸覺而已，談體覺在教育中，須要從幼兒說起。

　　幼兒有了活動能力以後，便開始肢體活動，心理學中稱為psycho-motor，是生長發展必經的歷程。然而幼兒在本能的驅使下，只管活動，不計其他。在文明進步的現代環境中，存在著許多可能傷害幼兒盲動的器物，不能聽任其碰觸，所以需要有所教導或禁止。教導是告訴他什麼危險，不可隨便碰觸，更不可任意玩弄；禁止是絕對不容許「不准做的」，這是為了保護幼兒的安全。

　　幼兒的活動，是本能的軀體練習，加上好奇心的驅使，最喜歡玩弄活動而又有變化的東西，如電燈、火爐和各種家用器具的開關，其中大多會引起危險；其次是喜歡攀爬，如窗台、桌椅之類。如果窗戶未關緊，爬上窗台就有跌落窗外的危險。桌椅太高，又有中途跌下的可能。當其體能尚未發展到可以自行控制的時候，必須禁止。康德認為對幼兒和兒童的「訓練」是必須，因為兒童應該學習「服從」。服從使兒童知道生活中有「規律」和「法則」，他們需要養育和保護，這是成人的責任，成人對他們盡責任，他們就要「盡服從」的義務，由此給他們建立義務感。康德的理論是，兒童是將來的公民，公民有公民的義務，應該及早訓練。而且幼年有了服從的習慣，進入學校才能服從老師和學校的規則。

隨著年齡增加，體能活動逐漸種類繁多，「體育」本來是鍛鍊體格，增加活動技巧的，既能增加體力，又可消耗多餘的營養，所以運動之後雖然疲倦，卻覺得身體舒暢。其實有些活動，不但有運動的功效，又另含積極意義。衛生活動就有這種功能。朱子家訓中說：「黎明即起，灑掃庭除，」是既健康，又有益的活動；接著說：「几案必正，器物必整。」是建立秩序的好習慣。康德主張從幼年養成服從的精神，認為其中也包括「秩序」。他以為大自然就存在著秩序，人類社會同樣也要有秩序。「秩序」的觀念古今中外皆同，從個人、家庭、學校、以至國家，都不可沒有秩序，否則生活必然大亂。

人是一個整體，雖然笛卡爾主張心物二元，認為軀體和心靈是兩個獨立的系統，只在松果腺處連接。現在學科也把生理和心理分開，事實上身體和心理仍然息息相關。運動後覺得身體舒暢，隨著也覺得心情愉快，豈不是身心相連的證明！由此看把秩序和體覺相提並論，又把整潔習慣加入，就不無道理了。相信絕大多數的人，都喜歡停在一個整潔的環境裡，如此倘若自己和這個環境有關，便要注意保持這個環境的整潔，而這樣的習慣要從幼年開始訓練，教兒童把糖紙丟到垃圾筒裡，教兒童把玩過的玩具收起來，免得室內雜亂，使兒童做有益的活動，同時也養成好習慣。

# 第六節　意識（consciousness）

意識這個概念從西方哲學中談心理問題，到現在的心理學，眾說紛紜，問題在各家的解釋不同，關鍵在這個概念介乎感覺和心理作用之間。意識所以列在本章之中，也就在此。作者相信人是一個整體，不容切割，只因在說話或寫出時，不能同時「一齊

顧到」，只好一樣樣的說，於是兩樣事物，似乎成了不相關的東西，乃是運用器官的問題，並非兩者全然無關。本章把感覺知覺連在一起，就是因為「感」和「知」相通，不能截然劃分。同樣的「知」、「意」和「識」也互相關聯，除非有特指，也很難分別。把意識放在這裡，倒可以做進入心理作用的橋樑。

既然這個概念來自西方，自然以西方的材料為依據。西方哲學家從亞里斯多德就談到意識，但卻以為在知識中不占重要地位。不過意識在英文字典中，多數解釋為「覺知」（awareness），所覺知的有：知覺（perception）、內省（introspection）、反省（reflection）或回想、下意識的（subliminal）、自我，以至意識的意識（awareness of awareness）。後者指意識作用的存在猶如一個人正在「想」的時候，除了所想的內容以外，還知道自己是「在想」。

洛克說：覺知就是反省，包括知覺、思想、相信、懷疑、意願等，是依照他的經驗主義的說法，簡單觀念來自感覺，由感而覺知形成為簡單的觀念，是把感覺連接意識的解釋。這個觀點為行為主義者所繼承，但瓦特森（J. B. Watson）更進一步，根本否定了意識的存在。後起者都不再探討這個概念，因為行為主義相信實驗，而意識是很難從事實驗的，甚至內省也在排除之列。

另一方面，支持意識之說的在哲學家中仍然有其人在。胡塞爾（E. Husserl）就相信意識是經驗的主要因素，和其前的布蘭坦諾（F. Brentano）以為意識的內容和意識的意向密切相關比較接近，即是意識有意向的作用。布蘭坦諾認為意識結構中，是將直覺的事物意義化，然後才能了解事物。這樣看來，意識就絕不只在感覺的層次，而是有心靈的作用了。到了存在主義者沙特（J. P. Sartre），也持類似觀點，認為意識是經驗現象的意義整體，表現事物的意義，更認為是主觀的原則。

美國心理學家詹姆士（W. James）以為意識是內在經驗的具體事件，由感覺而繼續發生的有選擇或改變的心理作用；繼而又

提出「意識流」的說法，說意識流是一種實際而又能改變的狀況，其中外圍是印象和感覺，中間是注意。最近席利（J. Searle）則以為意識是以生物性為基礎的心理現象，含有意向在其中。

　　離開學識性的探討，從經驗所知的來說，西方所謂的意識，的確是出入於感覺和知覺之間，有「知」以至於「想」的作用，所謂「想」，用中文字說，乃是「意」在其中，也就連接上「意向」以至「注意」，即是常說的「有意」。我們所關心的是這種狀況對學習的作用。如果意識連著意向和注意，那麼在引導意向之前，就要先喚醒意識，使意有所指，而指向學習。但同時我們已經知道，前述意識中也包括無意識，就是常說的「無意的」。無意的意識，如果不似後來弗若伊德所說的「下意識」，而是指「無意於」，就可能轉向「有意」。對學習就有了意義。

　　通常觀察學生的狀況，會出現處在「有意無意之間」的情形，既非心有所思，又沒有任何意向，似乎心中是一片空白，往往被教師責備「無心」或「不用心」，遇到這種情形，最好不要早下斷語，可以認為是喚醒意識的良好時機，以便導引其進入心理活動。

# 第 2 章

# 認識的官能㈡ 心理作用

「人心難測」，是指那方面說？
人的心理作用也有可知的嗎？
如何知道所知的心理作用是正確的？

　　心理作用的官能，中文稱為心，英文字是mind或soul，前者譯為心靈，後者譯為靈魂。但在洛克的書中，兩個字都指心靈而言。早期中西哲學家，都把心看作知的主要官能。不過他們所說的心，並非心臟器官，而是如後來所說的中樞神經，即是大腦，這一點是不容誤解的。十九世紀翁德（W. Wundt）在萊比錫開始設心理實驗室，才用心理學這個名詞（源自psyche，意為精神或心靈，加上學字尾，遂成為 psychology）。

　　中國先哲談心的，以荀子說的最清楚。荀子說：「人何以知？曰心。心何以知？曰虛一而靜。」接著說：「心者，形（指身體）之君也，而神明之主也。出令而無所受令。自禁也，自使也，自奪也，自取也，自行也，自止也。……是之則受，非之則辭。」（解蔽篇）說明心不但是知的官能，更是一個人的「主宰」。西方從哲學的「心靈作用」，到「心理學」獨成一門科學，把「心理作用」分析的更為詳細，只是不再用心靈這個字，而改用「心理」。

　　心理學中所說的心理作用，和早期哲學家所說的大致相同，但經過實驗研究，把心理活動分別說明，更清楚明白。這些心理知識，在哲學認識論中說的是「知的歷程」，使人了解知的獲得，有助於學習。而在教育裡，則除了學習者知道了自己知的作用以外，還要用來教人利用這些作用學習。使這些作用發揮最大的效果，以便學習更為有效。從這一點說，教育得益於心理學的，實在很多。現在將各項心理作用及應用的注意點，分別列述出來。

# 第一節　意向（intention）

　　意向指心有所向。我們知道學習是一個人自己的活動，必須這個人自己想要學，才會心有所向，我們說是「願意」。這是心的主宰作用，俗話說，牛若不想喝水，強把牠的頭按到水裡也沒用，動物還有自主意識，何況是人！心理學中稱意願為「動機」，是學習的主動力。「教學」歷程中，教師的第一項任務便是引起動機，即是引起學生的學習意向。從一節課來說，當然需要，也是應有的一個步驟。

　　不過從長遠處來說，學習意願不應該只在短程的一節課裡，而應該是長久存在的。即是要有「主動的學習意願」。「主動學習」在於學習者知道「學習是自己的事」，才會願意學習。另一方面，在於「知道自己需要學習」。「需要學習」是因為自己「不知道」，因想要知道而生出「好奇心」，就會有學習意向。這一點是長久的引起動機的工作，是教學不可或忘的。假如有了長久的學習動機，則在每節上課前，自會拿出課本，甚至翻到要學的那一課，這就代表學習動機已經存在了，到了上課時，引起動機便可免了。

　　和意向最有關的是注意力（attention）。不過現代心理學很少再談意向，忽略了從感覺到各項心理作用，都要有了意向才會注意。注意看才能有所見，注意聽才能有所聞，這兩項學習常用的感覺，都要注意才能有所獲得。也就是要「心在」，在教育、特別是教學中，最使老師頭痛的莫過於學生「不注意」看或聽。在應該看或聽時，「心有旁騖」。但這並非全部學生都如此，心理學已經研究發現個別差異，只是有些學生不肯注意。如孟子所說的，有兩個人同時跟著一位精於棋藝的人學習，其中一人專心

一志的學，另一個則胡思亂想，一心以為有鴻鵠將至，結果這個人全未學到。可見這種現象從古就有，不足為奇。此外學生在作業時，「注意不集中」，往往會激怒教師。其實教師因學生不注意而生氣，而責備學生，不如先來了解為什麼學生不注意。根據前面所說，不注意是因為沒有意向。沒有意向的原因卻不只一個：第一是對所學的缺少興趣；第二是所學的太難，非能力所及；第三是有別的東西或是事物吸引了注意；第四是身體不適；可能還有許多其他的原因。先了解學生不注意的原因，再來處理，才是教育之道。教師不管學生的狀況，可能受了一個先在假定的誤導，即是以為老師上課時，學生應該全神貫注的聽、看、或作業，否則便是不應該。這是受了我國傳統思想的影響所致，預定了學生的行為標準，卻忽略了學生乃是尚未成年的人，雖有主動力，卻沒有理性的自制力，正需要指導糾正。而指導糾正則需要「對症下藥」，只用責難或強制，藥不對症，一定無效。

其實注意力是可以訓練的，而且必須訓練。在學習中引起好奇和興趣固是一法，用實際動作和鼓勵對學習會更有效。例如教學生看一張圖畫，然後把所看到的一一說出來，說得巨細無遺的給予鼓勵，說得不完全的不必責備，可以鼓勵其再仔細看一遍，看完後，兩相對照，學生自然會自行領會。又如看一段文字，令學生把生字記下來，同時把大意說出來，會查字典的去自己查，不會查的教給他；說得完全的給予鼓勵，不完全的可以教他再看，因為教的目的就是要學生學會，不可半途而廢。再如教學生初讀一課書，開始時要學生自己看清時間，到看完時看所用的全部時間，這樣計時一方面練習集中注意，一方面練習增加閱讀速度，是很有效的指導學習的方法，而且應該及早教。

# 第二節 記憶（memory）

　　記憶是對經驗的保留作用，是人類一種最可貴的稟賦，因為能夠保留過去的經驗，才使我們知道曾經有過昨天和以前，更知道從前發生過的許多事。累積經驗，讀書可以溫故知新，做事可以不犯曾經發生過的錯誤，說是「前車之鑒」，從經驗得到教訓。人類所有的創造和發明，多半是根據經驗「推陳出新」而來，都出於記憶所賜。

　　記憶作用的奇妙，宛如照相機或留聲機，把看過的景象或聽過的聲音保留下來，可以重新出現，即是以前所說的「表象」。表象的出現，使人「如見其景」（當時的狀況），「如聞其聲」，任何時候都可以再現，真是美妙無窮。例如記憶的功能使一個人只聽見另一個人的聲音，雖然沒看見這個人，便知道是誰，是多麼有效的作用，只是通常沒想到其妙處而已。

　　在學習過程中，記憶使學過的東西不忘，才能累積。不過這一點常常使學生頗為頭痛，就是所謂之不喜歡背書。這是因為各人記憶力不同，敏捷的記得較快，遲緩的記得較慢，因而讀書就有快慢之別。天生如此，只好承認事實，因為過目不忘的人非常少，大多數人都要靠自己用力，而學過的應該記得又是不可免的，否則便等於白學。當然學習並不全在記憶，可是不記憶便會使胸中「空空如也」。洛克說人沒有天生先在的觀念，都是後天學習而來，就是這個意思。教育家中如杜威就反對背誦記憶，影響所及，美國小學都不重視英文字的拼音，到了書寫的時候，便不免錯字連篇了。由此可以看出，記憶背誦並非全然無用，英文的拼法和中文的筆畫一樣，在書寫時都要正確無誤，否則寫出來無人認識，形同白費，故而記憶還是必須。而且中外一樣，許多

好的文章，不但值得一讀再讀，更值得背誦，背熟了任何時候想
起來，都覺得其味無窮。根據學過的文章，到自己寫作的時候，
記憶中的材料會湧現出來，不必苦苦的搜索枯腸，要反覆的想一
句話該怎麼說，大費躊躇。熟讀書會如杜甫所說：「讀書破萬
卷，下筆如有神。」倒不是真有神助，而是心中有充沛的材料，
自會湧現出來，而成「文如泉湧」的現象。

　　事實上，記憶也是可以訓練的。以背書來說，當然要先看著
讀，那麼讀時就要用心，把注意力放在文字上，注意上一句和下
一句的銜接。連接在西方早期哲學心理學中曾有過詳細的討論，
特別是「聯念主義」（associationism）。艾賓皓斯（H. Ebbinghaus）
且曾做過「無意義聯接」的實驗，和有意義聯接比較記憶的優
劣，結果是有意義的聯接記憶較佳。背書時通常總是前兩句記得
住，下面的便不那麼清楚了。而且常常若有人提醒一句的頭一個
字，便能繼續背下去，是因為不知道聯結的作用，即是不知道把
上一句的最後一個字和下一句的頭一個字記住，此時便要把注意
放到記不清楚的字上。如此依次下去，到全部會背為止。這裡有
一點要非常注意的是，到了不記得的地方，當然要看書，可是看
了以後，不能順勢往下背，必須回來從頭背起，到了不記得的地
方會了才算數。我們常在背書時，自己騙自己，對不會的「偷
看」一眼，然後順勢下去便算會了，實際上並非真會。一定要從
頭到尾，離開書本，完全會背，才算真正記得。這種背書的方
法，可能有些笨，不過倒是最確實有效的方法。老師應該及早觀
察學生背書的習慣，及早培養有效的背書態度。

　　以背文章來說，短篇的學生比較喜歡，因為容易記得。一遇
到長篇的就先頭痛。其實長篇的可以分段來背，把每段都背熟
了，再連起來背，此時只要記得各段的頭一句就好了。教師可以
教學生這個方法，也可以指定分段為作業。總之，教師必須先了
解學生的狀況和他們學習中可能感覺到的困難，減少他們的困

難，教學才會有效。

## 第三節　想像 (imagination)

　　想像中有回想、回憶，二者大致相同，即是把過去的要再想起來，例如別人說的話，讀過的書，看過的情景，發生過的事等等。在這方面想像就和記憶有關，如想像所見過的一個人或一個東西的外觀，可以說仍然是感覺的材料，不過此時在記憶之外，又會加入「想」，想到一些未曾看到的，又成了「思想。」西方哲學家和現代心理學中都有論述，教育對這些論述不會陌生，也可以說，應該對這些都有基礎知識，所以如果承認教育也是學問的話，就要知道教育並不是「孤立的學問」。把想像和思想相連的時候，亞里斯多德就說過，思想有賴於想像，不一定必然伴合著抽象理性的思考；通常人在想或知的時候，就含著感覺和心智兩種作用，卻未必有判斷作用在其中。想像對學習最有益的，無過於有用的書，有意義的話，或值得記住的事，當然某些情景也值得回憶。尤其讀過的書，再來回想，不但可以回味無窮，還可以增加更多的了解，所以讀過書後，最好常常回想，一方面增加記憶，一方面增加了解。到了了解，又不免包括「理解」，前後一連串的銜接，是一個難以切斷的歷程，知識就是這樣形成的。

　　據說伏羲氏做易，就是「仰以觀於天文，伏以察於地理，觀鳥獸之文與地之宜，近取諸身，遠取諸物，於是始做八掛，……」就是從感覺材料開始，加以想像而成的。像這樣的想像，是從「真實」想到「虛無」，等於從「具體」進入「抽象」，哲學中的形上學就是由此而來。又如文學，特別是小說，也是依照一部分事實，加上大量想像而成。想像的積極作用，例如想像一種從來沒有而要使他成為有的東西，是發明或製造的契機。許多發明

就是這樣成功的。又如一件從來沒有人能夠做的事，想像可能做得到的方法，繼而開始試驗，終於做成，另是一種成就。試看人類的文化與文明業績，幾乎無不含著想像的成分。人類只有雙足，沒有馬跑得快，居然想到騎在馬上，就和馬跑得一樣快了。到今天用汽車，比馬更快。又如人沒有雙翼，不能翱翔空中，起先只幻想神仙能在雲中飛翔，現在人竟然可以飛到月球，只是沒見到嫦娥而已。再如人不能像魚兒般在水中自由沉浮，現在則可以任意潛入水底。把從前的不可能都變成了可能，多出自原來的想像。不過只有想像，沒有後繼的努力，不會成為事實，這是應該切記的。

　　然而想像中有一種稱為幻想（fancy），常常是無目的的憑空亂想，有時叫做胡思亂想，想得太多太久了會成為白日夢（fantasy），是就著「一心以為有鴻鵠將至」而繼續想下去，沉迷在虛幻裡，不能醒覺，可能成為心理病徵，是應該避免的。至於學生在讀書或上課時，時而會陷入一些想像中，而有注意不集中的情形，不一定就是幻想或做白日夢，只是心不在焉而已。但對於表面上安靜的坐著，似乎在聽，實際上心卻不知飛到哪裡去了的學生，教師應該知道，安靜坐著，不等於用心靜聽，聽或未聽，從神情可以看出。教師上課時，應該「眼觀四路，耳聽八方，」隨時都要注意學生的表情和動作。發現學生有心不在焉的，便要把他的心拉回來，這是教學時絕對不能忽略的。（現在所謂之「班級經營」，不知是否包括這一項？）喚回學生的注意，方法也很簡單：問他老師剛說的一句話或一個問題都可以，並不需要責罵。教學，尤其是上課時，隨時注意「學生的注意力」，是必然，無須一條條去背教學原則或教學法。要知道原則或方法應該活用才有效。

# 第四節 思想（thinking）

　　思想是一種正式的用心的內在活動。思想必須有想的內容，內容的種類很多，在知識的領域裡，可說是唯一要件。康德（I. Kint）在討論知識時說，知識是由許多有系統的概念形成的；然後說：「沒有內容的思想是空的，沒有思想的內容是瞎的。」可見內容在知識方面絕不可缺。我們常在看了一篇文字之後，感到「空洞」，就是「言之無物」，這篇文字可能辭藻華麗，卻沒有意義。大家知道晉朝推崇玄學，形成學者崇尚空談之風，直到唐朝，出現了所謂「駢體四傑」，為求文章上下句對偶，不惜浪費筆墨，所以韓愈起而提倡「文以載道」，就是說，文字要有內容，不可失之空泛，應該「言之有物」，就是指內容而言。

　　有內容的思想，表示有見解，有主張。見解不是「一偏之見」，主張不是「自以為是」，而是經過「深思熟慮」，確知是正確的才可以。深思熟慮指一再反覆思想，通常說是「考慮」。即是孔子所說的：「博學之，審問之，慎思之」的「慎思」。孔子又說：「學而不思則罔，思而不學則殆。」學和思是不可分的。

　　思想的正確運用，在日常發生的十分頻繁。一個人獨處的時候，可以沉思默想，走在路上，可以獨自思想，說話寫作之前，固然要想，做一件事情，往往也要想。人類天生有一個會思想的頭腦，才使人類超出萬物之上。《尚書》中說：「惟天地萬物父母，惟人萬物之靈。」說人之靈在於有心，而從前所說的心的主要作用，就在思想。有這樣特異的官能而不用，是非常可惜的。

　　思想要用心，而用心常常是學生所不喜歡的，說是「怕費心」。因為怕費心，從而「怕學習」。這是因為他們不知道用心自有樂趣，需要引導他們來經驗後才會知道。

學生遇到一個難題，看一眼不會回答，就懶得再想是常事。
此時應該鼓勵他們，且莫想難題的難，把它看作是一個遊戲，和
題目競爭一番，看是誰勝過誰。如果從一方面想解不開，就換個
方式，從另一方面來想，所謂讓腦筋轉個彎，可能會得到答案。
得到答案，等於戰勝了困難，此時便喜樂不置。解決難題，戰勝
困難，對學生來說，會有「成就感」，經過一番奮鬥得來了成就
感，會忘卻奮鬥時的頭痛，只覺得成就的快樂。用腦（心）得到
的快樂，勝過用體力得到的，因為前者是輕鬆的快樂；後者是快
樂後的疲倦。

041

　　培養「有用的思想」，中國許多先哲都教人先要「摒除雜
念」，從學習來說，最簡單的就是「心無旁騖」，也就是專心一
意的面對所學的材料，當然偶而會不自覺的生出一個「意念」，
分散了注意力，即是所謂之分心。此時只有自己應用「自制力」，
趕快把心收回來。孟子教人「收放心」，固然以道德心為主，可
是也在「用心學習上」。前面所說學棋的例子，就是指學習而說的。

　　在想一個主題時，是否分心想到別處去，和個人的習慣有
關，可能更受一種先入為主的觀念影響。這種觀念是，以為用腦
思想很辛苦，遠不如聽聽音樂，看看圖畫書輕鬆自在，事實也有
點道理。因為視聽是感官刺激，是外在的，直接而容易感受。
「感受」是「被動的」，不必有主動作用，就是常識中所說的
「不費力氣」，而思想是「主動作用」，是要「費點力氣」。所
謂費力氣，就是要發出「主動力」，要自己來想，沒有刺激，也
沒有助力。於是缺乏自動的人，便很難進入思想的狀況中。事實
上如果從幼年就多做「想一想」的遊戲，習慣於思想，不但不會
以思想為苦，反而會覺得思想很有趣。

　　思想領域中有一項叫做反省，反省如同回想。中文常把反省
做修養功夫，可能源自曾子說的「吾日三省吾身」，指自己省察
做過的事是否有不到之處。但在英文裡，reflection 或 reflective

thinking　指思想或進一步想以至反回來想。如洛克所說的複雜觀念就是由反省而得，無論如何，反省還是思想。不過我們在「反覆思想」時不說是反省而已。

　　大家熟知的唯心論者笛卡爾（R. Descartes）對存在原來都持懷疑態度，後來才承認只有思想才是真實的，所以他的名言是「我思故我在」。他在論「深思」（meditation）中，認為只有深思才能進入認識神，是思想的最高境界。西方對神的觀念和中國不同，中國對神的看法不是宗教式的，只把神看作是「變化莫測、幽微深遠」的。在思想方面，有「出神入化」之說，如劉勰所著的《文心雕龍》中就有一篇名為「神思」，其中說：「寫作時須使心境虛靜，才能凝神思慮而入於精妙的地步。神思不受形體的限制，可以上與千載前的古人相通，而心有所會；可以看到萬里外的景物，而神為之往；思想中的神遊，上窮碧落下黃泉，無所不至。」（不可誤會是做白日夢）。事實上，說到自由問題，人只有在思想中才能得到真正的自由，可以任意想像，不過不是胡思亂想，以免浪費精神。古今學者都是「善用思想」而提出「卓見」的。

# 第五節　直觀（intuition）

　　直觀是由英譯而來，也作「直覺」，是一種迅速敏銳的知覺，不必靠經驗或知識，就能感覺到或說出對一件事的看法或判斷。哲學家們對這個概念的解釋頗為不同，廣泛的說，直觀是迅速的了解，包括感覺、知識、甚至不可名狀的契合。所謂迅速，即是「如響斯應」、「不假思索」的狀況。其涵意之一是「不需要參照也無須解說的真實信念」，有如預感；之二是「假定的真實知識，無須參證」；之三是「不需要界定的概念知識」；之四

是有點神秘性的心理活動。根據事實，我們常對有這樣表現的人，認為有相當高的智慧。康德以為直覺並非來自經驗，而是各種了解的基礎。了解的直觀，有時間、空間、和造因，加上他所舉的數、量、關係、和形態，都是先在的。柏格森（H. Bergson）則以為直觀可以進入生命。另外許多哲學家也都各有解說，以至討論到直觀知識，甚至出現了直觀主義。就心理作用而言，直觀通常含著認識、信念和判斷作用，常常也含有感覺和知覺，在短時間內把多種作用綜括起來，才能正確的認識或判斷一個問題或事件。

　　直觀的表現，因其快速，很難分析心理活動的內涵，無須做主觀的論辯，只是世俗認為需要才力而已。不過從另一方面來看，智慧固然是天生的，學識和經驗也可增加智慧。儘管有些哲學家不承認直觀出自經驗，在實際上也不必完全否認經驗有助於官能的運用，因為學識也可涵蓋在經驗中。如果學識通達，經驗豐富，融會而又純熟，對事物的反應可能便特別快，彷彿不假思索，立即正確的反應出來，即近似直覺。當然這樣的反應，不是情緒化的衝動，而是含著大量的知識，伴隨著理性作用而成，只是特別迅速而已。中文用直覺兩個字，直覺之「直」，即代表迅捷，而「覺」字如前所述，不能純以感覺視之，或者可以說是「心覺」。如果以為這個說法可以接受，對學習會有相當的鼓勵作用。

# 第六節　了解 （understanding）

　　了解（現在也有人譯為理解）在西方哲學家討論的頗為不少，休穆（D. Hume）曾著「人類了解的探討」。不過對這個名詞下過定義的是艾德華（J. Edwards），他認為了解是一種官能，是靈魂（等於心靈）的知覺、推想、和判斷。不過在了解之前，

有不可少的感覺作用，否則心靈就無從進而發生作用。（Encyclopedia of philosophy, Vol. 2, p.461）了解是一種統合的心理作用，和知識密切相關。

中國先哲把了解涵蓋在知之中，在慎思明辨中，便包括了解。西方哲學家談的卻不少，以主張理性綜括作用的康德來說，以為綜括的概念就基於了解，由了解才得到知識。狄爾泰（W. Dilthey）以為了解來自於「說明」，乃是一種清明的認知。這就要從「說明」開始說起。

狄爾泰從其精神科學的觀點說，「說明」就是對象或事件在心理內容之中。包括面部表情、手勢或姿態、字句、藝術品、動作、或由思考而生的行動、以至宇宙中的一切。「宇宙中的一切」含著對社會文化的說明。這樣看，「說明」就代表構成精神科學的全部經驗材料。如此說，「說明」到了「了解」的程度，就一定有「意向」在其中，於是就有了「語言」。「語言」含著「字」的意義，那就要知道用字的法則，由「字」而成「句」，還要加上「情境」，才能意識到句的意義，才能「了解」。了解各有不同，了解一個人和「懂得」法律條文不同，由說明的性質而定。關鍵在於人所定的意義。（Encyclopedia of philosophy, Vol. 3, p.277）

我們日常說「懂不懂」三個字幾乎無時無之，「懂」這個字說起來十分容易，通常都是「心照不宣」，不再用心去想這個字的心理活動的歷程。但是在知識獲得中，卻不能不知道，尤其在教育中，當教師因學生不懂而說他笨的時候，更要了解他不懂的困難何在。其實從狄爾泰所說的，再印證自己的經驗，（我們都有不懂得的時候）可以知道了解的歷程並不簡單。首先要知道「懂」這個字借重於語言。語言是人所創造的，在開始的時候，只有「物名」，說是「名以指實」，實際上乃是用聲音代替一個物，需要聞聲者知其「意」，才懂得所指的是什麼。然而物是具

體的，用物對照聲，容易了解。至於抽象的意義，無從指實，就不那麼容易懂得了。到有了文字以後，用一個符號代替聲音，符號多而抽象，要花一番心力才能認識，還要記住這個符號和聲音同指一物或一「義」，就更見困難。這就是一個人可以毫無困難的說「餓」，卻寫不出這個字。而語言的每個句子，都有若干字組成，在聽見時，就要懂得意義，如果不能把握說話的人的意思和情境，就很難懂得了。誤解就是由此而來。如果不用語言而用文字，將會造成雙重的困難。現在學習都用文字為媒介，要「懂得」文字的意義就更不簡單了。

045

　　維根斯坦（L. J. J. Wittgensten）說「說明」是用「語言的遊戲或計策」，不管是真的或假的。他先說，語言包括許多名字，一個句子中會有許多名字，名字固然多是實物，卻非實物，因此就要把握名字的意義了。這第一點印證中文更見其道理，因為中文有許多同音異義的字，如果不能把握意義，必然難免誤解。維氏又說，對意義的了解，在於聽者的解釋，解釋不同，了解也就有異，還是會發生誤解，於是又關係到心理的作用。了解之前的心理活動，多少含著強制作用，即是說，把預設的想法加入解釋之中，往往造成嚴重的誤解，而不是了解了。故而了解和誤解雖然來自同樣的言辭，卻可能形成不同的結果。

　　維氏以為從法則方面說，法則固然有固定的形式，每個人的應用卻各有其道，用法不同，解釋便不一樣，固然因此生出不同的解釋，卻也可由此擴展運用法則的廣度，這倒接近「學習轉移」的說法。教育難免引用哲學家的理論，因為哲學家從開始就未把教育排除在哲學之外，只是教育更想把哲學觀點付諸應用而已。

　　維氏以為了解是心理歷程，是心和抽象的銜接。這個歷程相當奇妙，端在了解者的心理作用，也可以說是一種能力。因為要了解的是一些字的銜接的意義，包括字的意義和銜接後的意義，其中還包括應用。於是訓練就不可或缺，教學就要教字和句的正

確用法，不僅是識字而已。

從上述觀點來說，「了解」包括一系列和字有關的心理活動。無論是說的字或寫的字，都要從把握其意義開始，這是教育首要的工作。識字教育從認識字開始，而中文的字可能比其他文字更容易教意義，因為中國字開始時是「象形字」，雖然字體變更，例如「日」字就可以畫一個「圈」，中間加一個「點」，成為太陽的形狀，相信更能引起兒童認識的興趣，且能幫助其記憶。如此看來，教育和文學不可分，文字學就是文學的一部分；而了解文字的意義，更是文學的基礎，所以文學也是教育的基礎。（這證明教育和許多學科不可分，在今日學科分立的狀況中，教學不是鑽在「孤立」的象牙之塔中，「單獨」存在，而是要以多種學科為基礎，如文學、哲學、史學、以及社會科學。）

## 第七節 初步觀念 （elementary idea）

觀念這個名詞，在柏拉圖的學說裡占重要的地位，因為他說的觀念是形上的，常常譯為「理念」，不是本節所要談的。在柏拉圖之後談觀念的，對觀念的看法，以為觀念是意識中的事物，但並非事物本身。依此說，觀念是對經驗的知覺，把所知覺的描述出來，即是觀念，等於對一個事物的認識。例如盲人摸象，因為所摸的部位不同，各人對象的觀念便各有一說。盲人對象的觀念，在有目者聽來，勿寧十分可笑，然而每個盲人卻各自深信不疑。因而個人「自以為是」的觀念，從知識的層次評價，就沒有適當性或正確性，這種情形，對學習者確有相當大的影響，在教育中不可忽略。因為觀念成為信念時，便有堅持性，深信一個錯誤的觀念，便很難再接受正確的觀念。

哲學家中談觀念的，如洛克所說的簡單觀念，已為人所熟

知。笛卡爾所說的是內在觀念，在心理的較高層次，也不是本節所要說的。本節所說的，是從十七到十九世紀的說法，猶如巴斯坦（A. Bastian）所說的初步觀念。這種觀念每個人都有，屬於「平常人」的觀念，從生長的歷程說，未入學前的兒童，都接受了若干此類觀念，多來自父母或傳聞，因為缺少判斷能力，無從辨別是非，很可能成為根深柢固的觀念，例如習俗、宗教信仰之類。目前大眾傳播便利，所有訊息不見得都正確，有了先入為主的觀念，再來糾正，要費相當時間和精力。尤其眾口爍金，往往積非成是，因而顛倒是非，影響很大。

　　初步觀念的形成，最明顯的是「時尚」，是群居社會中最容易出現的現象，當然和社會形態密切相關。在早期社會中，領導人物或領導階層有一個新奇表現或一個特別裝飾，往往引起群起效尤。在目前資訊發達的狀況中，一種新奇的裝飾或舉動，更容易且迅速的成為仿效的範例，加以工商業為了牟利，時時推銷新產品，合乎時尚成了「生活必須」，也成了「生活目標」，當然更成了「觀念」。然而時尚乃是短暫的，一個人把一生都用在追求變換不定的時尚上，「生命」便失去了意義，教育必須使人明白這種觀念的價值，不可沉迷於其中。尤其當一種時尚造成不良風氣時，對社會人群的影響非常嚴重，不容教育忽略這件事。

　　其次，影響形成初步觀念的是「世風」即是「社會風氣」。社會風氣的形成，時間較長，所以範圍也較廣而普遍，成為更有力的觀念，當然還是初步觀念。早期認為社會風氣的形成，出自「教化」，禮記學記中說：「君子如欲化民成俗，其必由學乎。」化民成俗，需要長久的時間，才能成為社會風氣，普遍見於人群的表現。孔子曾說：進入一個國家就可看出其教化，如果人們「溫柔敦厚」，是注重「詩」教；如果「疏通知遠」，是注重「書」（書經）教；如果「廣博易良」，是注重「樂」教；如果「潔靜精微」，是注重「易」教；如果「恭儉莊敬」，是注重

「禮」教；如果「屬辭比事」，是注重「春秋」教。（孔子家語，問玉第三十六）這並不一定是指人人都讀這些書，而是根據這些書的精神施行教化。教化成功，形成社會風氣。現在旅遊觀光普遍，到一個國家，可以立即看到多數人的表現，成為對這個國家的評價，實際上所指的也就是民風或世風。

世風不僅只在人的表現，更見於群眾的趨向，如果趨向由初步觀念指引，便缺少「理性成分」。從教育觀點說，入學「讀書」乃是「好事」，而且受教育成了國民的義務，更是必然。問題是「受教育」是否只限在「讀書」一件事上，是否只在得到「畢業」或「學位」？忽略了受教育的正確目的，而從世俗觀念出發，這觀念便有了問題。如果教育沒有確定不移的目的，而受世俗初步觀念影響，便不是「化民成俗」，而是「逐流揚波」了。

總之，初步觀念是一種心理作用，但是這種觀念尚未進入深層的心理活動中，坦白的說，其中所含的感覺和情緒作用的成分較多，理性的成分較少，沒有理智指引，文化品質平庸，很難進入「知識」的領域。而教育的職責在提高人的素質，改良社會風氣，不能使人只停留在低層次上。

# 第八節　情感情緒

情感情緒現在是心理學名詞，原來本在哲學領域中，中西哲學家最早就有論述，因為情感是人與生俱來的。中國早期只用一個「情」字，詩和樂從舜時就是調節情的工具，後來又加上禮，用禮和樂伴合來調節情，使人的外在表現符合天道自然，即是「和諧雍穆」。情為何須要調節，試先從中國先哲的觀點說起。

《禮記樂記》中說：「何謂人情？喜怒哀懼愛惡欲，七者不學而能。」不學而能，就是與生俱來的，天生本然，這方面人和

動物無殊，只是動物的情感作用不似人類複雜而已。樂記之外，見於其他典籍的如中庸說：「喜怒哀樂之所未發，謂之中，發而皆中節，謂之和。」那麼如果發而不中節，當然就不算和了。然則何謂中節？簡單的說，就是「適度」，就是不至「過或不及」。因為與生俱來的情感，和本能相似，有其原始性的「衝動力」（英文字為impulse），是一種激動的狀態，激動過分強烈時，我們稱之為「衝動」。一個人在衝動之下，很難避免外在表現或行動，可能引起值得考慮的後果，然而在衝動的狀況中，幾乎沒有考慮的可能，所以先哲教人平時即加以調節。這可說是中國先哲的一個特徵，對心理狀況了解之後，來不及加以解釋，便很快的進入「道德修養」之中，可能是認為天生自然的無從改變，不如就從「人為」方面來用工夫。

　　且先從情感的種類來看西方哲學家的說法，姑且以三個人為例，笛卡爾提出愛喜哀恨欲慕六種；斯賓諾沙（B. Spinoza）提出愛喜哀懼恨欲傲七種；霍布士（T. Hobbes）也提出七種是愛喜哀惡恨欲嗜。其中愛喜好欲慕嗜相近；惡恨怒相近；懼相同，只有傲是單一的，可見中西哲學家所見略同。這是可以了解的，因為每個人都有情感經驗，而且從經驗中知道其後果。

　　情感是與生俱來的，不一定時時發生作用。在情感沒有明顯的作用時，心裡處在一種平靜的狀態中，如果有了任何一種情感感受，心裡便起了波瀾，依照激動程度的強弱，感受不同，程度強烈時稱為「情緒」。因為首先只是個人的內在狀況，若沒有外在表現，便不易分別，所以心理學中常常把情感和情緒併在一起描述，稱為情感情緒，或者簡略為「情緒」（emotion）。本節將用「情感」（feelings）兩字。除非情感強烈時，才用「情緒」。同時採擇中庸「喜怒哀樂之未發，謂之中」的說法，對「未發之中」稱情感，發作出來時，稱「情感作用」，以便分別。

　　與生俱來的情感，和與生俱來的「食」的性質有不同之處。

食是由內在需要引起，雖然有時外在誘因也能引起食慾，但是內在需要還是有決定力。情感的特徵是必須有外在刺激引起，而同樣的刺激卻未必引出同樣的情感「反應」，這是說，「情感作用」和「反應」有程度和方式的差別。例如一個人被「激怒」時，雖然內在會「氣充牛斗」，衝動的要立刻有所表現，然而卻「忍耐住」，不立刻發作；或者「不怒而反笑」。忍耐延遲與對方衝突的時間，也可減低憤怒的程度，然後反應，很可能方式不同，至少不會過分粗暴。將怒換成笑，可能化干戈為玉帛，至少比怒氣相向減少了火藥味。而不立即發作或改變表現的方式，其意義就是可以將情緒作用加以調節，也表示反應的方式並非一途。

情緒可以調節，是因為情感情緒在作用時，其感受在「知」與「動」之間，受「心」的主宰作用所控制。而心有「理性作用」，（理性作用下章再論）可以衡量情境，避免衝動的反應而代以適當的表現。因為情緒表現，往往在兩個人相對的時候，一個人的表現，足以引起對方的感受而生出相對應的反應，而有消極影響的情緒，如憤怒，多半會引起不快，後果便值得考慮了。

情緒須要調節，源於人類的「群居生活」。一個人必須「依賴」別人而生活，自古已然。在與人共處的生活中，必須和諧雍穆，以便互助合作，那就要減少衝突或爭競。其中憤怒是最傷害雙方感情的，即使兩個人的情緒有強弱之別：強烈者任意發作，弱者雖不相對反抗，也會心有不甘，於是雙方的情誼必然趨於淡薄，相處便有了困難。我們的先哲顯然看到了這一點，從很早就提出來，教人調節情感。然而情緒的衝動力相當強烈，要用很大的力量控制，往往臨時不容易做到，所以才用禮和樂來陶冶，以求潛移默化，這是教育的基本而重要的工作。可惜樂已失傳，禮又棄置，這是教育需要重新認識的一點。

憤怒之外，其次需要調節的是愛。愛這種情感，本來是只嫌其少，不厭其多的。但是也有過或不及之弊。不過且先來界定一

下「愛」的意義。這個字雖然人人有口能道，卻未必能說出其涵意。心理學家曾做了一個比較具體的說明，以為「愛」是一種溫柔親切的感覺，具有吸引力。就人來說，無論施者（愛人的）或受者（被愛的）都會感到溫馨親切而快樂。這本來是施者與受者可以互通的，然而卻因為人際關係不同而有了差別。試且就教育中常常牽涉到的來看。

一是親子之愛。親子之愛，源自本能，見於較高級的動物本能的哺育幼小，人則是養育幼兒。因為人的生活方式複雜，所以幼兒從出生就需要提攜捧負，供給生活各種需要，以至長大成人還不減關愛之心。但是愛的太多了，就變成了「寵愛」，因而「驕縱」；或者因子女多而有了「偏愛」，其中難免有的就「缺少愛」（太少）。父母的愛不適當，或者使子女忘卻父母「生我劬勞」，或者心生怨懟，以致失去家庭中應有的溫馨，不能安心向學，甚至造成情緒問題，發生行為偏差，在學校也成為問題。

其次，教育中有教育之愛。這種愛不似親子之愛是基於血緣關係，而是一種理性兼義務的愛。理性在對人的理想，希望提高人的品質，使人達到「至善」的境地。義務是先知覺後知，先覺覺後覺。教育的對象，是無知無能而幼稚的，因此才需要教育，他們的可愛也就在此。用溫馨親切的方式教育學生，使他們孕育在愛的氣氛裡，可以助長他們愛的情懷。

總括情感所生的感受，不外「好」和「惡」兩大類所引出的「愉快」或「不快」。而人都喜歡愉快，不願意不愉快。既然人同此心，就要明白一點，無論在什麼時候，什麼情境，要努力使有關的人都愉快，切勿使任何人不愉快。教育以製造愉快的情境為原則，才能使學習的人在愉快中學習。如果認為學習是活動，這種活動和心理狀況息息相關，心中不快，學習便很難有效。而行為有問題的學生，多半和情緒有關。

心靈作用

心靈作用和心理作用有何不同？

心靈作用之「靈」字意義何在？

如何判斷心靈作用？判斷會正確嗎？

　　心靈英文字為「mind」，中文只用一個「心」字，後來也用人心專指人而言，以便和「道心」以至「獸心」區分，不過通常還只用一個心字。中西哲學家很早就討論到這個概念，大致上都認為是一種官能，是人類獨有的一種稟賦。

　　中國先哲中如孔子談心的紀錄較少，孟子開始有「盡心」一篇，而且從心做根本，提出了「性善」的主張。從其所說的心的四個善端，可以看出心的官能，如惻隱之心是仁，羞惡之心是義，恭敬之心是禮，是非之心是智，已暗含認識、理解、判斷等作用；又說：「心之官則思」，則是思想的作用。荀子以心為天君，能夠「知道」（此道為道德之意），即是有「知」的作用；同時也有主宰意志的作用，可以發出或阻止一個動作；另外心也有「辨別」義與利的作用，使人好義而排除利欲，則是理性作用。此後談心者不絕如縷，後文將隨時引述。

　　西方哲學家談心靈的也很早，也以為心靈有智慧和理性雙重作用，包括理解、辨別、判斷、思想等作用，當然少不了「知」的能力。前文曾經說過，心的作用是一連串的迅速活動，靠神經系統銜接，而且並非只是直線的歷程，其間往往交錯反覆，只因在敘述時無法同時並舉，不得不分別來說，所以不免要牽涉到前文已經說過的，希望讀者了解這一點。

## 第一節　抽象思考

　　本節所說的和上章的思想有關，且不能和上章完全切斷，只

是高了一個層次，由普通的思想狀況更深一層，接近「沉思」的狀況，卻非從頭到尾都如此。同時思想的內容是理性的，可說是邏輯的，即是依照「道理」或「理由」而想。字面上用「思考」，意指出自鄭重或慎重的態度，深思熟慮，可能反覆的一想再想，是一種緩慢而從容不迫的狀態，歷來大思想家，其言論都由此而來，「學問」也由此而成。通常人們想一個問題的時候，往往求速，想一下不能得，便不肯再想，便非思考了。用思考推求道理或理由，不能求速，因為「欲速則不達」。「慎思」才能「明辨」就在於此。

就思考的方式說，包括「理解」、「參照」、「思辯」、「結論」以至「推論」。試來說明一下。

「理解」也可謂「推理」，以最常用的數學來說，要懂得就要理解。人類發明了「數目」，又用一些抽象符號來代表，進而在計數方面得到許多種知識，除了計算空間時間，並能計算體積容積，才有了各種數學名目，如算術、代數、幾何、三角等等，無不出自理解，是從推究其道理而知。事實上，就在理解的過程中，就必然要用參照和思辯。其中有須要遵照的法則和原則，而且有必不可少的次第。次第就是條理，「理」字照中文的意思是「紋而有秩」，就是條紋交錯而不亂。既然理解是要找出道理，就要一步一步的如走路般的行進。至於結論，有時會有一個初步的想法，若依照這個想法找道理，往往發現是錯的；因而就要放棄，重新再來。比較正確的作法，是依照已知的條件，參照有關的資料，從而思辯，由此得到的結論，正確性較高。至於推論，是在驗證結論可以成立後，從而推演，以便了解更多的相同事物。

上述是正確的理解方式，用於學術性的理解，是理性而客觀的理解，最終目的在推究真理，和世俗或初學者對普通事物的理解有異，尤其日常對事務的認識，憑著一廂情願的心意理解，事實上不能算是「理解」，而是「意見」，所說的道理，是依照一

己之見的曲解，既非真理，也非正理，只是意見而已，所以亞里斯多德不把意見視為知識內涵。然而從古以來，也有人自命不凡，把自己的意見當作學識，放言高論，以為獨成「一家之言」，我國戰國時代所說的「邪說橫行」，就近乎此類。故而學習求知者不可不慎。

　　西方哲學中談理解的方式，從亞里斯多德開始，提出所謂的「三段論法」，即「大前提、小前提、結論」，其舉例是大家熟知的：「凡人皆有死，蘇格拉底是人，所以蘇格拉底會死。」這是先提出一個結論式的大前提，不過這個結論並非出自一己的想像，而是由觀察普遍的現象，毫無例外，才敢提出這個說法。這說法無法否認，故而可以成立。據此提出一個涵蓋在大前提中的一例，「這一例」未超出大前提的範圍，自然結論或推論正確而能夠成立。像這樣的論式，大前提是一個「概說」（generalization），是由觀察無數現象或事實而做的概括總結，並非憑空而來，有其學術價值。這種方式在歐洲中世紀一直流行，在研究法中稱為「演繹法」。是由已知的「普遍」現象或事實，推演到「特殊」事例，從而作出結論。早期哲學的思辨多半用這個方法，我國先哲的論述也不外此，只是未出現這樣的名詞而已。

　　在思考之中，依事理而思想，不外兩個常用的途徑，即是分析與綜合。這兩個途徑哲學中都有詳細的討論。分析是依照事物的狀況，分解出條理，再加以辨別並整理，以便清楚明白。綜合是把整理過的條理統合在一起，成為一個概念，就有了一個結論。通常想一件事，總不外這兩個步驟，其間可能交互運用，反覆思考，端在思考者自己的思想。論語裡孔子和弟子曾經討論決定一件事思考的步驟，有人說事要經過「三思」再決定比較好，孔子說：「再斯可矣」。這裡所謂三思，是指反覆思考三次，可能是說在做與不做之間，比較其得失。而得與失只有兩面，若反覆三次，豈非又回到原來的出發點。照這樣解釋，則孔子說兩次

就可以便有道理了。

　　事實上把反覆思考看作包括分析與綜合，對需要採取行動的決定，是行動之前的心靈活動，而在行動之前，若尚未決定，自然事還未成。如果只要一想事就會成，生活將多麼容易。只是行動之前的思考是不可免的罷了，而且最好反覆思考後再決定，才不致鹵莽滅裂。

　　到了「現代」，培根（F. Bacon）提倡用新方法研究自然，以觀察實驗求證，要彙集多數驗證結果，才能做成結論，開啟了自然科學。這種研究方法，叫做「歸納法」。

　　繼而「邏輯」（推理的法則）成為一門「顯學」，有了許多支派。歸根結柢，重在由推理而理解。其餘在邏輯中還有一種方式，稱為「預設」，也是研究中常用的步驟。

　　總結抽象思考作用，不得不歸結於人的天賦理性。理性是人超出物類之上的稟賦。這種稟賦，使人時時要追究道理。說是天賦，見於幼兒懂事以後，總是問「為什麼」，表示不以表面的事實為滿足，要求不見於表面，而隱含在其內的抽象道理，於是追究道理就成了人的一種特徵。中國先哲認為人之「靈」就在於此。西方早期哲學家把這種「靈」看作是「靈魂」，可以「不死」，也見其評價之高。從理性的思考，人為自己想出一個「超凡入聖」的途徑。中國想到的是聖人與天地齊一；西方想到的是人與神可以同在。而聖人和神是知德同體，超乎宇宙萬物，且是宇宙萬物的創始者，由此而推演出形上學。從而一切學問，無不出自抽象思考。人既然有這種能力，略而不用，將是十分可惜的。人早就推究生命的意義，以為人生於天地之間，不同於其他物類，應該自有意義。發現人之生命的意義在於發揮出天賦潛能，表現出一番作為，才不致如其他物類般，應運而生，自然而長，碌碌終生，死後與草木同朽。反而要如張載所說：「為天地立心，為生民立命，為往聖繼絕學，為萬世開太平。」即使做不

到這個地步，也可成為一個有用的人，能夠獨立生活，仍然有人的價值，才能證明自己的「存在」，才可稱為「人」。而一個人的存在，並非單為自己，在切近處有和生活相關的人，擴大開來，可以遍及全人類，為全人類謀福祉，生命才有意義，所以生命不是可以「任意浪費」的。

# 第二節　清明的知覺

　　首先要說明本節所說的知覺，不是外在感官的作用，而是指心的知覺。心的知覺作用，必須在清明的狀況中，作用才能正確。前面雖曾說過，外在感官的作用也要通達到心，才能真正感覺到，這裡所說的知覺，卻不借重感覺的知，而是「知覺在內心」。我們都知道，心中會自動的有些知覺，正因為如此，心中所知覺的（其實是心中所想的），會有「蕪雜」的內容，並無意義。心在理性作用時，不可摻入雜念，尤其在知覺高層次的對象時，更是如此。荀子在《解蔽》中說：「人何以知道？曰：心。心何以知？曰：虛壹而靜。……虛壹而靜，謂之大清明。」大清明是心無雜念，不分歧，不偏頗，不三心二意，否則「心枝則無知，傾則不精，貳則疑惑。」故而大清明是心如止水的狀況。這種狀況。荀子同篇中另有一段話描述的非常清楚說：「人心譬如槃水，正錯而勿動，則湛濁在下而清明在上，則足以見鬚眉而察理矣。微風過之，湛濁動乎下，清明亂於上，則不可得大形之正也，心亦如是矣。」「心如止水」常常是佛家和道家形容心中沒有「俗念」的狀況，簡單的說，就是沒有私欲私念，而一心向佛或向道。對用心思考學術問題，同樣的是不為任何雜念分心，使「心境」如止水一般，才能保持清明澄澈，則知覺自然清楚明白，此時的知，荀子稱為「徵知」。徵知的知，是清楚而正確的

知，可以知道「本末源流」，可以「以近知遠，以一知萬，以微知明，」才是「知之在人的知」（荀子以為禽獸也有知）。

笛卡爾在其「指導心的法則」中說，心要清楚明白的看事物，看得真實了再推演。如此自然要思考，思考可能須較長的時間，決不容許任何干擾。心無旁騖，自然增加心的力量，也就是思考的力量。又說，長時間的思考，把注意集中在重要的事實上，是為「沉思」。在沉思中，可以把事物看得更清楚而真實。

保持清明的知覺，在宋明理學家中，以朱子說得最為透徹。朱子的原則是「主敬主靜」。朱子以「敬」為主要的涵養功夫，曾說：「敬不是塊然獨坐，耳無聞，目無見，全不省事之謂，只收斂身心，整齊純一，不恁地放縱便是敬。」又說：「敬只是內無妄思，外無妄動。」又「敬則內外肅然，不忘不助而心自存。」「不忘不助」是源自孟子的「心勿忘，勿助長也」，意在保持心的善端，免除逸失而入於惡，朱子引來形容心要謹慎堅持，心不可分歧。心不分歧，即是專一，朱子說：「主一之謂敬，無適之謂一」，所以要「求放心」。這個說法，和荀子所說的使心達到大清明的境界非常接近。朱子進而又說：「持敬以靜為主」；「持敬則此心虛靜」。又說：「靜坐即所以為讀書之功夫。」更接近荀子的說法。朱子和荀子似乎都來自《大學》的「知止而後有定，定而後能靜，靜而後能安，安而後能慮，慮而後能得」之說。試看《大學》中所說的正心、修身、以至齊家，多以調節情緒為主，緣在日常生活中，情緒干擾知覺的時候最多，雜念也多由此而來，因此心很難保持清明。知覺不清明，思慮自然不清，待人處事即不得其正。坦白的說，在這種情形下，理性作用必然消失，而需要理性思考的事物，便不會清楚而正確了。這是歷來學者把心看作高層次的官能，可以主宰較低層次的雜念或情感作用的干擾，控制雜念，心才能發揮心的正當作用。這樣說的原因，是表明心有主宰力，是主觀的精神作用，但如果有所矇蔽，

失去清明徵知，而進入歧途，也會膠著於歧途中，很難從其中超拔出來，成了固執的主觀，再無餘地容許客觀進入，由此將會「勇往直前，義無反顧」了。

# 第三節　語文概念

　　人類的語言複雜，一則由於發聲器官構造精密，一則由於文化進步。世界上文化愈進步的民族，「單音愈多」，語言也就愈複雜，因為語言是由聲音構成的。語言從「名詞」的「名以指實」進而指謂抽象的「意義」，經過多數人「同意」，才能對抽象意義有了「共同的了解」，才能相互溝通。由此也就形成「約定俗成」的某些規範。若不合這些規範，便無法使聽話的人了解。

　　語言是由一連串聲音結合而成，一個人在說話時，不能毫不間斷的說下去，所以有了「句法」，即是在若干聲音代表一個意義後，雖然還未說完，卻要略作停頓，使說者得以呼吸，聽者容易了解。但是語言往往非一兩句話能夠說明所要說的，於是說者便要把內容說得有條理，其中便包含了邏輯。同時為了使說的話「動聽」，就又進入了修辭，而文化的品質就更高了。

　　然而語言這種由人創造的工具，並非完美無缺，常常使人有「辭不達意」之憾。這固然是說者「詞彙」的問題，也可能是語言不夠完備所致，才使人覺得不能「暢述衷曲」。荀子就曾說過，如果名詞不足以指實為何物時，就要加以「形容」，叫做「期」；形容以後還不明白，就要再加「說明」；說明之後還不明白，就要再加「辨解」，辨解包括比擬、比較、解釋。（正名：實不喻然後命，命不喻然後期，期不喻然後說，說不喻然後辨。）這樣就需要更多的言辭了。似此語言便關係著本源、結構，更有改變，而「語意」（semantics）也成了目前很重要的研

究領域。總之，語言是日常生活中必不可少的工具，一個人說話是想要聽的人了解，那麼就要言簡意賅，清楚明白。

有了文字以後，用文字符號代替聲音，於是有了書，相染成習，書籍和學識因而不可分。實際上，語言文字所表現的乃是思想。以和學識密切相關的文字來說，又有了許多名詞，是學習者常常接觸的，試舉幾個重要的為例。

「定義」。定義是對一個名詞用多個字解釋其意義，常見於字典或辭典之中，是由「有心者」把多數同意的解釋彙集起來而成，以便學習者應用。其中包括單字或多字詞。因為這些詞的「命意」在和上下文銜接時辭意不順，應用時需要加以選擇。但是既然已經「約定俗成」，應用時便要依照已定的命意，不容「曲解」。因為在定義決定時，曾經得到「共識」，一個人不便妄自改易，否則將引起誤解。我們必須明白，學識是累積的，可以有新生，卻不鼓勵「杜撰」。除非達到某種程度，「杜撰」表現創造，否則將是「不通」。初學者對定義必須確記，才不致誤用或誤解名詞。

「觀念」。在這裡所說的觀念，不同於前章所說的初步觀念，也非柏拉圖所說的「理念」，而是近乎洛克所說的「複雜觀念」，是簡單觀念經過反省而成的。猶如康德所說的感知材料經過思想和了解而成的觀念，是知識的基本材料，然而已經抽象化了，所以稱為「內在觀念」，即是心靈作用的產物，其中所含的是理性。現象學家也認為是內在的。具體的說，這種觀念的內容，包含了較多的材料，融會貫通成為一個完整的意思，是為觀念。

像這樣的觀念，是由理性或道理經過心靈作用而形成的，才歸入於知識的範圍。目前無論中外，把「觀念」兩個字常用於日常談話中，對一個未經思考的想法，或一個衝動的意見，都叫觀念，反而失去了觀念的意義，是在學術方面應該注意的。

「概念」。概念和觀念常常通用，嚴格的說；概念比觀念的

內涵較廣。在學術領域裡，認為概念之中含著多個觀念。換言之，一個概念是由多個觀念依照邏輯原則結合而成。康德就認為知識形成的步驟是：事物—感覺—思想—悟解—觀念—概念—內容—知識。其中從思考以後，已經離開了感覺層次，進入心靈層次，悟解是深入的了解，是純心靈作用，由此而成的觀念，已經遠離了事物。到了概念，乃是心智作用，是依照邏輯步驟而求真理的作用。照康德的說法，由此推究到最高的真理，即是「神」的概念。就知識來說，集合多數概念形成有系統的內容，便成為知識。故而概念是由洞見和自成一體的結構而成的。

　　近代心理學家研究概念的形成，因為這是學習領域中重要的部分。從馮德（W. W. Wundt）自內省實驗心理元素的聯合原則開始，因為「內省」不易實驗而未得到結果。至近年甚囂塵上的皮亞傑研究邏輯運用，都在尋找概念形成的因素，因為概念是進入知識的必要步驟。從上述幾個例子來說，概念的形成，離不開邏輯，即是必須依照「理解」而運用理性法則，其中更少不了思考。思考要用腦力，所謂「思則得之，不思則不得」，即在於此。因而一個人自己求知，必須用腦思考，教人求知，也要教人用腦，並要教人「如何」用腦。

　　「語文」。單用一個「語」字時，通常指語言。語言因應用頻繁，隨口說出，日常並沒有嚴格要求。但在某些場合中，便有些形式的要求。要求清楚明白而有條理。條理的「理」字，即是「文」，即是錯綜雜陳而脈絡分明，前後銜接而一貫。於是便要求銜接的恰好，其中連接詞的應用便有形式法則，如常用的「和」、「與」、「及」之類。另外為了使所說的意義明顯，再用一些語助詞，以加強語氣；再加上聲調的抑揚頓挫，輕重緩急，說出來可以引起聽者的共鳴，而成了說話的藝術。

# 第四節　判斷作用

　　判斷作用依賴高度的理性，其中還有相當的智慧，高度理性與智慧並存，稱為「睿智」，這似乎非一般常人所能企及。不過經驗也能增加智慧，所謂「世事洞明皆學問」，即是可以「由知入智」，即是智慧和實際有關。

　　原則上，判斷的內涵有三項：心靈的品質，心靈的官能，和心靈的作用。亞里斯多德曾說，具有判斷和多重理性作用，加上實際智慧和了解，可以從事判斷，即是實際智慧。從判斷的品質說，在於「正—誤」或「善—惡」。前者在判別真或偽，屬於知識探討方面；後者寓於道德領域，應在道德領域中探討，不過道德不應完全排除於知識之外，只是說到「道德認知」的「知」的作用時，不似道德論之專門而已。從判斷的官能說，洛克最接近這個看法，以為心理官能在知識和判斷，用以辨別真偽。康德雖然主張道德判斷是最高的理性作用，但是其中卻少不了悟性的了解。不過他認為分析的判斷有自相矛盾之處，只有綜合的判斷統合了多種作用，才是正確的。在心靈的作用方面，關乎實際，強調邏輯法則，和判斷作用關係密切，是學習最重要的。

　　判斷的心靈作用包括相當複雜的歷程。首先是對一個問題要有清楚明白的認識，確定是一個問題，杜威所說思想歷程的第一步就是確定問題。事實上在這第一步，就含著判斷作用，而也就在此會出現問題。問題未經周密思考，冒然提出，實際上問題並不能成立，因為其根本就不成為問題。其所以不成問題，原因在未經多加思考，如果就著所認為的問題，多想一想有關的材料，可能發現答案已經在那裡，只是「弗思而已」。試看蘇格拉底用「引導法」（所謂產婆法）啟迪問者思考的辦法，就是因為問者

自己未曾多想而已。當然問者為知識所限，不知道思考的方法是
問題之所在，然而思考本就是要在實用中隨時練習的，這就是心
靈作用不容切斷的原因，所以在判斷作用時，思考還是不可或缺
的作用。

065

　　在問題確定後，第二步是蒐集有關問題的材料。這步工作或
者在思考中即可完成，即是心中設想所知的材料以為參考，便於
引導判斷；或者須要搜尋外在材料以供參考。參考的材料愈周
備，判斷便愈接近正確。這裡也有需要注意之處，即是在蒐集參
考材料時，意識中已經有了一個判斷，而只找和判斷相合的材
料，以便支持自己的「意見」，這也是從事知識活動時往往難免
的心理作用：喜歡符合自己意見的，摒除忽略不合己意的，於是
判斷便難免偏頗。另一個可能犯的錯誤是懶惰，懶於尋找材料，
而冒然下了判斷，難免影響判斷的正確性。

　　第三步是運用理性。實際上整個判斷作用就是一個「理性作
用鏈鎖」，全部歷程都在運用理性。不過到材料蒐集齊全後，還
要應用更明智的理性作用，要把材料加以比較，或者要作些分類
工作。首先是分別「異同」，把相同和相異的分成兩類，這兩類
本是相對或互相矛盾的，如何取捨，更要先排除情感作用，讓理
性發揮全部作用，是先在條件。然後在兩者中衡量合理的一面，
於是就要有辨別是非正誤的作用。辨別本屬認識作用，只是認識
常針對一項事物，此時則是要面對兩項，以定何者當取，何者當
棄，已經有了決定作用，依此做成判斷，接近正確的可能性較高。

　　最後是整體檢查，使判斷從頭到尾是有條理，合原則的「結
論」。說到結論是因為有些判斷，在作判斷之前，先有了「預
設」（proposition），和匆促做成的判斷不同。預設猶如研究「假
定」，假定自有其知識基礎，是根據系統理論而提出的，預設也
是如此。因為多依邏輯方法，是整體的理性活動，其中幾乎每個
步驟都要經過理性檢查，是做成判斷的有效方法。

以預設或假定作判斷，常常牽涉到「信念」（belief）問題，甚至判斷和信念就有不可分的困擾。就在常識的層次說，在做成判斷的時候，是否就已經相信是「正確的」？本書一貫的以在教育上應用為主，避免作哲學或邏輯般「純學術」的探討，從實際方面來說，如果不相信判斷的正確性，則是心存疑意，便不能算是判斷；反之，應該是相信判斷無誤，才確定一個判斷。那就是在作判斷的過程中，慎重的運用理性，使判斷不失正確。

事實上，在日常生活中，許多行為或作為，都要作判斷。而這一類的判斷，不容慢慢的先作了學理的探討後才決定，所需要的有時是當機立斷，而且不僅要靠已有的學識和經驗，還要考慮到切近的情境，有關的人和事物，能夠迅速把握所有的條件，才能作正確判斷，像這樣的情形，似乎需要所謂之「急智」，但並非單指智慧，平時的鍛鍊，經常應用反省和經驗，都有益於作正確的判斷，從這方面說，還是在於學習和練習。

## 第五節　意志力

意志在中國早期只用一個「志」字，其意義據說文解字是「心之所之」，後一個之字意為「至」，即是心所指向的「方向定點」。這樣說，有心之所向的意思，但和前章所說的「意向」不同。分別起來，可以說，意向是短暫的，和注意相關；心向則比較長久，有時可能是一生的指向。在中文習慣用兩個字的名詞以後，常在志字之後附加一字，叫做「志向」或「志氣」，但志字的本意不變。此後志字率指終生的方向定點，例如許多兒童常說自己將來要做什麼人或什麼動物，當然不是「定言」，卻可看出人會有生活定向的心理作用。這項作用可能是人所獨有的，西方哲學家曾為此對人和動物做過比較，不過我們對動物的了解還

未達到確定牠們是否有意志作用的地步，不便武斷。關鍵是我們
知道動物依本能生活，沒有明顯的意志表現，等於沒有心的主宰
作用。而人的「自主作用」卻非常明顯，「心之所至」人各有
別，故而志向各各不同。

　　「人各有志」已是熟知的事實，然而志向的實現卻受多數因
素的影響。環境、生活背景、機運等都有影響，而影響最大的還
在於自己，在於有無貫徹志向的力量，可稱為「意志力」。力量
薄弱者有志而力不持久，不免中途而廢。力量堅強者肯於排除萬
難，百折不撓，於是「有志者事竟成」，歷史記載中以至現在不
乏可歌可泣的例子。

　　一個人決定志向的時候，可能也決定將「全力以赴」，而且
確實依此而行，但卻因其他影響而志不得伸者，也所在多有。以
上述影響因素來說，環境指大環境而言，並非個人所能控制，環
境不適合所志的，志向便無法達成，例如孔孟都以「致天下成大
同盛世」為務，卻在講究盛行「攻伐兼併」的列國中不得其用。
從機運說，屈原滿懷愛國熱誠，想使楚國免於強秦的侵略，卻遇
上昏君讒臣，不納忠言，只落得沉於汩羅，留下了「楚辭」供人
哀悼。又如以賈誼的才華，卻遇到看重老成的漢文帝，嫌他年輕
而不用，是懷才不遇的又一個例子。至於生活背景，在立志之前
的已經無從改變，在立志之後的又有許多現實因素限制，以至不
能單依志向而行的也比比皆是。

　　在種種狀況下，個人還是可以依照自己的想法決定志向。照
一般的情形說，志向中必然含著某種動機。大體上動機可以分為
兩大類：其一是以道德為導向；其二是以實利為導向。道德導向
者在於善或惡，是以「價值」為指引。立志向善是想做一個好
人，這在道德中已經含著社會成分。因為自古以來，人類已經發
現一個人無法單獨生存，必須群居互助合作，任何人都不能忽略
同時存在的別人，尊重別人的存在，和別人和善相處，才能換得

別人的尊重和幫助，同時也就建立了自己的價值。那麼立志做好人就要遵守道德規範，是要在行為實踐上表現出來的，就要有力量堅持到底。實際上立志「不做好人」的也有一個大家熟知的例子，例如曹操就以「寧使我負天下人，不使天下人負我」為終生的職志。

以實利為導向的指引是利或害。這種導向當然以「趨利避害」為原則，而是積極的趨向利。以目前的情況看，所謂之利不外三項：財貨、權勢、以及聲望。這三種「利」幾乎成了「人生目的」，也就是心之所向的「志」。利是實際的，和抽象的「價值」不同。但是志於利時，就不會顧及道德規範，更不會考慮社會群體，反而要利用群體中的人，來達到自己的目的，也就是利用別人，作為自己謀利的工具。於是就不得不用些手段。在這種情形下，就成了墨子所說的：「損人以自利」的「不義」。事實上，墨子是主張「以利為義」的，不過他所主張的利是「公利」而非「私利」或「自利」。講「公利」時，「利」並非壞事，《易經》乾卦文言中就說：「乾、元亨利貞」，又說：「利者義之和也」。大禹謨中也說：「正德、利用、厚生」，所說的是治國之道，要貨盡其用，以福利萬民，所講的都是公利。公利所利的是多數人，人皆受其利而無害。只有人在求私利而「損人」的時候，「利」字才不可取。可能到了春秋時代，求私利者漸多，特別是政治領導人物，身為人民的表率，卻唯利是圖，所以孔子才不再提利字（罕言利）。

在用財貨代表利時，累積財貨便成了利的目標。人類生活愈進步，累積財貨的方法就愈多。問題是財貨只存在於人群之中，一個人要把財貨據為己有時，只有從別人那裡想辦法，因而就不免有受損的人。從財貨分配說，就有了「不均」的現象，如荀子所說，不均則必然「相爭」，於是「爭奪殺伐」不止，人生便沒有安寧之日了。在這裡要用哲學的觀點來看人生：在浩瀚的人海

裡，以一個人的眼光看，似乎財貨「無限」，盡一生之力，所聚仍然「不夠」，問題就在這個「夠」字是一個「不定數」，永遠沒有「底止」。可是從另一方面看，財貨乃是「身外之物」，而人生不過百年，最後「一文也將不去」。終日早起，孜孜為利，究竟「為什麼」？從上個世紀後半期，受強力的資本主義者所領導，幾乎全世界都群趨於利，造成若干資本家，而相對的貧窮地區，卻哀鴻遍野，兩者數量相差懸殊，是否為私利盛行的結果？依此看，志於利似乎就要多加考慮了。

其次，就權勢來說，也是一個相當誘人的名目。權勢使一個人在群體中脫穎而出，以宰制別人。所謂「野心」，所謂「領袖慾」，都由此表現。如果以福利天下人為職志，而又「才德兼備」，還無可厚非，不過能否如願，還要看其他因素。如果只有野心，而「志大才疏」，又「私心自用」，天下人必將受其害，歷史中不乏這樣的事例。所以有志於此時，先要仔細衡量自己，並參酌時勢。

至於聲望，我國常說「名實相符」；又說「實至名歸」，所以，「名」不是憑空而來的。當然也有「欺世以盜名」或「盜名以欺世」的，大名鼎鼎的王莽就是一例。所以要成名，不應該志於名，而是要志於「事功」，有了事功，才能「實至名歸」。

西方哲學中對「意志自由」（freedom of will）或「自由意志」（free will）頗多討論。大致說來，自由或不自由，不在自由本身，而在「所志的是什麼」，一個結論是：「必須即自由」。其實這個結論是相當矛盾的，在「必須」之下，根本就沒有自由可言。不過這個結論的解釋是，依必須而立志，是人性的「尊嚴」。如果加以詮釋，這樣說可能是認為人異於禽獸，因為人有自作主宰的能力，自為主宰代表人的尊嚴。而人之所以有尊嚴，是人自認有先天的「義務」，最低限度要表現的和禽獸有別，即是人生活在人群社會中，有道德社會規範，履行道德社會規範是

人的義務，若再加上中國的說法，人更要「參天地之化育」。有了這樣的義務，大概就不必爭論意志自由或不自由了。

最後，意志和必須相連時，會生出一個問題，即是「願意或不願意」，通常說有無「意願」，不如逕自說願意，更為確實。志向如果完全出於自己，基本上應該是願意，那就毫無問題。如果不是出於自願，即非本心如此，也就不能算是志願，沒有繼續討論的價值。實際上倒有一個情形，和願意與否有關，那就是依照志向，就有一些必須要作的，因為志向並非可以一蹴而幾。對必須要做的而不願意做，就和志向相違了。此時倒未必是志向「不定」，而是志向「不堅」，乃是「力量」的問題，是主宰自己的問題。「有志者事竟成」這句話的內涵就在「竟」字的力量上。如果一個志向可以唾手而成，那樣的志向也就不足稱道了。而且志向和必須相連時，必須就含著「勉強」的意義，其意義是雖然「不願意」，還是「必須要做」。這或者也是人生「不得已」之處。而這樣一來，可以說，人根本就沒有「絕對的自由」或是「完全的自由」。

大體說來，至於什麼是個人的決定。一個人如果想要使自己的生命有價值，就要立志做些有意義的事，至少不是只為一己著想，只想貪圖安逸，渾渾噩噩的過日子。

# 第六節　分化與統整

「分化」是指心靈的分化作用，即是常說的「一心二用」。不過先要說明，一心二用並不是「不專心」，而是在同一個時間內，心可以分別用於幾項不同的工作，而各有專注；也就是說，心可以指揮多個器官，分別各自工作。例如耳聽、目視、手寫或動作，同時還可以加上口述。像速寫記錄就是一例；又如上課

時，學生一面聽講，一面記筆記，就要這種分化作用。記筆記的工作，是心靈分化作用最好的練習。此時一面要聽教師正在說的，一面要記住上一句尚未寫完的（因為手寫比口述慢），要繼續寫完，還要繼續聽現在說的，如此循環下云，眼、耳、手和記憶同時並用，用得好，便沒有遺漏。不會運用便手忙腳亂，而不能完整的記下來。據說邱吉爾常在口述公文時，有幾個記錄人員在側，每人負責一份記錄，各依次第，第一人記第一份，第二人記第二份，依此類推。邱吉爾依次逐句輪流說下去，待到結束，各是一份完整的文件。則邱吉爾的記憶力和思想的分化作用，便不能不為人稱道了。

　　我國也有這樣的人，唐太宗的貞觀之治，是歷史上有名的。其時國內外政令極多，皇帝的詔令頻繁，負責書寫詔令的是中書舍人岑文本，新唐書和舊唐書都載有岑文本傳，說在忙碌的時候，岑文本叫來六七個書寫生，每人負責一份文書，岑文本即依次一句句的口述，輪流下去，所成文書「各盡其妙」。在岑文本的傳記中，述說其自幼「博考經史，多所貫綜」，又說在他十四歲時，其父因為官清廉，不與當地豪富同流，被誣陷下獄。文本自撰訟詞，代父伸冤。問官有意考他，令他做一篇「蓮花賦」，他下筆立就，使在場的人大為讚賞，因而超脫了他父親。由此看來，多讀書並熟讀書，「心中有物」，用時自然可以「隨口道來」；不必用時再苦苦思尋。臨時去想，不但不方便，更使心無餘暇去分化運用。

　　「統整」是心靈的整體作用，比綜括更進一步。分別起來，可以說綜括是就著當前既有的材料或訊息，綜括在一起，不必旁及其他。統整則是在綜括之外，將現有的以及所知的統合起來，包括其中的組織結構，成為一個整體。這項工作，可以待最後完成。但若能配合分化作用，也可在工作中間，隨時注意，把材料分別印刻在腦海裡。此時所用的注意，不是專注，而是「旁及」。

人的大腦或心靈，其作用的奇妙，就是可以同時有幾項功能，端在自己會運用。

統整作用中含著區分、了解，同時又包括融會與貫通。作用的內涵，可以用一個「博」字來形容。而「博」在心靈的宏富；又在能從廣博之中，擇其「精微」而「致奇妙」。取出「要妙」，等於在千頭萬緒中，用「一」來貫穿，又是一種變化的作用。由紛亂而「貫於一」，自然需要獨到的觀察，則是在廣博之中，加入「深刻」，猶如馳騁於廣大的原野上，不失指向。如果說此時有指南針，則指針在於心中。以這樣的心境作統整工作，必然快樂而順暢。

話說回來，要使分化與統整兩者做得運用自如，就要做到兩個條件：第一，平時儘量充實知識。而充實知識的不二法門，便是多讀書。我們有幸生為後代，許多先聖先賢已經留下了無數寶貴的經驗和見地，可供應用，無須自己再去從頭摸索，再去從嘗試錯誤中學習。否則便猶如擺在桌上的宴席不肯享用，反而拋開，要自己去重起爐灶，自行烹調，似乎大可不必。我們知道，一個人出生時原本一無所知，必待學習才能增加知識。而時至今日，知識已經載在書籍中，書籍已經是知識的寶庫，「讀書以求知」，可能是耳熟能詳的「陳腔濫調」，然而卻是「不易的真理」。第二，把握機會隨時練習。我們也知道一個人出生時，不但一無所知，也一無所能，能力是在後天練習而獲得的。同時更知道桑代克所提出的學習律中的常用律，常用則增加功能，失用則失去功能，由練習而精熟，而熟能生巧，是經驗的事實。所以用心常常練習，不失其用，自能達到精熟的地步。目前人的壽命延長，出現了老年癡呆的症狀，醫學研究認為是除了腦部生理變化以外，大腦失用也是一個原因，同時認為常用腦的人，老年癡呆的病例較少。依此看來用腦也是保持健康的一法，不用則將失去人最寶貴的一項天賦。反過來說，怕用心，不用心，又與「沒

「有心」何異呢？

## 第七節　欣賞

　　人在生活中有許多可以欣賞的對象，而欣賞出自人有「審美」的傾向。說到美，在西方哲學中常與另外兩大論題並列成三，即是真、善和美。其實這三者都有足供欣賞之處，因為真和善也是人所追求而企望的。我國先哲似乎把三者都統合在一個「善」字中，如《大學》中所說的「至善」，便涵蓋了「真」和「美」；又如《中庸》裡說「天道至誠無息」，所以「悠遠、博厚、高明」。涵意中便有真、善、以及美。實際上，說到真、善和美時，其中便含有「好」、「恰當」、「正確」等意，有判斷作用，也有無可避免的情感——愉悅，享受這份愉悅，便是欣賞。不過這個「美」字，作為名詞用時，的確很難形容。如果問：「什麼是美」？大概不易說出具體而恰當的陳述，可能因為人們一說到美時，腦海裡往往會出現一個美的形象，形象是由感官所得的表象，指向一個具體的物時，並不能代表形上之美。倒不如問：「什麼是美的」？有了可以指陳的對象，還容易回答，只是所答的多半出自「主觀」，那就人各有異了。對於「美的」說法，西哲自柏拉圖以來，阿奎那、萊布尼茲、康德等都有論述，其中包括善、愛、和欲。康德以為美是最高的判斷，是最高理性的藝術；是崇高或昇華，是必然的滿足，存於物之內在。本節不以這方面的敘述為主，將以艾德勒（M. Adler，西方名著編者）所說的，「教育應該避免極端的爭論，而以發展每個人欣賞的感受性為重。」同時也接受達爾文所說的，「只有人有愛美的官能，能夠欣賞夜晚的天空景色，動物並沒有這種能力。」

　　承認人在維持生命之外，還有欣賞的能力，也就是在本能活

動之外，還懂得享受生活或生命；也可以說在「現實」或「具體」之外，還有「抽象的」、「心靈的」或「精神的」快樂。事實是我們看見鳥兒在天空遨翔，以為牠們無拘無束的自由自在，卻未想到牠們其實是因為飢腸轆轆的正在覓食，牠們所要看的是食物，而不是晴朗的天空或美妙的景色；又如我們看見動物在廣大的原野或叢林裡，悠閒的吃草或休息，覺得他們的生活環境那麼美好，有取之不盡的食物和飲水，卻未想到牠們也有飲食匱乏的生命危機存在；再如蜜蜂之類的昆蟲，飛翔在香味四溢的花叢間，該是多麼有趣，可是牠們意不在此，而是忙忙碌碌的尋找花蜜。牠們只求生活，未必知道生活的樂趣。

生而為人，謀生是必須，欣賞也是「一項生活必須的滿足」。如果懂得欣賞，將會發現在天地萬物和人生之中，在在存著可資欣賞之處。無可諱言，欣賞出自情感。不過這種情感作用，不是「衝動」，而是「感受」，是「溫馨祥和」的感覺。西哲說美中有「愛」，一點不錯。但是如果用我國先哲的說法，「仁」字可能更為恰當。因為「仁」中含著慈愛、溫馨、祥和，還有相當的智慧。這就像面前有一座高山，行路的人嫌它礙路姑且不論，不懂得欣賞的人看來，只不過是一座山而已。而懂得欣賞的人就會看到層巒疊嶂，林木翁鬱，認為「美不勝收」。又如一條大河，普通人看來就是一條河，而李白看到了黃河，卻寫出「黃河之水天上來，奔流到海不復回」。大家常引「欲窮千里目，更上一層樓。」比喻追求高尚的精神世界，而王之渙「登鸛鵲樓」的上兩句卻是「白日依山盡，黃河入海流」，描寫落日餘暉中的山水景色。再看杜甫的一首七言絕句：「兩個黃鸝鳴翠柳，一行白鷺上青天，窗含西嶺千秋雪，門泊東吳萬里船。」描寫在一間水邊小屋向外看到的景色。如果設想這是一間漁人的小屋，室內不過是普通甚至簡陋的狀況，居然有閒情欣賞外面的情景，就得到一副美妙的圖畫：黃鸝和白鷺相應，翠柳和青天相襯，西嶺和東吳、

千秋雪和萬里船相對；欣賞到美景，才生出妙文。大自然給人無限欣賞的機會，使人就著月亮而想出嫦娥，就著星星想出牛女神話。神話之美，愉悅並豐富了情感與情趣。即使獨處在叢林或叢竹中，也有獨得的樂趣。如王維的「竹里館」：「獨坐幽篁裡，彈琴復長嘯，深林人不知，明月來相照。」有明月作伴，似乎比人更有意味，便無所謂寂寞孤單了。大自然的美就在眼前，視而不見，是自己失去良機，也就等於失去生活的情趣。

　　自然之外，由人類自行創造的人文，情趣更多。首先是音樂。「樂」在大自然中本有「天籟」，人更就著自己的才能製定了韻律。聲音有韻律才表現出美。沒有人欣賞烏鴉的聒噪聲，大家卻喜歡聽黃雀的婉轉歌聲。有人說歌聲是人類共同的語言，以現在所知的看，即使文化未進步或野蠻民族，無不喜歡歌唱。而文化進步的音樂更登峰造極。所謂名歌名曲之「名」，就是因為得到欣賞的「共鳴」。所以人的愛好至少有大多數的共同之處。音樂之美，除了聲音韻律之外，更有用語言所表現的意義，有了另一重情感。同時語言有了修辭，加上文辭之美，數美並舉，欣賞中更有了陶冶性情的作用，於是人性也隨之美化了。通常和音樂相伴的還有舞，所以歌舞常常相連，「輕歌曼舞」常是讚美的言辭。我國早期的「樂」，就是歌唱與舞合在一起，同時舞者手持「干戚羽毛」等器物動作，全部才叫做「樂」。

　　文辭之美，早已形成文學。「煥乎其有文章」，即是「文」表現了「光輝」。人所創造的光輝，幾乎可以與日月同光。讀一篇好文章，和音樂一樣的可以引起讀者的共鳴。王勃的〈滕王閣序〉中的「落霞與孤鶩齊飛，秋水共長天一色」早已膾炙人口，以為是「神來之筆」。朱自清所寫其父的「背影」，一個胖人的背影，滑下車站月台，小心翼翼的穿越火車軌道，又吃力的爬上另一邊月台，並不見得好看。動人的是這個父親是為兒子去買食物，以免在火車上沒有東西吃，令人欣賞的是「無言可喻的親

情」。欣賞這份親情，只有「感激無限」，絕不會嫌他「多此一舉」。只有文學能描述口不能道的深邃情感，能欣賞才能體會其中的意味。自古及今，文學之美，「美不勝收」，能欣賞才能得到其中的趣味。

在人類的創造中，藝術是又一項最值得欣賞的。這個領域包括極廣，舉凡建築、雕刻、繪畫、藝品等都是。人類生活的充實，便在這裡。舉一個最淺近的例子說，生活用具最大的功能是有用，像吃飯用的盤碗，其功能只在盛飯盛菜，則無論用什麼材料做成，都不失其用。而人卻在盤碗上加上彩繪，甚至變化形狀，原因豈不就是為了欣賞！美好的餐具，賞心悅目，增加食欲，除了滿足本能的需要，還能滿足另一種需要，即是精神的愉悅。

在人事方面，值得欣賞的更多。其中有源自本能的，更有出自人為的。源自本能的，首先必須從親子之愛說起。一個人出生時所得自父母的提攜捧負，自己已經不能記憶，且看大鳥如何哺育幼鳥就可知道。多數鳥類是雌雄共同擔任哺育的工作，看牠們一隻飛出去覓食，一隻留在巢中保護幼雛，覓食回來的大鳥張開嘴，讓小鳥琢食口腔裡的食物，此時另一隻飛出去覓食。注意看小鳥吃完了大鳥口中的食物後，並未饜足，仍然張著大嘴等待。這個畫面，足以令人想到一群嗷嗷待哺的饑餓的孩子，給父母的感受。此時做父母的心情，是無盡的愛和對飢餓的感同身受，好像說欣賞並不恰當，應該說是「感動」較為接近。不過這份「愛」是應該持續留待日後欣賞，更容易在看到別人同樣狀況時欣賞。有了這種欣賞和感動，想到父母生我的劬勞，而有了反哺之心，在我國遂生出了「孝」的觀念，同時也把「孝」看作「道德」。如此一來，遂致唾棄道德之士，一併唾棄了孝。有些人似乎只記著幼年父母打罵，漸長又多方不隨所願，完全不想父母的愛，把親情一筆勾消。事實上既使不願意顧及「道德的孝」，似乎也可體念一下那份「親情」，如果朱自清只看到父親那個「笨拙的背

影」，而未體諒那份親情，將會寫出一篇「討厭的影子」了。所以欣賞不只是看表面，而是要心靈進入深層中去體會。

教育中的欣賞是另一面，要出入於抽象和實際兩個層次，才能欣賞，並得到欣賞的愉悅。

首先，教育之抽象的欣賞，是對於理想中「創造」的愉悅。人類在大自然中，發揮了創造力，才有今天的人文社會。其中不但有空前的物質享受，更有精神的快樂，而最值得人「自負」的（現在多用「驕傲」兩字，並不恰當。）就是特有的創造能力和理想。有理想才有實現的可能。在創造事物之外，「創造人」更是「非比尋常」。說造人並非「生人」，生人出自本能，不算創造。「教育創造人」在於給自然人創造另一個生命──精神生命。這個生命和生理的生命不同，生理的生命有生有死，精神的生命則可以不朽。要想不朽，就要在自然人的層次之上，建立一個更高的層次，即是要進入精神的層次中，排除由動物性衍生出來的「不當的惡」，發揮人性本有的「善」。這樣說無法避免道德，因為人生活在群體中，最低限度是不傷害別人，而且要和別人和平共處。但基於人性的自私，在物質的誘惑下，往往損人以利己，於是行為日趨下流，品格江河日下，危害人類社會，個人的生命毫無價值，即是不道德。人的精神是道德的，但並非如世俗誤傳的「拘謹嚴肅而不通人性」。相反的，道德之善是「與人為善」，不但不異乎常人，而且善於推己及人，更進一步為別人謀福利。這樣的人為當時世人所推崇，為後世人所景仰，所以把自然人創造成這樣的人，是教育的理想。而從事教育工作，也就是從事創造工作，這份工作的意念之美，自在心中。

教育並非徒託空言，而是「務實」的活動。在教育歷程中，開始所面對的是幼稚而無知無能的兒童，可以想像這群「未經教化」的「小野蠻人」，表情呆滯，舉動粗莽，實在看不出可愛之處。相反的，當然也有聰明伶俐，舉止合度，討人喜歡的。這兩

種孩子正是考驗教育真諦的對象。後一種孩子原已受了教化，教育無需用大力，往往是教師所喜歡的，然而也正因為如此，顯不出創造的成效。而前一種孩子，卻正是最需要教育，也最是教育發揮功能的對象。放棄俗見，站在教育立場正視這些孩子，循循善誘，看著他們一天天的改善，由呆滯變為靈活，由粗莽變為文雅，由無知變為有知，由無能變為有能，外表和內在變成另一個人，教育的辛勤工作有了收穫——創造出另一個人！所以在「辛勤工作」的歷程中，時時都有欣賞「收穫」的愉悅。不過要得到這份愉悅，必須有相當的耐心，知道一個孩子的改變，非一朝一夕之功，生長是緩慢的，不是「揠苗助長」所能為力。

在「務實」歷程的欣賞中，同時也可享受心靈的愉悅，即是也得到良心的「安慰」，——盡心盡力本是教育的職責。教一個頑強的孩子要特別費心費力，也正因為如此，才看出教育的「偉大」。許多教師看到當初頑劣不堪的孩子，經過自己的悉心教誨，日後成人，才證明自己工作的意義。

教育最值得欣賞的是生命意義的「昇華」。康德說昇華已經超出官能之上，其愉悅在於愉悅本身，在於反省，在於了解或理性概念。康德欣賞自然，以為自然有時間和空間兩大元素，自然現象中有高山峻嶺，狂風暴雨，驚濤駭浪，都令人畏懼，此外又以西方的信仰，更有至高無上的上帝，都會使人心生恐懼，但他又認為人在精神層次中，獨立於自然之外，可以站在自然之上，立在更高的點上，彷彿我國先哲所說的「至善」或「道」，超乎自然。於是可以「懼而不怕」。如果不算誤解的話，可以說就是心靈能超出一切，如同儒家所說的「不懼」的「大無畏」的精神。這種精神境界，也可以說是昇華。康德本就認為至高的善是「先在」，是「至德」，也就是「最高的藝術」，即是「美」。在這種美的境界裡，可以有無可言傳的愉悅。試把這種境界引伸到教育裡來，讓我們姑且不揣愚陋，拿孔夫子做個例子，他曾

說：「我不敢承認自己是『聖人』或『仁人』，只是朝著這個方向去做，永遠不厭棄，教人永遠不倦怠而已。」（原文為：若聖與仁，則吾豈敢。抑為之不厭，誨人不倦，則可謂云爾已矣。）又說：「傳述先聖之言，信而不疑，嚮往古道，不羨慕老子和彭祖的『道德或長壽』。只是對所學的默識心通，學而不厭，誨人不倦，如此而已。」（原文是：述而不作，信而好古，竊比於我老彭。……默而識之，學而不厭，誨人不倦，何有於我哉！）再又於葉公問子路孔子的為人時，子路不曾回答，孔子說：你為什麼不說：他那個人啊，「發奮忘食，樂以忘憂，不知老之將至！」（以上俱見述而篇）據此可以說在孔子不得意於仕途之後，退而教授弟子的精神境界，已經超然物外，與「道」渾然合而為一了；也可以說，悠游於典籍之中，欣賞弟子的形形色色，享受「誨人」之樂。因為孔子弟子中也有莽撞的子路，孔子只是隨機教導，並未嚴格的訓斥，只說過一句「野哉由也」，而在子路纓櫻而死後，孔子仍然痛哭祭奠。同時也有晝寢的宰予，孔子也只說一句「朽木之材，不可雕也」罷了。

認識教育的基礎知識

### 認識教育只有「教育知識」可謂充實嗎？
### 在「教育知識」之外，多有些知識有用嗎？
### 「教育知識」有限度嗎？

人生在天地間，從有了知識之後，便自視為天地生物中的一類，是「造物之一」。不過萬物都隨著自然生滅，即使有生命的，也只有憑著與生俱來的本能而生，到生命終結時而死，此外並無他求。而人在生活的過程中，除了隨著本能設法維持生命之外，並尋求生活更有效和更容易的方法，於是對所生活的環境，便想要知道，因而「求知」便成了人在萬物之中一項特徵。同時人也有「知」的能力，遂使人類的知識與日俱增，到今天人生和知識幾乎不可分，因為在人類自行創造的人文環境中，「無知」可能即無法維持並保護自己的生命。

但是人類今天所知道的，或者說今天所有的知識，並非出自一人一朝一夕，而是由於若干先知先覺的洞察，加上後繼者繼續觀察驗證，累積經驗而成。沒有前人的經驗並將經驗傳留下來，新知識便無由出現，不但沒有今天的知識，人類可能還生活在原始的洪荒狀況中。

試設想先民在茫茫大地上，一無所有，必須自己去覓食。當然一定要在白天，因為人的眼睛是借光體，只有在明亮處才能見物。因而對日升日沉必然十分注意，於是不但知道了太陽帶來光明，同時也帶來溫暖，從而特別重視天象，發現日出的位置和方向，有規律的改變，有一定的時間循環往復，而有了「時間觀念」。並進而觀察夜空，觀察星象，形成「天文」知識，並出現計時的方法，而有了「歲時」的觀念。中國在紀元前約三千年便由天文知識訂出了曆法。

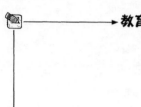
# 第一節　天文曆數

根據《古今圖書集成》曆法典中載：「天皇氏始制干支，以定歲之所在。」所謂「干支」取意於樹木幹枝有秩序，用來計算時間的年和日數。干即現仍存在的「甲乙丙丁戊己庚辛壬癸」等十個天干；支即「子丑寅卯辰巳午未申酉戌亥」等十二地支，將干支配合起來，用以紀年。又配合十二種動物為象，亦即世俗所說的屬相。十個天干和十二個地支，經過六十年為一循環，稱為一個「甲子」，直到現在仍然存在。（不知古人是否知道小公倍的算法，還是數出來的。）曆法典中又載：「伏羲始做甲曆以定歲時。歲時起於甲寅，支干相配為十二辰，六甲而天道周矣。歲以是紀而年不亂，月以是紀而時不易，晝夜以是紀而人知度，東西南北以是紀而方不惑。」又載：「顓頊高陽氏初作曆象，以建寅月為元。」「元」字的意思為「首」「始」「大」，以寅月為元即是所說的「正月」。到了夏朝便確定如此。又載：「帝堯陶唐氏命羲和作曆象，以授人時，定閏月以成歲。」羲和是人名，或者說羲與和是兩個人，這並不重要；曆象是官名，其職責是觀察天象，推算曆法。《史記》中有「天官書」，歷述從遠古傳留下來重視天文星象的事實，分別星座和變動的狀況，同時觀察日星的光明度，雲氣和風向風力，尤其重視日蝕和彗星的出現，作為政治的警惕。司馬光在記述之後說：自初生民以來，「統治者」都經歷過日月星辰，直到五帝（黃帝、高陽、高辛、堯、舜）、三代（夏、商、周）才繼續經驗而了解。這段歷程，乃是在紀元前三至五千年的時代。後來則更製造出觀測星象的工具，如所說的渾天儀即是。

天文曆象在中國發展的特別早，可能和中華民族定居的地理

環境有關。中華民族沿著黃河向下游發展，所處的地方適合農耕，而農耕必須配合天時地利，所以天象便成了極為重要的指標，也衍生出尊天敬天的觀念。更進而由尊天時而重地利，把天地視為生民的根源。李約瑟也說：「中國曆法文獻之多，雖汗牛充棟，且數量日日增加，其考古和歷史的重要性遠比科學為多。曆法的主旨是要將日子集合為週期，俾能適應民間生活和文化或宗教儀式上的需要。有些週期以天象的循環為根據，而在人類生活方面有顯著的重要性。」（李約瑟著：中國之科學與文明，冊五，頁351）

　　另一方面，沿襲著自古以來的宗教意識，把禍福觀念和天象結合，用天象來卜算人事的吉兇，同時也用作政治當否的參照，由此形成天人合一的觀念。從而歷經數千年，對天文曆象，不但皇家設有專官專司其事，而且定出皇帝百官的星座，觀察星象，可以預測某星所代表的人的狀況或變化。至於民間，尤其是農民，雖然不懂得天文，卻能根據氣象耕作。甚至編成民歌，以便記憶耕作的時間。

　　中國古代天文學的發展相當早，前面已經約略提過。中國人研究古代天文史的不乏其人，本文不在這項專門研究，只想約略介紹一些概括知識，李約瑟著《中國之科學與文明》第五冊專述天文學，其中列舉了中國歷代學者的研究，並兼採西方的資料，相當充實，可以借來提供一些參考，以下即從此書中採擷而出。

　　前文說「堯命羲和」的話，見於《書經》的「虞書、堯典」，原文是：「乃命羲和，欽若昊天，歷象日月星辰，敬授人時。」後文還有「日中星鳥……定四時成歲」等句，文後譯者（李著中文譯者，名曹謨）解說：日中即一日晝夜的中分，即長短相等，鳥星在昏夜過南方中天時，定為春分，其餘同理定夏至秋分冬至之時。（頁29）堯舜之後，歷經三代，以那一個月為歲首有變動，曆法大致相同。禮記中有〈月令〉篇，有興趣者可以自行參考。

086

　　前文曾提到伏羲氏作八卦，在《易經》繫辭下傳第一章中有一段話是：「古者包羲氏之王天下也，仰則觀象於天，俯則觀法於地，觀鳥獸之文，與地之宜，近取諸身，遠取諸物，於是始作八卦，以通神明之德，以類萬物之情。」試看卦經，尤其是乾坤兩卦，說生物的本源，猶如哲學中的形上學。乾坤代表陰陽，也象天地，自然對天文地理極為重視，同時也把天地之間的人放在了重要的位置，後來才有了天地人為三才之說。不過更重要的是，由天文而發展出來的「天道觀」（即形上學），建立了天地造物的「原理原則」（自然法），同時衍生出「人道觀」（為人做事的原理原則）。於是「道德論」和「法律觀念」相伴而生，甚至是對一切物（包括生物和無生物）的態度。以為天地生物是本於「仁」，人秉天地之仁而生，所以也要「仁人愛物」。是從天文演變出來的思想。於是天人一貫，即是後來所說的天人合一。

　　由於重視天文，對天象的變化便十分重視，特別重視日蝕的現象。早期還不明白日蝕的原因，只認為是天象變幻，日光突然消失，至少不是吉兆，是要喚起人的警惕，小心依正道行事，以免天道失常。歷代的史書，都記載日蝕的時間，就是這個意思。這固然是缺乏知識的現象，卻也表示人以自然為法的事實。由此可以得到一點啟示：人生在天地之間，知識貧乏，足以構成笑料。

　　在重視日蝕之外，同時注意彗星的出現和一些星座的變換，如太白（即金星，因為在早晨出現，又稱晨星）、熒惑（即火星）之類，史書都有記載。

　　在觀察天文的同時，先民對宇宙也做了一些憶測。在《呂氏春秋》（紀元前三世紀）便以為天是一個半圓形的蒼穹，地則是倒置的碗；不過在《周髀》中，就有「天象蓋笠，地法覆槃」之說，李氏稱為「蓋天說」。又一說是：「天圓如張蓋，地方如棋局。」這個說法繼續了相當久。其次是「渾天說」，在紀元一世紀時，張衡所著的《靈憲》中便說到。（李著，冊五，頁59-65）

　　說到此不妨加入一個比較輕鬆的故事，和先民對太陽和地面距離的猜測有關。有記錄的可以參考李著。這裡要說的故事出自《列子》（有人說這是偽書）「湯問第五」。其中說：孔子東遊的時候，遇到兩個兒童爭論，於是問他們為什麼。一個說：我以為日出時距離人比日中時近，因為日出時有車蓋那麼大，而日中時只不過像個盤子，這不是遠小近大的道理嗎？另一個說：太陽剛出來時，溫度還是涼涼的，到了中午，就像滾水一樣的燙人，這不是離得遠就涼，離得近就熱的證據嗎。孔子聽後，也無法判斷，反被小孩兒譏笑說，你並不是什麼都知道。（列子屬道家，常常譏諷儒家。）

　　在天文曆法的發展過程中，測量儀器必然隨著出現。此處提幾項早期的事例，可以矯正中國無科學的錯誤。

　　儀器之一是「日晷儀」。觀測日影似乎是許多民族很早就知道的，一是從日影可以估計白天的時間，一是根據日影知道四時。在《周禮》大司徒的職掌中，就有「以土圭之法測土深，正日景（同影），以求地中。日南則景短多暑，日北則景長多寒，日東則景夕（指影在西）多風，日西則景朝（指影在東）多陰。日至之景，尺有五寸，謂之地中。」所謂土圭，是古代一種玉器，長一尺五寸，這是專用來測日影的。後來發明了更複雜的器具，可參考李著冊五，頁 216-225。又據李著中說，在製出日晷儀的時候，人們已經知道了定北極和赤道的座標，才能製出後來的多種儀器。

　　關於日景的記載，在《史記》司馬穰苴列傳中，有一段頗為有趣的記載，可以當作故事來看。據說齊景公要用司馬穰苴作元帥出征，穰苴認為自己沒有權勢，恐怕威令不行，因而要求景公指派一位最得寵的人作監軍，景公便派了名叫莊公的人。穰苴和莊公約定次日午時集合三軍，再三叮囑莊公必須準時到達。第二天穰苴在午時前集合軍士，並命人立上日影指標計時。然而到了

日中，還不見莊公的蹤影，於是只好自己號令軍士。直到日夕，莊公才姍姍而來。穰苴問他為何遲到，他輕輕鬆鬆的說，因為朋友餞行，喝酒談笑，不覺就晚了。穰苴說：接受王命的時候，就要全心全意的以公事為務，怎麼可以只顧喝酒而忘了公事！依照軍法，違抗軍令者當斬，於是命人把他綁在轅門問斬。莊公趕快找人向景公去求救，景公立刻派人快馬跑到轅門，叫穰苴赦免莊公。穰苴說：軍令不可改變，否則無法作戰。立即把莊公斬了，於是軍士們沒有人敢再不服從，出征打了勝仗。這個歷史故事表現在紀元前三世紀左右，立竿計時的事實在利用日影，是相當可信的。

儀器之二是「漏壺計時」，在中國有長久的歷史。其法最簡單的是上下有兩個容器，上一個裝水，有漏孔滴漏到下面的一個裡。下面的則刻著度數，看水面和度數，來估計時間。後來的漏壺更為複雜，也更為精確。大家今天只知道用鐘表，只管講究樣式和價值，最好也知道時計發明的經過，留心用到更有用的工具上。

儀器之三是「渾天儀」。《書經》中載：「堯命羲和立渾儀」，又舜典「……在璿璣玉衡，以齊七政。」璿璣象天體的運行，七政指日月五星；五星即金木水火土。李約瑟以為渾天儀製造的確切時間，約在紀元前三五〇年。《古今圖書集成》曆法典中有詳細的記載，並附有各種圖像。試舉一項為例說明渾天儀的製作原理：「漢武於地中轉渾天，定時節，作太初曆。」原理是累積天文曆象觀測的經驗，定出日月行度分數，然後繪圖製器，是依照赤道和兩極而定。儀器設有多個圈，大小正斜各依自然之理，量看儀器可以知道星象；計算太陽和地平的經度和高度，晝夜的長短。以至日月蝕的原理，彗星的經緯度。此後歷代對儀器的製作更為精良，有興趣者可參看圖書集成曆法典，頁 901-959。

中國自古就重視天文，歷代任命專官，專司觀察天象和推測

氣象。時至今日，已經進步到觀察太陽系以外無垠的太空，於是知道了原來所知的「宇宙」的渺小，也改變了對人類所居地球的觀念——從前認為地球有用不完的資源，任意浪費，現在才知道地球有了危機。另一方面，對於宇宙原始的說法也有了改變，即是哲學中的形上學有了新的看法。郝金（Stephen Hawking）先是出版了「時間簡史」，說宇宙是由一個大爆炸逐漸形成的；現又出版了「胡桃裡的宇宙」。新知識不斷增加，正應了莊子所說的「生也有涯而知無涯」。人活在現在，要有現在的知識，同時也不能拋棄舊知識。無陳不能出新，郝金仍然引用愛因斯坦的「廣義相對論」。教育和人的全部生活有關，而生活的知識非常廣泛。

曆數的基本知識是數學。沒有數學知識，就無從計算年月日。所以天文和數學不可分。世俗都知道現存的《周易》是伏羲氏所創，不過最早的所謂「先天易」已經失傳，只說伏羲氏始作八卦。從現存的八卦來看，基本符號只有兩個，即是「-」（代表陽，稱乾）和「--」（代表陰，稱坤），猶如數字的一和二。把這兩個符號兩兩組合，改變上下位置，可以得到四組符號；若把三個組合起來，則可以得到八組符號，每組符號代表一種自然現象，即：天、地、水、火、山、澤、風、雷。後來又從八組符號重疊變化而有了六十四組，即是現在用來卜筮的六十四卦。不過這裡所要說的不是卜筮，而是數學觀念。有了數的觀念，才能計算。而陰陽兩個符號猶如數目一和二，是一種二進位的算法。

《禮記》內則篇中載兒童教育：「六年教之數與方名，九年教之數日，十年出就外傅，居宿於外，學書計。」這段話說的是兒童六歲時，教他數數（現在已經提前了）和方向名稱，九歲時教他數日子，十歲以後離家和師傅同住，學習書寫和計算。所謂書寫的是六書（即象形、指事、會意、形聲、轉注、假借）。所謂計算是指「九數」。古代有《九章算術》，即是：方田（指田疇界限，因為耕種的田地面積不一定方正，方田法的計算是必要

的。）粟米、差分（稅）、少廣（指方圓）、商工（指工程）、均輸（運輸）、贏不足（指隱雜）、方程（指正負）、句股（指高深廣度）。這些計算載在《周禮》又名《周官》中「地官司徒」的「保氏」中。可見九章算法已經用在農業生活裡，才成為一項學習科目。也可看出那時的教育，相當重視實用。從書籍方面說，據說最早有《周髀算經》，又有《算法統宗》，這些書現在看來，或者覺得淺顯可笑，但是我們不能以現在的知識程度衡量二三千年前的知識。

很明顯的是，了解天文，製定曆法，必需要計算。「算」當然從「數數」開始。據記載，古人是用「籌」來計數。所謂之「籌」，是用長條竹片一片片累計。例如從一到九，先是把竹片縱列：一放一片，二放兩片，四則放四片，六則在縱放的一個竹片下面，放一橫片，七則放二橫片，八為三橫片。如｜川川一二三（123678）之類。李約瑟以為這些數碼在商代已經應用，見於甲骨文和鐘鼎文，以至出土的碑銘上。現在仍然存在的算盤，很可能是由籌碼演進而來的。

據《古今圖書集成》曆法典中載《周髀算經》中有一段周公和商高的問答說：周公問「數是怎麼來的？」，商高說「數的方法來自方圓；圓出於方，方出於矩。」這裡所說的方指長和闊，圓指週邊。關於數學方面的書籍，後來又有《算法統宗》，再後來還含著代數、三角、幾何等，可見算法在中國出現的相當早。在《孫子算經》中已經有了「不定解析」；《墨子》的「經說」中有許多幾何學「點」的定義，如：「端、體之無序而最前者」，李著解為「細分線時，分得不能再分，那個呈現的終極的端，就是點。」又「體也若有端。端，是無同也。」李著說前一句是說體像嬰兒初生時有頭；頭不能再分，所以沒有和這一部分相同的。（冊四，頁168）讀者有興趣的，不妨看看《墨子》「經說」的部分，其中有很多名詞定義，是其他子書不多見的。

可能和天文曆數有關的數目排列，見於《易經》中的「河圖」、「洛書」，排除對二者的神話傳說，看其中的數目排列，橫直和對角的和都相同，這個數學觀念是值得重視的（學者可自去找書來看看）。另一方面，中國最早就發明了數學遊戲器具，像《紅樓夢》中說林黛玉解的「九連環」，以及現在還有的「七巧板」，含著數目的巧思與智慧，所以數學本來可以成為有趣的科目，奇怪的是現在卻變成學生懼怕的一科，是教育中不能等閒視之的。這個問題必須從教師說起，因為春秋之義，責在賢者，何況教師是直接的關係人。大致想來，數學教師當然對所教的已經非常明白，認為是淺顯易知的，卻未想到學生只是初學，還一無所知，不可能「一點就透」。以致不是講得太快，就是講得不夠清楚，缺少耐心，反而責備學生不用心或笨，把學生嚇住了。其次是教師把數學看的太嚴肅，當做一門「大學問」來教，以致學生感覺枯燥無味。如果換個想法和方式，把學習數學趣味化，先教學生用遊戲的態度來學習，則數學符號可以成為有趣的圖形，可以比照實物，再來加減乘除，可能容易得多，例如裴斯泰洛齊教學生學面積，便教他們量教室的長和闊，然後把兩個數目相乘，便得到教室的面積，比只教一個公式更容易使學生明白，且得到實際的經驗。如果教師多用點心思，想到「無知」的孩子可能遇到的困難，教學將容易生效。無論如何要知道，若學生和老師一樣的聰明而多識，他就無須學了。

# 第二節　文學哲學和史學

## 一、文學

### ㈠煥乎其有文章

早期的人可能和動物類似，野蠻無知，待進化到有了「文」，才能在錯綜複雜之中有了條理秩序而不亂。同時人有記憶，要把某些記憶保留長久而不忘，就想出一種保留的方法。中國傳說最早用結繩記事，如果是事實，相信時間久了，還是分不清那個結是那件事，因而要有一種更好的記憶方法。傳說古代倉頡造字，引起了「天雨粟，鬼夜哭。」天雨粟似乎象徵鼓勵人的這項發明；鬼夜哭或許是說人的能力超出鬼之上，鬼就無法用其鬼祟技倆了，不過倉頡可能是造字的人之一，無稽之談可以不予置論。《古今圖書集成》字學典中記載：「伏羲造書契以代結繩」，於是就有了「文字」，好像這就是象形字的開始。同書又載：「夏后氏始做鐘鼎書」，這是到現在還可以看到的。此後因為需要漸多而增加文字，有了所謂之六書──象形、指事、會意、形聲、轉注、假借。前四者可以從字形辨別意義；轉注是意義相同的，可以互相解釋，如考和老。假借是把一個字用聲音區別，而有不同的意義，如長指生長或指長短而讀不同的音。在字體方面，也有了大篆、小篆、隸書、楷書、草書、行書等等。

要知道詳細的中國文字源流，「字學典」有詳細的記載。前述古時學書數的書，固然指書寫，實際上應該先識字。我國在新學制實行前，學生入學先學「小學」。「小學」即是「文字學」。即是先從識字開始。現在有《說文解字》這本書，是字學常用的

參考書。說到此，便要說一下教識字的方法。從學習心理來說，學習的歷程是「先易後難」，那麼兒童初學，應該先學簡單又符和經驗的字，才比較容易。因而教材的編製，就要依照這個原則。生活中常常接觸而又筆畫少的，如人、山、水、日之類，可以先編入教材中。教師教學時，配合字義，小學生學起來可能會有興趣，因而教師就不能不知道文字學。其實看看中國文字源流的書也是非常有趣的。秦始皇統一了文字，使他所統一的天下「書同文」，而全國人可以互通聲息，彌補了「方言」的缺點。集合絕大多數人的智慧，藉文字暢通而發展了文化。中國字本身之美，使書法成了一項藝術；更出現了拆字謎等遊戲，甚且用到卜筮上去。（以字謎為例，如「廊下倒吊齊桓公」，打一字是「原」，因為廊即是「廈」的意思，取其偏旁，齊桓公名「小白」，顛倒過來，成為「泉」，泉在偏廈中，遂成「原」。）

　　文化的基礎首在文學的昌明，所謂「煥乎其有文章」就是此意。文學豐富人的心靈，使自然人加上文采而免於「孤陋」。《禮記》儒行篇中說：「儒有不祈多積，多文以為富。」不祈多積是不求財富，「郁郁乎文哉」才是應該企求的。劉勰的《文心雕龍》原道中說：「文之為德大矣，與天地並生者……惟人參之。性靈所鍾，是謂三才。為五行之秀，實天地之心。心生而立言，立言而文明，自然之道也。」《文心雕龍》這本書寫的實在美極了，文字之美難以言喻。書裡把怎樣寫好文章說的非常清楚，其中說文章應該具備若干的條件，扼要的說，如「神思」中開始即說：「古人云：形在江海之上，心存魏闕之下。」這兩句話在《呂氏春秋》和《莊子》中都曾出現。從前作文講究用「典」，即是引用前人的「名言」來發揮自己的思想，既表示博學，又取法前人的「巧思」，也因為自己說不出比前人更好的詞句。目前學術研究必須做「文獻探討」，有相同的意味。劉文中接著說：「文之思也，其神遠矣！故寂寞凝慮，思接千載；悄然

動容，視通萬里。吟詠之間，吐納珠玉之聲；眉睫之前，卷舒風雲之色，其思理之致乎！」這段話說明作文之前，先要運用思考。思考時要凝神靜慮，心胸才能開闊；然後出辭吐氣，才鏗鏘有致；彷彿眼前藍天白雲，漂浮變幻，氣象萬千。《文心雕龍》是一本文學修養必讀的書，進入其中會有「欲罷不能」的感覺。

《顏氏家訓》中文章篇中說：「夫文章者，……陶冶性靈，從容諷諫，入其滋味，亦樂事也。行有餘力，則可習之。」後兩句話是引用《論語》「行有餘力，則以學文」的意思。但是如此「斷章取意」，頗有降低文學價值之嫌。我們知道前文是：「子曰：弟子入則孝，出則弟，謹而信，氾愛眾，而親仁。」表明孔子重視行為，把「修行」放在前面，因為要實踐前幾項，就要時時刻刻「用心用力」，不能「輕忽」，才用了「餘力」二字，並不代表學文居於「次要」的地位，這就是「用典」不可輕易「斷章取義」，以免在無意中造成「曲解古人」的印象。試看《論語》中有孔子先曾問孔鯉曾否學禮，說：「不學禮，無以立」；次問曾否學詩，並說：「不學詩，無以言。」我們知道禮的作用是從外在修飾行為儀表，然後內在化，成為品格。因為一個人在別人面前，給人的印象先是儀表，然後才是語言，並不代表語言居於次要的地位，何況兩者往往同時表現，學習時也就要同時並進，未必一定要學了一樣再學一樣，而且學禮也多半從文字或文學而來，其中本就包括文的內涵。故而讀書切忌固執不化，變通活用更能得益。

中國文學之美，文字因素也很重要。因為中國字絕大多數的單字都是「意義字」，如象形、指事、會意、形聲等，不似外文只用符號。而中文字組合起來，有聲音的變化和聲調變換，故而有長短輕重，抑揚頓挫，又有「聲韻」配合，讀起來猶如金石的樂音，不但好聽，而且容易記憶。試舉陸機「文賦」的幾句話以為例：「佇中區以玄覽」（玄覽是虛靜玄遠的意思）、「頤情志

於典墳」（頤指寧靜，典墳是古書有三墳五典，三墳是伏羲神農黃帝的書，五典是少昊顓頊高辛堯舜的書。）「遵四時以歎逝」（感嘆過去）、「瞻萬物而思紛，悲落葉於勁秋，誦先人之清芬，遊文章之林府，嘉麗藻之彬彬，慨投篇而援筆，聊宣之乎斯文。」把這段話朗讀一下，領會其聲調之美，再看其內容之豐富，便可知道文章之美了。

不過文章之美並不全在辭藻華麗，更要「言之有物」，即是要有內容，表現思想和觀念，那麼就要有充分的學識。大家都知道司馬遷的史記，內容和文字都稱上乘。司馬相如的上林賦和子虛賦，有文學的極高價值，除了辭藻之外，看看他的動植物以至地理風情的知識，也不能不使人心折。

我國歷代都有獨特的「文風」，世傳唐詩宋詞漢文章，多讀些這類書籍，既提高文學品質，又能修身養性。人能說話，但在言辭之間即表現出學養，「文明」和「野蠻」即以此為一個分界點。師法好的文字，會使自己出詞吐氣，顯得「文質彬彬」。如果缺少「文」，只停留在「世俗」層次，很可能像鸚鵡學會罵人，開口就引人發笑。但人不是鳥，不能以這種粗鄙的取笑為能。其次有人以為文學只以文為主，與其他很少關係。實則文學中包含甚廣，除了知識之外，道德修養也在其中。有文而無德，縱使文章出眾，也會因為其品格有瑕疵降低其價值，史稱曹操父子，都有文學才能，曹丕的「典論論文」在文學中自有其價值，然而終因受歷史評價的影響，人們可以閱讀，卻不願輕易稱道。由此可知，知識不可偏枯，也不可因有一長而自滿。知識之能夠豐富人，在於面面具圓，融會為一個整體中，一個人自身完滿，稱為「自我實現」；而能夠自我實現的，才能有「圓滿的人生」。孔子說：「質勝文則野，文勝質則史，文質彬彬，然後君子。」人都願意成為君子，不願意被人稱為小人，如何決定，完全在自己。學教育當然不可能專精於文學，但是卻不能沒有相當的文學

修養。

## ㈡詩歌辭賦

我們知道「煥乎其有文章」這句話，不過文章煥采，先要從通俗普遍的一面開始。人類的發聲器官結構相當複雜，除了說話以外，還能歌唱。有人說，歌唱是人類共同的語言。今天我們已經知道，人類中最原始的民族，也自有其歌謠。因為歌唱是發抒情感最好的活動。中國的《詩經》便起自民間的歌謠。我們可以推想歌謠起自人自然的活動，即是當一個人高興的時候，不知不覺的哼唱起來。哼唱不只是聲音，且伴合著語言，把心情述說出來，自己發洩情感，也想讓別人聽到，說是與別人分享可以，說是想要得到別人的共鳴也可以。一個人的「一唱三歎」不但自己「得意」，很可能使聽到的人也覺得「迴腸盪氣」，於是此應彼合，成為多數人的活動。這種情形，還見於某些民族的特殊情況或節日中。

中國《詩經》之源的歌謠，應該開始的很早。現在所知道的是見於《尚書‧舜典》中所說的「詩言志、歌永言」兩句話。不過這兩句話中所說的「詩」，已經由最初抒情的歌謠演變為人民表達對政治意見的反應，政治領導者因而用來作為教化人民的材料。舜開始的「詩教」，雖然有政治作用，卻重在利用「歌」的效果，作為陶冶性情的材料，因為其時的政治領導者負有教化萬民的責任，「教化」與「政治宣傳」不同。此後歷經夏商周三代，帝王設有樂官將從民間蒐集來的歌謠，修飾歌詞，修正譜曲，用來在宴會或典禮中演奏，以娛樂嘉賓，或者鋪陳儀式，如《左傳》季札觀樂，看到當時各國以至周朝的樂，分別評定或讚美各種政治得失以及民情，是很好的例證。

孔子以六藝教弟子，「詩」是其中之一。據說孔子刪詩，將原有的一千餘首，只留下三百零七首，即是現在所見的《詩經》。

從《論語》、《孟子》、《荀子》等書中，可以看到許多引用詩中的詞句，又從《左傳》中，可以看到其時各國的外交人員，在外交辭令中，往往引詩經的話，以增加言辭的力量。孔子教自己的兒子孔鯉說：「不學詩，無以言。」可見當時詩的應用之廣。大家熟知的「如切如磋，如琢如磨」本出自詩經，孔子用來鼓勵弟子做學問，也是活用教材的一例，這個意思到現在還應用。

　　《詩經》的文學價值，在於其內涵和形式的豐富。《周禮》說詩有「六體」，即賦、比、興、風、雅、頌。鄭玄解釋說：風是說聖賢治道的遺化；賦是述說政教的善惡；比是不想直言政治的失誤，用比喻來旁證；興是鼓勵善舉；雅即是「正」，「正」可以為後世的典範；頌即是稱頌。

　　從詩的形式說，以四言（即四字一句）為多，間或有三言的，但並不完全一致。詩經的體例之後，出現了辭賦。《楚辭》的作者屈原應該是家喻戶曉的，可惜現在人們過端午節時，多在粽子的味道上用工夫，不再追悼這位愛國詩人，甚至不知道「離騷」、「天問」、「九章」是什麼。好在還有人知道「舉世皆濁我獨清，眾人皆醉我獨醒」兩句話（見漁父）。其實這本文學名著，在中華文化中占著重要地位，不可不知。屈原之後，有一個宋玉模仿楚辭的筆調，加上自己的意思，成了另一種體裁，到漢武帝時大盛，稱為「賦」。前述司馬相如曾作「上林賦」和「子虛賦」，雖然是文學作品，卻包含了大量的自然山川動植物名稱，可見文學並非只在辭章上用工夫。

　　漢以後發展出五言詩。據說漢武帝建立了「樂府」，整理前代的歌謠和樂譜，教樂工演唱，和詩經的調子不同，成為「樂府詩」，事實上乃是樂歌。據說蘇武和李陵都做過五言詩，確實記載是五言詩由樂府到東漢才大為流行，成為漢末的五言詩。五言詩最早的是「古詩十九首」。到了晉朝，陶淵明的「採菊東籬下，悠然見南山」遂成為眾所周知的名句。五言詩只有四句的稱

「絕句」，後來增加到八句的稱「律詩」。後來又發展出長短句的「詞」，且有了多種「調」。唐朝以詩取士，於是詩人輩出，在文學中大放異彩。宋朝出現的詞人較多，在文學中，漢賦（與文章）唐詩宋詞各自成了著名的時代作品。因為詩和詞有韻律，即兒童讀起來也能琅琅上口，縱然不懂得意思，也能得到讀唱的樂趣。詩文發抒情感，是在溫馨之中，表現或欣賞「美」的「情操」，給人的感受，只可心領神會，而無法言傳。即使黃鐘大呂，其韻味也不能和熱門音樂同日而語。

## 二、哲學

現在一提到哲學，有人就會皺眉頭，認為那是一門玄之又玄的學問，以為除了哲學家之外，人們很難懂得，其實這只是誤解。哲學的確是思想家由思辨而提出的一些原則、道理，或討論；然而其內容並未超出人和人生，且兼及於自然以至宇宙原始，而現象界的自然仍然和人密不可分。首先我們要了解，哲學家也是人，自然關心人和人生。關心人便不免要了解人，從而探討人；關心人生也就要探討人生。從這一方面說，哲學是和人十分接近的，則哲學家所說的便沒有不能了解的理由。其次是在哲學家討論人和人生時，離不開人的行為表現，即又進入人性和人心問題，同時還想知道人如何能有知識；這又和人生密切相關，因為人必須群居生活，每個人都要依賴別人以為生，就不能忽略別人的存在，從而出現了行為規範，而成了道德問題。再次是哲學家和眾人一樣，對大自然的奧密存在著好奇，尤其想要知道宇宙的起源。從古以來，哲學家們苦心孤詣，都在為這些問題而反覆思考，因為他們思考的領域相當廣泛，後來的學者把他們思想的內容予以歸類，整理出三大論點，成了哲學家經常討論的問題，或者說是哲學討論中的三大系統。即是：

1. 形上問題：探討宇宙原始，即現象界最早的根源。

2.道德問題：探討善惡是非兼及於人。

3.認識問題：探討知識的真偽。

　　不過多數哲學家，尤其中國和早期西方的哲學家，並未嚴格的限於這樣的系統。特別在道德問題和認識問題方面，常常離不開政治、人生、經濟，以至教育。要記得早期哲學是統攝百學的學問，所以學教育不能不知道哲學。

　　現在來說明哲學既非不能懂得的學問，而且是每個人都應該有的基礎知識。尤其是專攻教育的人，哲學應該是入門的知識，看一下哲學中所討論的問題就可知道。不過先要說明的是，歷來的哲學家們，各有自己的見地，各憑自己的所見論述，各有其理，很難得到一致的結論。而這恰好就是哲學的特徵。沒有結論，才要繼續討論下去，知識也就在不斷的討論中，繼續增加。而哲學討論，原不在求得確定的答案，而在生發出更多的論點，如此思想才會更宏富。

　　故而哲學的內涵，隨著知識的增加而有改變。早期的哲學中討論的，自然和人文無不在其中，上自天象，下至地理，中間的人、物、事，幾乎都在討論之中。若用今天的學習科目說，舉凡天文、地理、物理、氣象、動植物、數學、文學、音樂、繪畫、雕塑、政治、法律、道德、心理，以至歷史，皆在其中。因為這些都和人與人生有關。後來知識增加，許多科目各自獨立為一專門，才縮小了哲學的內涵。

　　首先要說「哲學」這個名詞是由外文翻譯而來。中文本有「哲」字，是「智」的意思，《尚書‧皋陶謨》中有句說「知人則哲」，中文稱賢智的人為「哲人」，稱從前賢智的人為「先哲」，即是此意。又《老子》中說：「知人者智」，可見哲和智同義。希臘稱哲學為愛智之學，大概是翻譯的根據。如此說，便是哲學和智慧有關，要成為一個智慧人，似乎應該懂得哲學。

　　哲學中探討的是知識，是一種有系統的知識。根據最早的解

釋,有系統的知識即稱為「科學」,所以早期的哲學,也是一門科學。「哲學」和「科學」成為兩個截然不同的名詞,始於「近代」用「歸納法」研究自然現象,和前此哲學研究用「演繹法」不同。演繹法靠思辨推論道理,開始從普遍處著眼,層層下推,最後得到結論,也自有其道理。(如亞里斯多德的三段論法:凡人皆有死,蘇格拉底是人,所以蘇格拉底也會死,此是演繹的推論。)但是這樣推演出來的結論,有時只能說是「大概」如此,卻不能否認有少數例外。歸納法從蒐集實際例證開始,用實驗的方式,控制影響的因素,以求得所要觀察的變項,待所得資料充分時,才做結論。其過程嚴格,毫無例外,是自然科學專用的研究方法。這類研究從啟蒙到工業革命,以至現在科學技術突飛猛進,「科學」成了最「熱門」的學問。說科學時所指的實際上是「自然科學」,(社會科學無法像自然科學般做嚴格的實驗)相形之下,不是自然科學的,便不是科學了,於是原來「科學」的定義便無形中消失了。

科學對物質以及自然方面的研究也增加了知識,改善了人的生活,自是功不可沒。不過就在這些成就下,也衍生出新問題。最明顯的是使人在物質導向下,重利(包括利益、功利、不當利得)而自私;使人在生活中貪圖切近的感官享受,不復知道還有精神的快樂,以致失去心靈的主宰作用。結果是歡樂過後,徬徨無主,不知道自己為何物。又在無限制的浪費資源下,破壞了大自然生態平衡,人類已經預見到未來生活的危機。因而回到哲學思辨,重新思考人和人生真正的問題,似乎是當前急須反省的。那麼回到哲學,重來認識人和人生,尋找正確的指引,不徒是當前的成年人,對未成年者,也算是未雨綢繆。

中西哲學之宏富,即使專門研究者也難窮盡。本節只介紹一些入門指引,其餘有待有意者自己去探討。不過必須知道一件事,如果承認哲學是探討知識的學問,千萬不要想從哲學裡找到

一個「確切不移的定論」，無論形上學、道德哲學、知識論或認識論都一樣，尤其是後者，更是莫衷一是。其實前二者也和知識密不可分，否則論者又根據什麼來立論呢？而談到知識，首先就有知識是否可能的問題，然後是何為真知的問題。前者是懷疑論者堅持的問題；後者是一個永無答案的問題。關鍵是知識是有增無減的，當人知道了更多一點的時候，前此所知的可能就被否定或揚棄，而人的進步也是有增無減的。不過知道哲學家們的論辯，一則增加知識，一則學習論辯的方式，是學習知識的必然過程。可能有人覺得這很無聊，然而卻是很多學者樂此不疲的。

　　現在來稍微介紹一下中國的哲學。中國的哲學思想開始甚早，依出現的時序說，應該是「經學」。無奈早期紀錄殘缺不全，經孔子整理才傳流到現在。現在所說的五經：易、詩、書、禮記、春秋，可以說都有哲學成分在其中，即「詩經」也不僅是文學而已。不過無可諱言，中國的哲學中有大量的「道德哲學」。可能是先哲早就看到，在人生問題中，人的作為特別需要慎重考慮。這一點留待後文再說。就哲學來說，曾有外國學者說「中國哲學沒有形上學」，可能因為中國的經學文字太難，外人不容易了解；或者可以說，這樣說的人沒看到《易經》，更沒看到《老子》。《易經》開始的「乾」、「坤」兩卦，所說的便是宇宙萬物（至少是生物）的起源。試看《易經‧繫辭》中說：「易與天地準，故能彌綸天地之道」（第四章），易是就著自然現象推演「道」，出自「聖人的見地」，猶如莊子所說的：「聖人者原於天地之美而達萬物之理。」而老子所說的「道」也就是宇宙原始。老子認為道是混元一體──「有物混成，先天地生」；又「道生一，一生二，二生三，三生萬物。」世傳老子五千言，內容文字並不多，大可讀一下，以免因外人誤說而生出自卑。

　　經學之外，《子學》更有豐富的哲學思想。所謂「諸子」，也稱為「家」，在先秦便有「諸子百家」之說。漢代之後，學者

輩出，有興趣者不妨自己表列一下，試看自己知道多少思想家。再進一步，試看自己能說明多少思想家的主要思想。大體說來，中國哲學思想體系，有儒、道（與玄）、墨、理學、心學等等，各有代表人物，能知道他們的主要思想重點，不但增加知識，也開擴胸襟。

102

至於西方哲學，從希臘三哲開始，有所謂理念主義（Idealism），理性主義（Rationalism）、唯物論（Materialism）、經驗主義（Empiricism）、實在論（Realism）、實用主義（Pragmatism）等等，現在則又有了更多名稱。此外宗教信仰也占哲學一部分，尤以西方的天主教和印度的佛教為著。總而言之，知識愈來愈豐富，莊子曾說：「生也有涯而知無涯」；孔子說：「我有知乎哉？無知也。」和蘇格拉底承認自己無知有異曲同工之妙，不以為自己有知，是謙虛，也表示知識之「有無」不是一句話可以斷定的。一個人盡一生的時間，也無法窮盡所有的知識，但是對自己專業「有關」的，還是以多識為尚。（方東美所著《生生之德》中有一篇「哲學三慧」，有助於了解哲學大概。）

## 三、史學

史學是記載人類演進歷程的書籍。記憶力是人類彌足珍貴的天賦之一，使人不僅生活在「現在」，還能保留過去的若干時日。更可貴的是把過去的筆之於書，使若干年代的後人，仍能知道過去的情狀，且加以研究。所謂「鑑往知來」，是史學最大的貢獻。不過也有人以為過去的應該任其過去，「往事不堪回首」，只要面對未來就夠了。不錯，向前看充滿希望；向後看則不免傷懷。可是還有一個說法，即是「前事不忘，後事之師。」沒有人能否認「經驗的教訓」，經驗使人避免重蹈覆轍。何況從過去的事蹟，還可知道人類有許多可歌可泣的歷史。許多人樂道自己有光榮的祖先，樂道自己的往事，是記憶給人的快樂，也因為歷史

有承傳作用。

　　中華文化向來以歷史悠久自豪。當中華民族已經有了輝煌的文化時，世界其他地方還在洪荒狀況中。不過中國現在可見的史書，只能推《書經》，又稱《尚書》，是中國最早的歷史。大概是早期的政治檔案，後人集合起來，稱為《尚書》。「尚」就是「上」的意思。今天看《尚書》，初看或者覺得文字有些艱深，實則多看幾遍，將發現其文字之美，簡單明瞭，措辭恰當，會使人反覆吟誦，不能自己。其中有許多字句，是現在的成語典故，可以追溯到文化的源頭。

　　有些古籍存在著真偽問題，《尚書》便是其一。我們知道秦始皇焚書坑儒，加上其時兵禍連年，周室以至魯國所存的典籍散失殆盡，漢文帝和景帝在澄平之後，搜求古籍，因而有些人來獻書，其中便不免有「偽造者」；到魯恭王發孔子壁，出現了古籍，《尚書》便是其一。但這新發現的尚書是古文的，和當時流行的「今文」文字不同，內容也較多，於是引起了「今古文之爭」，成了兩漢有名的學術問題。這樣的問題，在中國典籍中並不少見，也是不可不知的。

　　《尚書》之外，從時序說，應是《春秋》。有人以為《春秋》是孔子所作，實則在春秋時代，各國都有史官，記述該國的史實，而且各自有其名稱。《春秋》乃是魯史。孔子並未做魯國史官，恐怕《春秋》非出孔子之手。不過孔子曾教弟子《春秋》，則所教的可能是就著魯史加以修正和評論，因為魯史所記的還有其他國家的事，孔子會根據這些事予以褒貶，所以孟子才說：「孔子成春秋而亂臣賊子懼」。到了漢代，傳《春秋》的有左氏、公羊、穀梁三家，現在以研究左氏的為多，其中的議論有熟讀的價值，對辨別是非善惡，「說理」非常透徹。

　　史學知識，以現在的狀況說，論通史中西各有二千餘年，往上推且可回溯六七千年。通史之外，還有斷代史。通史首推《史

記》，作者司馬遷是大家熟知的人物。司馬遷作史記有其家世背景（其父司馬談曾為太史，臨終囑其完成自己未完的志願，即是史記）；有其自己的經歷（他曾遊歷過河北、山東、江、浙、湖南、江西、雲南、貴州、陝西、甘肅等地）；更有其本身的遭際（因替李陵辨白而遭受腐刑）。其在《史記》中自序說，在遊歷中查看各地風土民情之外，並訪問故老，蒐集傳說逸聞，補充了記載的闕漏。試看書中「孔子世家」，所說的有不見於《論語》所載的，有些地方比論語更詳盡。《史記》敘述從黃帝至漢武帝時的史事，上下三千多年，記事務求正確，而且文筆簡練，不但是史書，也是很好的文學書。

斷代史緊接《史記》之後的，便是《漢書》或《前漢書》。作者由班固開始，一部分由其妹班昭（又稱曹大姑）完成。這部書從漢高祖到武帝參考了《史記》的材料，文字雖不似司馬遷簡練，但對初學者說，卻明白易曉。其中增加了「藝文志」一項，敘述學術源流和皇室藏書目錄，是最有價值的資料。

漢代以後，歷代都有史官紀錄皇帝的言語行事，所謂左史記言，右史記事。中間也曾有皇帝指派專人修訂前代史事，也有的是在前代覆亡後，後代才完成的，到現在已經累積成二十四史或二十五史。有人以為這些「官史」受政治力影響，未盡確實，不過仍然不失為歷史資料。

這些書雖不可能盡讀，但卻不可不知其「有」。杜甫曾說：「讀書破萬卷，下筆如有神。」並非說有神仙來相助，而是「胸中有物（材料）」才「有話可說」，不必去「搜索枯腸」，隨便湊數。試看《國語》、《戰國策》那些「說客」，雖然往往顛倒是非，卻總能找到一些事例，作為「說詞」，使得聽者信服，而達到其遊說的目的。

人生百年，以分秒計算並不短，若以天長地久比較，則渺乎其小。若徒靠一己的經歷，所能知道的實在微不足道。歷史使人

上知若干年，等於把自己的經驗擴大到無數倍，無形之中，幾乎可以說，與古人同其長久。往事可以「歷歷在目」，盱衡古今，可以開拓自己的胸襟，增加見聞，將會有超拔的見解。

# 第三節　心理與自然科學

## 一、心理知識

　　說到心理知識，本可以用心理學這個名詞，此處不想介紹這門學問，只想就對人心理活動狀況可能的了解，提出有用的線索。平心而論，中國先哲談心理的的確很少，但這不代表先哲不懂得心理，試仔細想一想，先哲的道德哲學就是從心理推演出來的。《大學》的誠意、正心、修身、齊家各章，都以控制情緒為主，就是先哲知道情緒對人的影響，因而來不及解釋情緒作用，徑自進入控制情緒的論點，而成了道德論。人都不喜歡別人對自己做「情緒反應」，不是每個人都有的經驗嗎？

　　說到心理，就要說「心」這個字，固然誰都知道心是指藏在胸中的一個器官，但除了生理狀況之外，更常指的是功能。現在都知道所說的功能並不在心臟，而是在大腦，但仍然說「心怎麼想」。中國一向這麼說。印證西方的說法，也不例外。英文起初用 mind，現在的 psychology 是從 psyche 演成，同樣指心，也指靈魂、精神、或理性，還是重在功能。以現在常用的「心理」來說，就有「感、知、想、要（意向）」等作用。這些作用在心理學中都分門別類的探討，深入而精密，但也使得心的功能缺少了整體的聯繫。現在知道其聯繫作用在神經，而神經的傳達作用猶如電流般迅速，很難用語言描述情境。例如被人罵了一句，本是聽覺的效果，回罵或其他反應則出自心，（耳朵沒有這種功能）

何況「挨罵」多半引起情緒反應，情緒雖然是與生俱來的，如何反應（回罵或置之不理）還在於一心，所以最好還是從整體來討論。但這並非排斥心理學，相反的，倒要借重心理學，從事教育工作而不懂得心理學，猶如和一個人相處而不了解這個人的個性一般，相處很難融洽。說到此不免要加入孟子和齊宣王的一段對話。齊宣王問孟子自己能否做一個有德而保民的國王，孟子肯定說可以。齊宣王問孟子如何知道，孟子說他知道齊宣王曾經把一隻要殺來釁鐘的牛換成一隻羊，因為不忍看著走過眼前的牛被殺時害怕發抖。別人以為齊宣王是吝嗇（羊價低於牛價），孟子說是因為齊宣王看見了牛而沒看見羊，「不忍」牛被殺時發抖，是「忍術」，是「君子之於禽獸也，見其生，不忍見其死，聞其聲，不忍食其肉。」決非吝嗇。於是齊宣王高興的說：「詩云：他人有心，予忖度之，夫子之謂也。」「忖度」別人的「心思」（心理狀況），即是「了解」別人。孟子生在戰國時代，這首詩（「詩經・小雅」）至少是周以前的作品，可見那時候已經會了解別人的心理了。孔子所說的「恕」字，和「己所不欲，勿施於人」，同樣是了解別人心理的「學問」。

說教育工作者必須了解別人，從教師來說，首先要了解的便是學生，一個教師不了解學生，怎能教他們，他們又怎能聽從教師而學習呢？

了解學生，首先便是要了解他們的心理狀況，這是一項頗為繁難的工作。需要逐項來說。

### ㈠學生的各階段心理狀況

通常受教育的年齡，包括兒童期、少年期、到青年期。正是生長發展的時期，每個時期的心理狀況都不同，不能一概而論。「發展心理學」有助於這方面的了解。

107

### ㈡學生的學習狀況

學生之需要學習，是因為缺少知能，也就是應該知道或能夠的，還有所不知或不能，才要教師來教。因為人的資質不同，有人學得快，有人學的慢；又因為學習材料難易有別，學習的速度也有異，是教師不可不知的，「學習心理學」有助於這方面的了解。

### ㈢學生的人格與個性

人格是一個人表現在生活中一切行為系統的整體名稱，個性是另一個說法。這方面的差別特別大，世界上幾乎找不出兩個人格或個性完全相同的人。而每個人的行為都受其個性支配。教師教學生，對不同的個性就要用不同的方法，「人格心理學」有助於這方面的了解。

這三種心理學是必須知道的。但有關第三種，讀時也必須知道，不可「食古不化」，尤其關於「人格變態」的說法，不可隨便加到任何人身上。

目前心理學日趨專精，分支也愈來愈多，但是要想了解一個人，卻不可專用一個說法來判斷，往往需要兼採並蓄。因為雖然在人格心理學中列舉了許多人格類型，人格表現還是有或多或少的差別，每個人都有其獨特之處，正如不能用「好」或「壞」一個字就確定一個人一樣。所以「形容一個人的說法」，「用語」必須慎重。現在流行說給人「加標籤」，是不能隨便「說」的。

## 二、自然科學

自然科學早已是甚囂塵上的學問，其副產品技術更豐富了生活，給生活帶來極大的方便和享受，可說現在進步國家無不受其惠。正因如此，在現代生活中，不可沒有相當的科學知識，至少生活中有關科技的常識，是不可或缺的。這類常識，不僅為了生

活方便，同時也為了生命安全。

物理知識在應用器物方面，至少要知道器物運用的原理，一則使器物發揮效用，一則避免運用時發生危險。運用器物時，必須知道「水能載舟，亦能覆舟」這項常理。就是說，器物運用得當，則為我用；若運用不當，不但失用，且會危害到用者。許多駕馭機器者往往因大意造成意外傷害。

教育人員所要知道的是家庭、學校、和常接觸的環境中的器物，如電器、器械、運動器材之類，首要的是開動和關閉的正確方法。同時要知道一件器物運作時的動力，往往非人力所能改變。

化學知識在今天更為廣泛，有些物質的化學變化固然明顯易見，有些則變化緩慢。有些化學物不可隨便碰觸，有些氣體不可吸入，有些則不可飲食。方今化學物污染嚴重，空氣、水，以至食品都有被汙染的可能。似乎烹調中也應該注意化學知識，以免用錯材料、調味料，甚至「火候」。

實際上理化雖然分科教學，但物質的變化卻是「理化」伴合而生的，只是其變化往往非眼目可見，要待結果出現才知道。目前國民教育已經普及，日常生活中遇到的本應在常識之中，然而卻有些意外事件發生，如燒木炭中毒、燒瓦斯中毒等，本是可以避免的，卻常常會發生，可說是科技發達時的奇怪現象。

生物包括動物、植物，以至許多有機物。這些物類幾乎和人的食衣住行都有關。了解這些物，一方面在取用，一方面在保持，即是消費和生產要兩面兼顧。尤其現在人們已經知道，地球資源不是取之不盡，用之不竭的。節約消費和增加生產要同時並進。以從生物中取食來說，獵食動物和漁撈，利用進步的器械或技術，大有「趕盡殺絕」的趨勢，問題只在「貪得」。我國在戰國時代，孟子即曾說過：「網罟以時入山林」，即是在生物繁殖季節，不可獵捕。現在國際組織共同約定禁止捕獵將近滅種或稀少的物類，然而卻還是有人偷獵或偷捕。

　　另一方面，對植物，尤其是樹木、建築和造紙的應用最廣，而紙張的應用，幾乎到了可怕的浪費程度。一顆樹木長大，往往要經過十年百年，利用有效的工具，剎那間便可砍倒。破壞的力量，遠超過生長！人為勝過自然，在這方面確證實無誤。然而卻需要人們深思！

109

　　不過也有一種矛盾現象出現在人群中。有人以動物為寵物而豢養，有人又虐待動物。兒童就常以虐待動物來取樂，豢養寵物者又往往不得其法，反而傷害了動物。更有豢養者失去興趣，隨便拋棄，則是匪夷所思了。這些現象，從情感方面來說，人有「移情」或「擬情」作用，即是將物比人，也有和人一般的感受，所以先哲說：「仁人愛物」。愛時則據為己有，不愛了便棄之如敝屣，未免有失厚道。這種情形，不必留待道德論時再討論，可以隨機教學，設想小動物被拋棄後的感受，以至任意拋棄有害環境的寵物，並非得宜。

　　另一項和生活密切相關的科學知識是醫療衛生。方今醫療技術突飛猛進，從前無法醫治的疾病，現在都可醫治。同時藥物的發明和種類，不可勝數。然而病患因為缺少醫藥知識，且受傳統習慣影響，出現了兩種現象：其一是有病時不求醫，不是忍耐等待自行痊癒，就是自己亂用藥物，可見醫藥知識的缺乏。另一種怪現象則是隨便服食藥物，以求保健，把藥物當作補品進食，可笑亦復可憐。其二是有病不求醫，卻相信民間所謂「偏方」，自己就可以當醫師，自己決定處方服藥，此種結果，不言可喻。時至今日，還有這種事實，可見醫藥知識的普及，還要大力推行。

　　另一方面，衛生常識和習慣也是嚴重問題。在常識方面，包括食衣住行。食的常識，基本上吃是由於餓，這本是動物界的本能現象，然而這卻是自從人類進步以來，值得深思的一大問題。原因是自從人類進步以後，把「吃以解餓」的維持生命的基本必需變成了「享受」。本來餓了吃東西就可「治餓」，則凡是無毒

可吃的，吃過以後饑餓感就會消失。但在人知道講究「口味」以後，享受「美食」成了首要的事項，「解餓」反而變成次要的。這裡有一個根本問題需要認識一下。

動物界有維持生命的本能。維持生命以取食為先。我們看到動物為了爭奪食物而拼鬥。而人類到今天追求名利權勢的最原始動機，說穿了，其實還是為了「維持生命」，還在希求食物不虞匱乏。只是這個基本動機已經被表面誘因遮沒了。試想一想，餓了有東西吃是最實際的，因為吃後就不會再餓，而「吃」是無人可以代替的，吃進去的東西也無人可以搶走，換句話說，「吃了」才是自己真正「得到」的。此外一個人可能隨時「占有」一些東西，可是如果不能吞到肚裡，也就隨時會失去。（這不是說教，是在說明維持生命最基本的事實，因為這個事實早被人忘得一乾二淨了。）

如此說，以食物維持生命，簡單的說，就是「維生」，和「衛生」基本上意義相同。那麼用衛生說，只要營養充足，食物潔淨就達到了目的，「挑食」，要求「美食」，並不在這個目的之內。

「衣」的發明，中國的紀錄最早。人為什麼穿衣服，似乎因為相因既久，大家都不再問這個問題。推想起來，最初可能有兩個目的：遮飾身體和禦寒。兩者都有保護作用。後來才生出第三種作用，求「美觀」。美觀已經超出需要之上，進入社會文化層次。服飾之美，除了「對鏡自憐」之外，是希望博得別人的欣賞，使自己得到心裡的滿足。這是「有你才有我」的事實證明。不過希臘早期曾強調健壯的裸體美藝術，但那是藝術，而非社會性。在社會文化成分中，另有一些講究，有美的條件，有適合身分的要求，在遮飾和裸露之間，有文化層次高低之別。說到心理作用，希望藉衣飾博得別人的讚賞，應該是榮譽心，而非有意取辱或被人輕藐，那就要自己斟酌了。自從時尚成風以來，人們似

乎成了工商業的俘虜，時時改變服裝式樣，以增加銷路，消費者似乎也應該有些警惕。

　　「住」的需要本是為了遮風避雨，進而便利一家共處。基本需要的是陽光充足，空氣流通，有足夠的活動空間，在其中生活方便。至於此外的要求，只有依個人狀況，自行選擇。

　　「行」靠交通工具，無庸多述。所要認識的重要事項在求「安全」。至於行遠路或探險，則應具備地理氣象知識。若干粗心大意的遇險者可為殷鑑，這些人中幸運者雖然獲救，可是勞師動眾的來救自己，心裡總會有些抱歉。而想想自己在獲救前的恐懼不安，是多麼可怕的感受！

　　總結起來，生活中需要認識的隨處皆是，如果相信教育涵蓋生活，認識就要徹底周全，鉅細靡遺，才是真正的認識。

第
5
章

教育的必須與目的

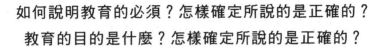

如何說明教育的必須？怎樣確定所說的是正確的？

教育的目的是什麼？怎樣確定所說的是正確的？

# 第一節　是誰需要教育

　　由於教育存在已久，早已被人認為「當然」需要，而且認為是新生代的需要，至於新生代自己是否知道這項需要，無人再去深究。事實是新生代到了某個年齡，便順理成章的被送入學校。在學校被教導著聽老師的話，聽老師講書、做作業。他自己為什麼要這麼做，大概在朦朧的意識裡，好像「就是要如此」，也未想到要問，就這樣一天天過了下去。到有一天想到問這個問題時，可能得到多個答案，可是自己並未「真正知道」是「自己需要學習」；就算知道要學習，也未必「完全明白」自己「需要學習的真諦」，未必能確切說出「自己」為什麼學習。

　　要知道一個活動「為什麼」，可說是人類的特徵，因為人類有一個「自作主宰」的心靈，知道為什麼，才能「主動」的去做。而不是出於「本心」的活動，即使勉強去做，也不會「全力以赴」。

## 一、學習的需要

　　學習的需要，在幼稚期較長的動物中，似乎是必需。因為動物在成熟之前，沒有獨立生活的能力，勢必由親長哺育。等到相當時間，有了活動能力，先練習活動，然後練習覓食，從模仿親長的活動中學習。這個歷程似乎完全出於本能，至少我們了解的是如此。

　　我們可以想像原始人類生活在大自然中的時候，大概和動物

相去無幾，是出於生活本能的學習，所學的不出和生活密切相關的活動，由本能「支使」，想不到要問為什麼。

到人類生活進入「人文」之後，生活所需的要在「人文社會」中求滿足，徒靠本能無以為生，因而有了許多必須經過學習才會的事項，其中更有許多只是「間接和生活有關的」，然而卻必須學習，從而有了「教育」。由教育而有了「學校」，教育和學校遂成了幾乎可以交替應用的名詞，人們習慣的說教育的需要，學習的需要反而淹沒不彰了。

### ㈠進學校前需要教育嗎

現在說到教育的必需，大家直覺的反應就是進學校。從根本上說，乃是一個錯誤。事實是沒有幼兒一生下來，父母就把他送進學校的，同時直到現在，也還沒有嬰兒學校。多數托兒所只收二到三歲的幼兒，就照這樣說，二到三歲之前，是否需要教育，就是一個有待澄清的問題。

可能有人以為，小嬰兒只需要「養」，只要供給食物、溫暖、衛生條件就夠了，還談不上教育。可是我們必須想一想，在母親或褓母餵奶、換尿布、整理幼兒臥處、穿衣、蓋被、洗澡等等活動時，是否啞口無言的只有動作？事實當然不是，而是一面動作，一面和嬰兒說話，並未顧及嬰兒是否懂得。不過我們可以猜想，嬰兒未必懂得「話」，卻可能從動作上感覺到成人所作的，給自己帶來滿足，同時意識到「話音」的意義。明顯的事例是：嬰兒啼哭時，如果「話音」溫柔親切，嬰兒會停止啼哭，安然接受成人的動作，甚至表現出愉快；倘若「話音」粗暴，則哭聲加劇，甚至掙扎拒絕成人的動作。就在這初步的接觸中，教育的作用已經蘊涵在其中。成人可以領會到，從幼年開始，「人」喜歡受到怎樣的待遇。而這種經驗，也正是一個人學習對待別人的方式的開始。這裡就有兩種啟示作用，嬰兒從經驗學到：溫柔

親切或粗暴不耐，他所經驗的也就是他所學習的，相對的教育已經開始了。成人顯示給嬰兒的，並非「有意」教他，但是實際上已經有了教育作用。

　　基於這樣的事實，從嬰兒期經過幼兒期以至兒童期，不進托兒所、幼兒園的孩子，難道就不需要教育嗎？家長在這段時期，難道從不教孩子嗎？事實上當然會教。而這個事實所印證的，就是教育的必須。

　　這個事實所蘊涵的「教育的必須」，如果說有道理，道理也很簡單，就從事實便能明白。就在幼兒呀呀學語的時候，例如會發出「媽媽」的聲音時，可能媽媽已經和他說過很多遍這個聲音了，並且多次指示給他，媽媽就是「我」這個人，如果幼兒叫媽媽，來的卻是另一個人，幼兒一定不滿意，而有反對的表現。這個簡單的例子，就是教和學的整個歷程。在不用「媽媽」這個稱謂叫母親的語言裡，成人會隨著習慣示意幼兒相當的「聲音」，幼兒同樣學到這聲音，但卻不會把母親這個人認錯。此後成人教幼兒的事項多得不勝枚舉，因為不教，幼兒就不知道。世俗對行動不合常規的孩子，認為「缺少家教」，所印證的，即是進學校之前，就需要教育。不過此時的教育，並不在所謂「正式教育的學校」，一般說來，在於家庭，則理論上負教育責任的便是父母。

　　到目前為止，有關學校教育的書籍汗牛充棟，是因為視學校教育為正式教育的結果。近些年來，幼兒教育雖也受到重視，似乎還是重在「形式」，以托兒所或幼兒園為主，純粹從家庭和家長的立場出發的仍然不多。也就是從出生到二至三歲的教育，未得到應有的重視。

　　我們必須知道，人生是一個連續不斷的歷程。這個歷程不能無「始」。如果把開始的一段切去，無異是一枝有莖有葉的花枝卻無根。沒有「根本」，如何望其結果？俗語說：好的開始，是成功的一半。開始即使影響成功沒有那麼密切，「始」還是非常

重要的。因為幼年如同一張白紙，染上一種顏色，便很難去掉。而人是習慣性的動物，養成一種習慣，可能終身不變。幼年正是「開始」養成習慣的時候。習慣了的方式也就成為「喜歡」，此後會不由自主的出現。幼年習慣高聲喊叫的，以後很難輕聲細語；幼年習慣「說一不二」，以後不會懂得謙遜，也不肯採納別人的意見。

幼年所需要的教育，康德認為最重要有兩項：一是服從；一是紀律。這是因為人初生時，無知無識，一切都要從頭學起。因為人類早就離開了大自然，生活在人類自己創造的人文社會中，有其必須的規範和秩序。初來者並不知道這些，必須有人教他。「有教」就要有「聽從」，因為這是受教者所需要的。「教」的主要項目就是紀律，幼年多半是動作和語言。幼兒愛好活動，因為他需要在活動中鍛鍊體能。但是有些活動是不適當或有危險的，為了兒童的安全，必須禁止，於是兒童就不能「為所欲為」。另一方面，有些活動又是必須的，（如禮貌、生活規律）兒童可能不想做，卻「非做不可」。所以紀律有強迫性，必須服從，也必須及早學習，因為最終人的一生，都有必須遵守的紀律。（見康德，論教育）試看在這方面，動物也不例外。許多兇猛的食肉動物，如獅子，母獅對小獅仍有紀律：不准隨便亂跑，不可和成年獅搶肉吃。（似乎紀律是群體必須的）只是人類比動物多了更多的「文明項目」而已。可是動物限制於本能，人類則自能生出變通辦法，可以用「愛」做理由，而「寵」孩子。為了校正這一點，中國人提出一個說法：「棒頭出孝子」；西方人則說：「省了鞭子，寵壞了孩子。」（這不包括「暴力虐待」，不過還是教育中的一個問題。）

### ㈡為什麼要有教師

猜想遠古的時候，兒童有了活動能力以後，多半跟著成人參

與取食的活動，可能一則是好玩，一則是學習。到了認真學習的時候，跟著親長可能會有不愉快的事情發生，例如倘若動作不當，親長會予責罵，必然使得雙方都不愉快。《孟子・離婁上》中載：公孫丑問君子為何不教自己的兒子，孟子說：「勢不行也。教者必以正。以正不行，繼之以怒。繼之以怒，則反夷矣。夫子教我以正，夫子未出於正也。則是父子相夷也。父子相夷則惡矣。古者易子而教之。父子之間不責善，責善則離。離則不祥莫大焉。」這是說親長不適合教子弟，特別是教正道時，兒子會反駁說：老師也教我正道，可是他自己也並不合正道。（其實心中可能會想：你自己也沒有做到這樣！）孟子說這樣會形成父子間的傷害。所以古人都不自己教自己的兒子。

不教自己的孩子，可能還有另一個原因。當生活狀況進步得複雜以後，有些事項親長自己也不知道或是不會，只好委託「有知有能」的人來代勞，這有知有能者便是教師。起初做教師的可能只是利用空閒時間教，到需要學的人多起來後，「教」成了全時活動，逐漸成為一種「工作」，更逐漸成為一種「行業」。不過在開始時，中西頗為不同。現在可以從《禮記》看到，古代王侯教子弟，嚴格的選擇「有知有德」的人充當教師；平民大眾，既然要學知識或技能，當然要找適當的人選，從之向學，所以「師」受到相當高的尊重，王侯也要相當「禮遇」。西方則不然，古希臘是由有才學的「奴隸」教兒童。奴隸是戰爭的俘虜，沒有地位，也沒有「人格」。（主人可以任意殺死奴隸）當然得不到任何尊敬，所以只有中國才有「尊師重道」的傳統。

如果只從「師」有「教人」的「條件」來說，「師之能為人師」，端在才能和道德，不過相沿既久，難免也有濫竽充數者。《禮記・學記》中所說的「師」，是符合條件的。另外有一種「教者」，就是不合條件的人，可見自古以來，師的陣容並不整齊，孟子才說：「人之患在好為人師」。這也是現在還應該注意

的一點。

推究「師」的源流，照人類生活演進的狀況說，在中國，開始時可能只在生活技能的學習，例如製造農具，有木工、鐵工之類；交通工具有車、船、馬具等；兵器有弓、箭、刀、槍等。這些製造需要技藝，可能要向熟練者去學習，大概是師徒的方式，師就是所謂的師傅，其實專學識字者可能不多。知識的學習，據《周禮》載，已經有了中央大學，但人懷疑周禮是偽託的。不過偽託也應該有些形跡或線索可據，不可能全然無中生有，平白捏造出來。有史可據的是漢武帝設五經博士，通一經者可為博士教人，這些經學師成了後來所謂之「家」。當然我們知道早在春秋時代，孔子已經教授弟子，是「師教」正統的開始。從此樹立了「師教典範」。此後歷代大儒，多「開班」授徒，如東漢的馬融、鄭玄等。到了宋代以後，許多儒者選擇山林幽靜之處，廣收弟子，像朱子、王陽明等。

從表面上看，似乎有了師，才有人來從之學習，形成表面上「教在前」，「學在後」的印象。這樣的印象遮沒了事實。事實是因為有人「需要學」，師才會「出現」並「存在」。如果無人要學，縱然「有」師，其師的名分也無由成立。用功利主義的話說，有需要才有供給；如果沒有需要，供給只是徒然，或者根本不會出現。那麼如果說師是因為需要才有的，則所需要的師，如何才能符合需要，就是教育必須考慮的問題了。

### ㈢學校是怎麼來的

師徒式的技藝傳承，多半是師傅和徒弟一對一的狀況，徒弟操作，在師傅的視線下，便於監視指導。兩個人所需要的空間有限。可是如果學習的人多了，便需要一個相當大的空間，以便聚集多數人在一起，這樣的空間應該是一個固定的場所，便是學校。

前說《周禮》載有王室設有中央大學，《左傳》載春秋時有

鄉學，則中國在紀元一千多年前，已經有了學校。孟子也曾說：
「夏曰校，殷曰序，周曰庠，學則三代共之。皆所以正人倫也。」
（滕文公上）可見學校的存在，是相當可靠的。而學校的出現，
正是由於需要學習的人數增多。參照孟子的話和《周禮》，當時
的學校是為了施行道德教育。道德教育，未必出自學習者的需
要，而是另一種需要。大家熟知當初舜命契為司徒，是因為「百
姓不親，五品不遜（原為孫字，與遜通。）」舜才命契「敬敷五
教」。這五教據孟子說即是五倫，是中國傳統的道德。道德教
育，現在也成了爭議不休的問題，此處姑且不論。不過只要看一
看犯罪事件的層出不窮，道德教育是否需要，還是值得深思的。

　　歷史中確切記載，漢武帝設太學，（約紀元前一百年左右，
歐洲的大學在紀元後十三世紀才出現。）是有史可證的中央大
學。此後地方學校也陸續出現。

　　現在來看為什麼要有學校。最簡單的理由是，人這種動物，
需要活動的空間。而多數人集合在一起時，自然需要較大的空
間。同時學習一項活動，並非一次一時所能完成，那就需要一個
固定的場所。這個場所也就要有一個名稱，原來的通稱叫「校」，
上述孟子篇中說：「校者教也」，就可以知道其意義之所在了。

　　我國史料所載，多半是「公立學校」。原因是學校要有一個
相當的地面空間，建築也需要費用，由「公家」（政府）來辦很
自然。（當時還沒有私人興學的事實）而其實際的需要，乃在於
要學的人數增多。然則這些人為什麼要學？從早期設立學校的目
的來看，是政治家為培養治術人才，也就是說，學了可以作「官」。
在早期農業社會，沒有多少行業，除了務農，便只有「出仕」一
途，而為官等於出人頭地，（其時貪贓枉法是可恥的）勞心卻無
須勞力，才有人樂於向這方面發展。也由此形成「萬般皆下品，
惟有讀書高」的社會觀念。因為學校已經以讀書為重了。

　　設立學校除了政治因素之外，真正的原因是內涵的「經濟因

素」。因為在教育的需求增加後，一對一的師徒式非常不經濟，如果一位教師同時可以教導多數學生，而又能發揮同樣的效力時，多數人可以同時學習——自然經濟實惠。所以教育的需要增加，學校數量也與之俱增，甚至出現了「私人興學」的事實，學校便如雨後春筍般相繼設立。（注意：早期私人興學純粹出自推廣教育的善意，並無牟利的意思，如歐美等國的私立學校都是一流的，以培養人才為目的。中國實行新學制後設立的私立學校，在當時也是名列前茅的。）

教育觀念進步以後，也有了「學校規模」的觀念：舉凡地面空間、建築規劃、設備等都依學生數量而定，除了物質條件，更要有「學術氣氛」，不只是供給學習的機會，還要能陶冶高尚的品格，所以一所好學校，有其獨特的「校風」，所培養出來的學生，自有其使人一見便刮目相看的感覺。

### ㈣為什麼要普及教育

在人類歷史早期，學習乃是「某個階級」的「特權」，要「有錢且有閒」。有錢不須謀生，且可供應學習的費用；有閒才有時間讀書。（無意讀書者也可頂著讀書的招牌，一則表示非「無業遊民」，一則博取一個「風雅」的名號。）不過其時人還相當純樸，安分守己者多。富貴者不必論，貧窮者肯於「認命」，所以大多數人，還能維持社會秩序，作奸犯科者為數極少。待到社會進步，生活方式複雜以後，謀生的途徑增加，人都不再安於貧窮，而又苦於缺少謀生技能，遂形成社會問題。到了此時，已經不只是個人問題，而成了國家問題。歐洲首先出現了平民運動，要求接受教育以改善生活。從而喚起了當政者的注意。認為普遍的教育全國人民，才是富民富國之道。不過開始的卻是德國，而且不純是為了富民富國，是為了提高國民的公民道德和愛國意識。當時斐希特因普法戰爭失敗，呼籲全國人提高國民道

德，減少私心，愛護國家（其講演稱「告德意志國民書」）。

斐希特認為德國從前的教育，「以為官能的感覺世界是真正的實在世界，只知道肉欲、物質和自然」，主張「現在需要使精神活躍起來，研究發現道德心的本原而純潔的形式，使人成為值得尊敬的人。所以教育要養成學生的勤勞習慣，使他們知道不勞而獲是可恥的。」斐希特又說：「德國失敗的禍源是由於精神錯亂、愚昧、膚淺、怯懦，和與之並生的不確實的作法，不一致的輿論。」後來德國遂實行「國民教育」，普遍的教育全國兒童。這項教育，也叫「義務教育」。所謂「義務」是雙面的：國家有義務提供某個年齡階段的兒童免費教育；家長有義務送適齡兒童進學校，並以法律規定處治違反者。德國的國民教育，開始後非常成功，最可貴的是培養了良好的國民。

德國國民教育成功，歐洲國家起而仿效，都施行國民教育，雖然名稱不同，卻是由法律規定的「強迫教育」。此後世界各國都在效法。

這種教育既是普遍的，人人必須接受的，則要收到怎樣的效果，自然和其施行的實際有關。顧名思義，國民教育必然在教育國民。既有法律規定，當然無人能夠例外。那麼這項教育，應該必須是全體國民所需要的，而且是人人都能接受的。不過這裡有一個問題：強迫教育起自政府，人民不曾明白的要求，怎能斷定是人民的需要？而世界各國，施行強迫教育是否和德國有相同的原因和理由？

試看各國的義務教育或強迫教育，開始的年齡都在五到七歲之間。誰能確定這個年齡的兒童知道自己需要教育？凡被強迫入學的孩子，是否都被徵求過他們的意見，問他們是否願意入學？顯然這樣的決定，出自成人，雖然事實上成人認為兒童需要教育沒有錯，可是未把兒童的意見加入，必然給兒童一個印象，即是：自己並不想上學，上學是父母要的。因為兒童並不知道「無

知無能對他有什麼關係」。而這麼重要的一點，甚至進入學校後以至畢業，學生也沒明白。似此缺少學習意願，怎能期望學習會有效！這第一步有問題（成人的決定顯得太專制），後續的問題還更多。

124

問題中最重要的，是要全國未來的國民「普遍」的學什麼？似乎每個國家都訂有「堂而皇之」的作法，當然包括學習內容，大體上總有兩大項：「培養公民和有用人才」，看起來出發點全在國家立場上。而到目前為止，大多數國家的義務教育在十年左右。受完義務教育尚未達到成年，還沒有公民資格，也沒有職業能力，大概除了勞力工作，很難進入職業領域。則這種教育的「普遍功能」，是否需要重新考慮？考慮這個年齡階段，所需要於教育的是什麼？

國家辦教育當然應該站在國家立場上。不過國家只是一個組織，而教育的對象是未來的公民也沒錯，可是組織的決策出自人，接受教育的也是人。二者雖然都是人，後者卻會綿延不斷，需要高瞻遠矚，從基本上的人來設想。但是教育決策受功利主義的影響，往往著眼於切近的利益，而沒有遠見，遂有「教育投資」的說法出現。以教育為投資，容易使人誤會教育不再是培植人，而是製造「產品」，產品需要推銷才有營利，於是教育就變成「企業」了，而學校當然也成了「工廠」。

近年在培養公民和「終生教育」合併的觀念下，學校又加上了社會成分，成為社區民眾的活動場所。這似乎增加了學校的功能，但培植人才的作用便相對的削弱了。不過這樣倒頗合我國古代「鄉校」的作用，那時的鄉學也是民眾聚會的場所。從《周禮》來看，鄉校聚會民眾，是司徒有目的的教育民眾，不但以道德教育為主，也教導生活技能，如農耕、製做器物、群居規範等。普遍的設立學校，表面上是從「教」開始，似乎是國家或政治的需要最明白，民眾的需要並未直接表達出來。可是國家或政

治作為，內涵裡本就是為了人民，只是有些事人民看不到，需要有頭腦的領導者來策劃而已。那麼推廣教育，廣設學校，是必須，也就成了事實的必然。關鍵在知識愈來愈宏富，生活技術愈來愈複雜，再停留在無知無識的狀況，將無法維持個人生命。

## (五)為什麼學習時間愈來愈長

試看現在的學制系統，姑且不論學前的托兒所、幼兒園，正式學校從小學、初中、高中、以至大學，直線層遞而上，而多數必受的是以初中為止。理論上受完初中教育，應該足夠適應生活。然而由於生活狀況複雜，謀生的行業繁多，各自需要相當的技能，需要經過必須的學習，而所受的教育，即畢業學校，代表所具備的才能，稱為「資格」。有一種資格，才能進入一種行業，才有謀生的途徑。於是所讀學校層級，成為才能的標幟，學校層級愈高者，代表才能愈高，所能擔任的職務，地位也相對的高，報酬自然與之相當。高報酬即是高收入，高收入則可有富裕的生活，人們自然競相進高級學校。過去大學本系科畢業，已經是最高的學歷，現在在系科之上有了研究所，有碩士、博士以至超博士等學位或名稱，代表高深的學術或專精領域。如此算來，以六歲入小學開始，到大學畢業要十六年，再得到博士學位至少還要四年，共計在學時間二十年。而修習博士的人數愈來愈多，等於學習的時間愈來愈長。

## (六)為「學習者需要教育」正名

從前說「學以致用」，所謂之「用」，實際上就是為了「謀生」。現在無一技之長者，便無以為生，於是「學」和「學習時間」成了謀生的必須。而人之常情，總希望有「好」的生活，那就需要有較多的收入。從目前的狀況看，學歷低者收入也低，學歷高者收入也高，那麼爭相求得高學歷，就無可厚非了。

人從出生就需要學習，可能是生而為人「命定」的。在生活

方式簡單的時候，所需要學習的生活技能也簡單，大多數人學起來可能遊刃有餘。而在技能複雜以後，學習的難度增加，尤其是知識的學習，需要抽象的思考能力，並非每個人都能夠而又樂於從事的，這是一個很值得思考的問題。另一方面，在生活方式複雜的狀況中，所需要的能力或知識也複雜萬端，而且缺一不可。也就是說，在現代生活中，一個人的需要，要有多數人從事各種各樣的工作才能供應無缺，因而各種行業都是必須的，從這一點說，每種工作的人，不但是為了自己謀生，同時也在幫助別人生活，同樣應該受到尊重和感謝，則學什麼和學多久，應該各依自己的狀況而定，不應該只有一個標準。何況學習應依個人的意願而定，行業沒有高低之別，都有其價值和重要性。

更重要的是，學習為生活，在維持個體生命。而人類除了要維持生命之外，還需要為生命創造意義，在這方面所要學習的，既廣且深，其廣在個人生命之外，還要關心同類的生命以至其他生命，推而廣之，馴及於無生命的物，以求個體生命的擴大，而得到一重意義。這重意義也就包含在生活之中，因為一個人無法徒靠一己之力生活。其深在生物性的生命之外，要創造一個精神生命，所謂立德立言立功，為無限的後人開創更美好的生活，使生物性的生命死而不朽，這可能和人不甘心生命無常有關，這一項學習，需要更多的知識和修養，需要在教育之中悟解出透徹的道理，是有志於此的人高一層的需要。這項需要，要借教育的啟示和指引。

# 第二節 為誰而教

人類的活動，多半是有意識的，也可以說，是有目的的。教育是有意義的活動，自然有目的。自從有了正式教育以來，教育

目的便見諸於文字。「文字」出自成人之手，等於是成人決定了
目的。前節說教育的必須，和事實一樣，明白的是新生代需要教
育，然而因為他們年幼無知，並不知道自己有這個需要。他們所
知道的是成人要他們這麼做。無形之中，給新生代造成一種印
象，是「成人需要教育」。於是把學習當作是為別人而做的，自
己並沒有這個目的。那麼從政府策劃並實施教育說，教育就是政
府為了某種目的而行的。因為教育就在政治之中，政治如此，似
乎是政治家要這樣。其次，進學校是出自家長的命令，就可以
說，是家長需要教育，而家長也是成人。再次，鄰居、各地方，
以至全國的新生代都進學校，顯然這是一種習慣或風俗，不能例
外，而習慣風俗，或者說是風氣，也是由成人傳達的。最後，倒
也有一些兒童或少年，看見同伴進了學校，也想一嘗其中滋味，
這一種似乎可以說是年輕人所要的了，不過他們所要的是滿足好
奇心，未必有受教育的目的。無論如何，需要的任何一方，可以
說都有本身的目的，據此可以看出教育雖然是為受教育者而辦
的，他們卻並不這麼想，推想起來，他們大概有幾個說法如下。

## 一、政治家要這麼作

以中國來說，教育開始的確是政治家的決策，甚至現在，還
是如此。負責任的政治家，為全國人民著想，必然希望人人能有
富裕而安定的生活，其首要的作為，用現在的話說，是開發產
業，繁榮經濟，然後民生才能富裕。其次就是求社會安定。社會
安定基於人人守法守紀，沒有人作違法犯紀的事，就要教育人
民。《論語・子路》篇有段話說：「子適衛，冉有僕。子曰：庶
矣哉！冉有曰：既庶矣，又何加焉？曰：富之。曰：既富矣，又
何加焉？曰：教之。」這段話中的「庶」字，應該指產物豐富。
然而產物豐富，並不等於人民富裕，因為產物可能都被政府收
去，人民享受不到，要把產物分給人民，人民才會富裕。而人民

富裕之後，就需要教育了。從這一點上說，教育人民的目的，不是為了「富之」。「富之」是另一項行政，教育是「下一步」。然則教育是「為什麼」？應該就如前面所說的，是為了「提高人民素質」，用實際的話說，是「教人守法守紀」，維持社會秩序，以求社會安定。用現在某些人不喜歡的話說，是「提高人的道德」，教人「自動」的不違法犯紀，才是理想的社會。

上述的「富」不是教育目的，顯而易見。和現在所謂的「教育投資」，大異其趣。把教育當作投資，是把教育當作訓練「營利」的手段，而接受教育的「人」，就變成了「工具」。工具是沒有生命的東西，而人卻是有生命的。這是很值得深思的問題。這一點待談到第四個問題再來說明。

## 二、父母的期望

家長教子讀書（受教育已經變成「讀書」了），從開始「讀書為做官」，到「萬般皆下品，唯有讀書高」成了許多家長對「兒子」的期望。從唐代施行科舉以後，由通過科舉進入仕途，成了「讀書人」唯一的目標。不過唐代科舉取士，在詩文之外，仍然注重人品（道德），所以其時所取的士子，仍不乏才德兼備者。後世屢次變更科舉錄取標準和考試內容，真正人才多不能出人頭地，加以賄賂滲入科舉之中，埋沒人才，成為一大缺點。然而仍不改世人出仕為官以顯親揚名的觀念，作父母的還是以「有子為官」為榮。這觀念直到現在，仍然保留。

新學制開始後，大量設置學校，提高了作父母者送子入學的意識；同時行業增加，需要有學歷的「人才」，而學歷是謀得職位的前提，於是「讀書」更成了父母對「兒子」（尚無女學）的願望。「願望」在父母，是期望讀書後有較好的生活。「名譽地位」是其一，「報酬」（收入獲得）同樣重要。比起在田裡操作，「收穫」豐碩。而且家裡出了「讀書人」，是門庭之光。初

時因為學校增加，需要教師，鼓勵「師範生」入學，有獎學金、免膳宿費的優待。對家不中資的父母來說，不須用錢而有書可讀，讀完後即可做教師，名實兼備。而其時「教師」還是受尊重的行業，故而經濟在中下程度的優秀青年，多以從事教育工作為歸趨。這種情形繼續了相當長的時間，直到工商業發達後，才有了改變。

工商業發達後，「致富」成了讀書的目標，也成了父母對下一代的期望。隨之而來的高收入行業增加，衡量「出路」和「收入」遂成了決定下一代「讀什麼」的指標。此後視收入為唯一決定條件，財富便取代了「聲名」。父母為下一代設想，出自「愛心」，當然無可厚非。不過父母在作決定時，往往並未考慮或徵求下一代的意見。於是受教育似乎成了父母的目的，彷彿父母才是「受教育」的「當事人」。

在「望子成龍」之外，父母望子受教育，另有一個目的，「填補自己的缺陷」。因為自己不曾受過教育，不得出人頭地，要下一代來「得到」自己所沒有的，可以一伸自己的「雄心壯志」或「缺憾」。在這種心理之下，有子女（教育已經男女平等）受教育，自己可以「恍同身受」。於是「強迫入學」不再是教育決策，而是「父母之命」。進學校未必是受教育者「所要的」，受教育者並沒有這個目的，目的是父母的。如果以為「接受教育」是必須，則這項必須，究竟出自何人？應該落在何人身上？「接受教育」應該是「受者」的目的（內在目的），還是「別人的目的」（外在目的）？如果沒有內在目的，如何能使其願意擔當其要做的工作？如何能使他有「學習的責任感」？

## 三、社會所尚

現在流行把社會國家聯在一起表示群體結構。一個國家推行教育，就如同社會存在一件事。政策影響社會風氣，教育也不例

外。在國家廣設學校，鼓勵學習時，「入學」自會成為眾人所趨，平心而論，這應該是一種良好的風氣。

不過一種風氣流行時，往往等於一種壓力。這力量迫使人人起而隨俗從眾。隨俗從眾的力量在人群中互相衝擊，可能會像傳染病般擴散，很少有人倖免。入學的風氣就是如此，而且要層遞而上。也就是「上學」要「上」到最高層。大學是學校中最高的，大學畢業卻未站在最高點（學士之上還有碩士、博士）！尤有甚者，在新教育實行之前，以「留學」為獲得新知識的途徑，從此生出「崇洋」的心理，至今不變。於是社會風氣是：上大學很好，留學才更好。流風所致，進大學或留學是風尚，受社會讚美，無限光榮，「目的在此」，至於大學或留學「學到什麼」，乃是次要的。

社會風氣既以留學為尚，而留學有年齡和兵役限制，社會大眾的智慧於是出現。應用種種辦法，送大學年齡之前的兒童出國，於是有了「小留學生」的名目。未成年的兒童或少年，離鄉背景，缺少父母的愛護，進入一個語言不通，生活習慣全然有異的環境，不但無法學習，而且無法適應，其後果可知。但社會大眾卻以有子留學做標榜，彷彿「洋博士」已經「在望」。

從升學到留學的風尚，成為流行的「教育目的」。層遞而上的進學校，是群眾評價「為人父母者」榮辱的指標。在這種壓力之下，父母也就壓迫子女努力升學，如果子女「學有未逮」，則以「補習」來彌補。於是「學生」在學校正課之外，「趕著上補習班」成了「正常作業」。在這種情形下的學習效果如何，還在其次，學生之疲於奔命，豈非是教育應該考慮的？

在以升學為目的之外，社會風氣中又生出一種「風尚」。不但要升學，還要進入「名校」。而名校為數不多，不能容納全數要升學的學生，迫使招生的學校，不得不在入學考試上「求公平」。而考試方式一再更改，終不能使落榜者滿意，成了學校頭

痛的問題，無法解決。事實上明眼人知道，問題的關鍵不在考試方式，而在考生能力的差別。社會大眾否認「能力差別」，只要實現私心願望。不在學生能力方面反省，一味「希圖僥倖」，有無道理，應該述諸理智。如果承認社會大眾都是理智的，則「實際關鍵」所在，才是應該考慮的。在這方面理智被扭曲，如何解釋民意，恐怕還要喚醒智慧，才有合理的解決。學習要進學校是事實，但要知道「學習是目的」，「進學校是手段」；爭進某些學校是「私願」，能否進入某些學校「有標準」。標準是「公眾承認」的，「私願」無法得到共識，這才是「民主精神」。

　　社會風氣誤解民主時，可能會扭曲「道理」或「公理」。正確認識民主，應該是國民或公民的常識，是義務教育的一項必不可少的「教育內容」。而義務教育，和建立正確的社會風氣，教導正確的常識密不可分。其中對於「教育目的」一項，絕不能從缺。

## 四、學生個人的朦朧說法

　　直接接觸教育的是學生，則學生受教育的目的才是真正需要考慮的。我們承認小學兒童對教育目的未必明白，小學之上，可能已經從成人口裡聽到一些說法，如為了生活、為了有「好工作」，為了實現自己的理想等等。真正可以稱得上目的的，基本上大概有一個，即是「學得才能」。

　　「目的」是一個人行動的動機，這個外來名詞從前譯作「驅力」。這個譯法非常「傳神」，目的的確是驅策一個人行動的力量。不過目的在驅力之外，必然有一個「目標」或「鵠的」，是一種「瞻望」的前景，是要用一番力量才能得到的結果。如果以「獲得知識才能」為目的，就要「學習」，學習便是達到目的所要付出力量的活動。這是正確的教育目的。現在通常學習是進學校，其實不進學校也能學習。不過在正式教育形式下，說教育總是指進學校而言。但是必須分清楚，進入學校「不等於」學習。

因為學校只是一個有形的場所，學習是在這個場所中的「某些人」（學生）要做到分內該作的事。反過來說，如果未作該作的，或是作而不徹底，便不能說是學習。不學習便得不到知識才能。當然學校中有學生知道自己的目的，因而努力學習，這樣的目的才符合教育的本意。

可是學校中也有一些學生，不以獲得知識才能為目的，只想博得一張畢業證書，得到一個「資格」。其實這種學生，在新制學校出現之前已經存在。從前歷代的太學或國子監，等於中央大學，能夠入學的，照正規，要經過地方考試合格或薦舉，而且入學後還有待遇（給予廩膳費和名號——太學生或監生）。其中固然不乏有學識基礎而又有志向學者，但也有人混跡其間，只為博取一個「斯文」的名號，並不想學什麼。清朝甚至規定可以捐資入監，有錢買一個監生的名號，等於有了「功名」（監生在秀才之上），也就有了社會地位，甚至在地方上可以仗勢凌人，得到某些好處。如果說這樣的「學生」入學有目的，其目的當然與教育「無關」。

另一種入學者並沒有「本身」的目的，只是隨著「大勢所趨」，茫然的進了學校。可以說大部分義務教育階段的學生都是如此。至於進入高中和大學的，也有一部分如此。這樣的學生隨著外在力量（趨勢）進學校，如父母之命、社會風氣、同儕比較等，似乎不進一個學校，就無法和「別人」交待，有一個學生的「名號」，就有了「安身立命」的藉口。至於在學校做什麼，則只有其本人才知道。

再一種大學以上的入學者，入學目的可能有三種：一種是為了追求「高深研究」，有教育的正確目的，有成就者在這個目的驅策下，成了人才。一種是要得到一個較高的「學位」，是為了「名聲」。在崇尚「學術」的現時代，「學位」常常和「學術」混同，有一個學位，如同有了「學問」，也等於在學術上有了地

位，至於實際如何，另當別論。一種是大學畢業，沒有「適當而滿意」的工作，進研究所是取得「較好」工作的途徑，是有實際原因而入學的，可能因此而真正走入研究，不失教育的本意。但是也有志不在學習，而只想「掛名」研究所，避免落入「失業」之流，實際上並無研究興趣。這樣的以研究所為「寄身處」者，也可達到其目的，只是其目的不在教育之內而已。

133

## 五、學習的願望

　　「願望」和「想望」不同，願望是出自個人的「意願」，願意做一件事，做這件事就成了「目的」。想望「只是想」，做或不做還要有下一步的意念來決定，目的並不明顯。要確定教育目的何在，最好先確定受教育者的意願，即是所謂教育的對象，是接受教育的人。接受教育的人既是「受者」，有無受教育的願望應該是先在的考慮。

　　可是從「受者」來說，自應還有相對的「施者」。所以教育包括施者和受者兩方面。然而這兩方相對應的關係，已經取決於「施者」認為受者有「需要」，就開始供給，至於受者的需要，其本身未必明白的知道，只是被動的接受了。於是二者有了主客之別。如果說二者是「供需」的關係，應該是需者「在前」，供者「在後」。關係的成立，必須是「供需相應合」。照實際說，應該說「需供」而非「供需」。語言之約定俗成，文字的次第常改變了先後輕重，以至在印象中誤解了原來的意義。「教育」兩個字，所顯示的便是「施者」占據了主動地位，使相對的「受者」落入被動之中。這在政治專制時代，被動接受久已相因成習，問題還不明顯。可是到了民主時代，受者就不見得甘心居於被動了。所以這裡應該澄清教育的需要者是哪一方，是否教育目的應該依需要而定？

　　就前述的教育目的而言，第一個是出自政策，是國家為了培

養人才或國民道德，而實施教育，主動在國家，受教育者就成了被動的。不過從另一方面看，受教育者也自有其主動的目的在，即是接受教育是為了取得任用的機會，不但是謀生的途徑，且有榮譽的冠冕，仍然有其主動的目的，可以和政治目的並列。至於接受道德訓練，也有「學」字「招牌」，等於披上一層「文采」，也是人所樂於享有的。而一個國家的進步與發展，教育是一項重要措施，自古及今，世界各國，從未把教育排除於政治措施之外。客觀的說，國家施行教育，國民接受教育，與受教育者的目的毫無衝突，而且是受教育者所希望的。

現在要辨別父母的期望和社會風氣二者，能否成為教育的真正目的。這二者之間頗有互為影響的作用。先從父母的期望說，依前面的敘述，即可看出，父母並非直接的「受教者」，越俎代庖已是不當，把子女受教育當作自己的榮辱，更是滑稽。這種情形，首先剝奪了子女的主動意識，繼而可能和子女發生衝突，造成子女和父母背道而馳的結果：勉強入學而無意學習者有之，掛名入學而在外遊蕩者有之，離家出走而不知所至者有之，墮落走入歧途者更是危險萬端。這種事實已屢見不鮮，根本在教育目的不是出自身受者。

至於社會期望乃是一種風氣，猶如所謂之流行或時髦，變動不居。一種風尚之存在，多半由於無知者盲從，其特性是喜新厭舊，熱過一時，便消失無蹤。「盲從」不出於智者。盲從者多時，教育就要反省，因為這是大眾缺乏理性的象徵。方今「終生教育」之說正在「流行」，如果把握住終生教育的「真諦」，知道「成人」需要「怎樣的教育」，切實實行，倒是必須的，至少在「端正社會風氣」上，有其效果。

出在教育對象身上的目的，前述只有出自學習者為學習而入學的，才符合教育目的。事實上其目的的出現，並非在教育開始的時候，是日後才出現的。何況仍有一部分的目的並不在學習。

現在的問題是，教育目的不出自受教者，在教育出發點上，便不能把握教育效果。為了說明這一點，必須先把「教育」兩個字拋開，代以「學習」二字。這樣說的意思是：教育不是「教育者」的需要，而是「學習者」的需要。是學習者「需要學習」，才有教育者來提供教育。需要學習和學習目的不可分。學習固然要有人教，可是如果學習者「無意學」，「教」就「無效」。明白的顯示學習的效果在於學習者「想要學」，即是要學習者有學習的目的或動機。

就從入正式學校開始的時候說，兒童是否已經知道了學習的需要？縱使答案是肯定的，也只能說「有一部分知道」，但是知道的並不徹底或明白，尤其不知道自己要怎樣作才能達到目的。至於不知道的，則更不在話下了。事實上有些兒童表示樂於入學，因為他們以為入學好玩又有趣：有同伴一齊玩耍，有許多遊戲器材可玩。他們不知道入學後要學一些莫名其妙的符號，還要學習寫這些符號，更不知道上課不准說話，不准玩耍，也不能隨便活動。實際和想望南轅北轍，怎會成為他們的需要！他們不知道為什麼要學這些東西，更不知道為什麼「要學」。有這麼多「不知道」，學習需要「從何而來」，又怎會有目的？「教育」在開始的時候，可曾把這些不知道「計算在內」？是否一開始就讓他們「知道了」？如果一直不知道，或只是「一知半解」，心中存著疑問，不確定「需要學習」，就很難有目的。進入小學以上的學校後，「或許」有些學生知道了學習的「目的」，是否「真知道」可能還是問題，否則就不會有學生問「我為什麼要學」這個問題，也不會生出「分歧」的目的了。

不過教育目的，的確不是蒙昧的兒童所能知道的，因為教育目的除了切近的生活之外，還有從人類遠大的理想著眼的一面，這是需要有知者指引的，從這方面說，教育把學習者放在幕後，也就有其道理了。

學生的面相和心相

學生形形色色，我們可以了解多少？
我們以為了解的學生，真的完全嗎？
怎樣才能完全了解他們？

139

　　這裡所說的面相，是指外在可見的表情和行動。人的面貌不同，卻有類似的表情，即是喜怒哀樂，可以從臉上看出。同時我們又說：「人心不同，各如其面。」是說有些「心理狀況」，也表現在面孔上。孟子說：「胸中正，則眸子瞭焉；胸中不正，則眸子眊焉。」（離婁上）是俗話所說，可以從「眼神」看出一個人的內心。心存正直，則眼神穩定，眼睛明亮。心中不正，則眼光閃爍不定，是表裡相連的事實。依此對說話的人所說的是真話或假話，不難判斷。這種情形，現在更用機器操作所表現的穩定度來辨別誠實或欺騙，關鍵就在口說假話時，未免心虛，心跳加快，手的操作便不穩定。外表和內心不能劃分就在此。不過這裡所說的面相，並非全指外表，更重在行動表現，可以說是「學生百態」，以下再來詳論。

# 第一節　學生的面相

　　學生的面相，指學生全部的外在表現，如果用類型描述，可能有過甚其辭之嫌，只可用比較明顯的現象說，以見一斑。

## ㈠循規蹈矩

　　循規蹈矩的學生，可以說是理想的學生，學生所表現的，合乎學校常規活動，從不使教師操心，更不會製造問題，通常是學校所謂「品學兼優的學生」。如果一切正常，絕大多數可能都是這樣的學生。不過這樣的學生中，有特別用功的，往往自動讀課

外書，向教師提出問題，有時使教師無法回答。如果教師知道他是出自好學，不「自以為」萬知萬能，給予鼓勵，不會減低學生的興趣；倘若告訴他參考資料，教他自己去找尋答案，對學生更為有益。

### ㈡奉命唯謹

學校和教師，先在的期望就是學生「服從」，包括服從學校的規定和教師的命令。學校的規定，除了依法和學校本身的理想外，從前有一個趨向，就是在形式上求「一致」，明顯的是「校服」。這在中國自有其傳統，遠自三代以來，就依品級製定服飾的式樣和顏色；而新學制實行後，開始時「校服」有代表「榮譽」的意識，甚至英國牛津從前也有校服，表示身在一流最高學府。中國從前的學校，不但有規定的校服，即使頭髮的長短也在規定之中，後來才有了改變。其實如果規定或命令合理，管理得當，學生自然會服從。但是有不當時，就另當別論了。照常情而論，如果讓學生明白需要服從的理由，不是過分的要求，應該不致引起反抗。有時學校或教師相信學生應該「理所當然」的服從，運用權威命令，縱使學生服從，卻非出於本心，表面的服從，沒有教育的效果。

守規的學生，對學校的各種規定，並不逾越，自然是學校認為的好學生，「操行成績」會列在優等。至於「不犯規」（至少未被發現）就是「守規」了，對這樣的學生還是不能忽視。

### ㈢樂奉驅遣

有些學生樂於為教師服務，甚至自動找些可以替教師做的事來做，為此而延遲了自己的作業，也在所不惜。這樣的學生課業未必名列前茅，但在課外若干活動方面，有其才能。有時也會用課外活動做規避作業的藉口，往往得到曲諒。

樂於奉命服務的學生，教師不免另眼相看，有時會在某些事

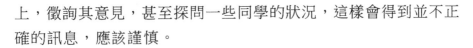

上，徵詢其意見，甚至探問一些同學的狀況，這樣會得到並不正確的訊息，應該謹慎。

### ㈣沉默寡言

有些學生在上課時靜坐不動，不說話也從不發問，可以說是「守規矩」。這樣的學生很少引起教師的注意。課業成績沒有特色，沒有特別值得讚美之處，卻也無可指責。常被教師忽略，卻不知這樣的學生，更要多加注意，觀察其有無不願告人的問題。

### ㈤不安於位

有些學生在座位上如坐針氈，不時扭動，或是和鄰座說話，或是做些奇怪的動作，甚至任意在教室行動，常使教室的空氣浮動起來。是教師頗為不喜，甚至頭痛的。對這樣的學生，教師命令其靜坐，效果短暫，需要找出其不能安定的原因，適當處裡。目前兒童中有所謂過動兒，自有原因，非責罰所能糾正。

### ㈥干擾教學

在教師講述時，有的學生會發出怪聲，提出奇怪問題，插入無關緊要的話，似乎想改變一下教室氣氛，或是出自嬉戲，或是有意搗亂。有的則學宰予晝寢，可能鼾聲大作，使教師側目，引起全堂哄笑。這樣的學生有其內在原因，或由於個性，或由於對學習缺少興趣，是需要了解而後予以適當處理的一項。

### ㈦無事生非

上課時無事生非，擾亂教學的是一類，這一類在課外更會製造事端，與同學爭競、打鬥、欺侮弱小，甚至有其他違規非分的行為。這一類多半有學業或心理問題，需要教師特別關心，了解其問題所在，再予矯正。

### ㈧粗率鹵莽

聽話不待說者言盡，便插入或攪亂；或者只聽了一半，便開始行動，因而出錯；且行動粗莽，往往撞到人或損傷器物。這種表現，正顯示需要教育，而且其表現已經成為習慣，需要循循善誘，一面溫和的指導，一面耐心的待其改正。

### ㈨欺騙矇混

習於說謊，文過飾非，甚至製造無中生有的謊言，雖無惡意，卻有意聳人聽聞，以取笑或諷刺為樂。最明顯的是在學習和作業方面，謊言藉口矇騙教師，抄錄別人作業交差，通常是教師最頭痛的學生，然而也是最需要「教化」的。

### ㈩耽於嬉戲

嬉戲時興高采烈，學習時愁眉苦臉，書本以外的活動無不喜好，可能長於運動，也可能樂於助人。但學業卻乏長可述。教師常常放棄這樣的學生，然而這樣的學生一經改變，也可能出類拔萃。

### ㈠無心學習

上課時無心聽講或做作業，即使沒有特別活動，也表現出心不在焉；迫不得已時，只是草率應付，或者甘於接受懲罰，事後仍然我行我素。這一類不見有特別愛好，是最需要了解後再予適當指導的。

### ㈡無故曠課

學生未曾請假而不到校上課者，算是曠課。除了有不得已的原因來不及請假者外，從前謂為逃學，是有意曠課。這樣的學生很明顯的是「不喜歡上課」。若要追究，可能有多種原因。不容聽之任之。

### ㈤中途輟學

和無故曠課者的不同之處，是曠課者偶一為之，中途輟學者則是「一去無蹤」。從此不再出現於學校，甚至家長也不知其何在。這樣的學生以國中為多。離校離家，生活和行止都成問題，走入歧途的危機最重。有些學校和家長努力找回若干人，使之重返學校，然而在學習方面，問題仍多。

### ㈥追求時尚

社會風氣改變，學校開放，對學生的約束減少，加以資訊發達，學生可以迅速得到各方訊息，在同儕間散播極快，於是追求時尚，成了學生間的「次文化」，而又側重感官享樂方面。在外表，缺少審美的品味，不知美醜之別，因而標新立異，成為風尚，也成為共同追求的目標。

### ㈦沉迷偶像

人本來就有崇拜偶像的心理。早期民智未開的時候，崇拜自然現象和鬼神。文化進步以後，崇敬道德高尚的人或英雄，或是對人類有特殊貢獻的。雖然到現在還未完全消除迷信色彩，在正常的社會狀況中，還是以足資崇敬的人為典範，在崇敬之餘，自己也有意仿效，是「取法乎上」的意識。但是當年輕人心目中缺少高尚的典範時，便不知所從。而當耳目接觸的都是影藝宣傳的「星類」人物時，便成了「群趨若鶩」的目標。青年本就有豐富的熱情，把崇拜偶像的心，投到「星類」人物上，狂熱而且沉迷，並非文化的正常現象。若因此荒廢學業，則更是教育不能忽視的。

### ㈧好逸惡勞

人本來就有好逸惡勞的傾向，不過這個傾向卻促使人類文明的創造，因為好逸惡勞並未使人「懶惰成習」，反而追求生活簡

便的方法，才苦心孤詣的孜孜研究，才不辭勞苦的有了若干發明，尤其在困苦的時候或環境中，能以堅忍不拔的精神克服困難，反而把好逸惡勞變成「刻苦耐勞」。然而安逸的環境，也使人傾向逸樂，而規避勞苦，孟子說：「富歲子弟多賴（即懶字）」，恰如目前的情形。實際上，通常富裕之家的子弟就是如此。而這種情形也出現在學生中，不但不願用力，更「不願用心」。

### (七)意志薄弱

和好逸惡勞可能有連帶關係，缺少堅忍不拔的精神，畏難苟安，而又不肯承擔自己作為的後果。最明顯的現象是，自己沒有表現（不用功又不肯求任何成就），不但不願人指責，還要人讚美，否則就是受到「挫折」。於是遇到「不如意」時，便問題百出：頹廢、自甘墮落、神經失常，甚至演成自殺事件。

### (八)志大才疏

缺少正確的志向，以虛幻的妄想為理想，自以為「可以」如何如何，並不知道自己的才能，或是不願意承認實際可見的自己。結果是離開現實的自己，活在「虛幻之中」。如果有人指實其實況，可能會反目成仇。

### (九)桀傲不馴

自以為是、目空一切、言語粗暴、舉動粗俗，永遠用反抗的態度對人，用不屑的眼光對事物。以服從是沒有尊嚴，以溫和為怯懦，以狂妄為英雄表現，自以為有大無畏精神。

### (十)崇尚功利

受世俗所染，崇尚功利，愛好虛榮，只求表面，不務實際。信服口耳相傳的事務，不肯深思。同儕間以財貨相炫耀，也以此定榮辱。崇奉財勢，鄙視貧窮，甚至依此標準結伙，欺侮來自經濟狀況不佳的同學。

### ㈢不辨是非

學習的目的，在於「明理」。明理所以辨別是非。然而由於尚未成熟，又所知有限，對於是非善惡，不知道有判斷的標準。不免誤聽人言，顛倒是非。而且大勢所趨，往往無理者「強詞奪理」，不明者因其「振振有辭」，便以為「氣勢雄壯者」必然「理由充分」，於是「眾口鑠金」，無理者成為有理，而不善言辭者，反成了無理。學生尚不能明辨是非，有待教育開啟其智慧。

## 第二節　知道學生面相之後的認識

學生的面相，在親眼目睹之前，總有些耳聞。傳聞多是「概括性」的，其中有所謂的「校風」。校風「好的」，指學業成就和學生行為表現兩者俱優；「中等」的則二者各有好壞；最下的是成績低下，且行為不佳。這種概括的傳聞對教育工作者常常是選擇任教學校的指標，關係到選擇者的心理作用。在「好學校工作」，會感覺到「與有榮焉」，而且工作比較「容易」，當然是人之常情，不過卻有值得討論之處。

以教師心理來說，當然希望所教的學生，既聰明又守規，孟子也曾說得天下英才而教育之，是人生一大樂事。不過孟子時代，對學習者是可以選擇的，孟子雖然這麼說，卻不知道是否真正做過。而孔子卻早就說過「有教無類」。當教育普及以後，教師只有「來者不拒」，不能只教英才。

如果知道教育的對象是「未成熟」的人，就是因為他們不成熟，才需要教育。如果他們知道學習，又知道如何作人，便無須教育，也就不需要教師了。故而在認識了學生面相之後，還需要另外的一些認識。

## 一、傳統觀念

中國教育中有一個根深柢固的觀念，即是「尊師重道」。《禮記・學記》中有句話說：「師嚴而後道尊」，三千年來，都解釋為「師要嚴格才見道的尊崇」。這個解釋可能有再商榷的必要。試看在師嚴這句話之前說的是：「凡學之道，嚴師為難。」註解說：「嚴師，如孝經嚴父之義，謂尊禮嚴重之也。無北面，不處之以臣位也。」意思是指君王對師如對父親一般的鄭重尊敬，不是說師要嚴格。君王尊敬師，因為師是「傳道」的人，重視道所以才尊敬師。如果引伸一下，君王尊重師，是因為師才德兼備，如果師是由君王選擇，（其時確是如此）則嚴師的「嚴」字，可能還有「嚴格選擇師」的意思。然而師嚴道尊卻給為師者建立了一個觀念，把「嚴」當作「權威」。對學生預期了毫無變通的「義務」，於是認為學生必須學了就會，必須教師說了就聽，否則學生便犯了不可原諒的錯誤，全然沒替學生著想，忽略了《學記》中所說的「教學重點」和「學者有四失」等話。未曾想到師之所以受尊敬，是要符合「師」的條件，如果只能算是「教者」，便沒有受尊敬的條件。傳統觀念被廣泛的一直保留到現在，為人師者不重視學生的心理和學習的困難以及問題，只一味的要求學生，造成「施之也悖，求之也佛」的後果。這是否是一個值得深思的現象，現在有心理學可以了解學生心理，有教育心理學了解學習心理，傳統觀念是否應該再反省而加以改變？

## 二、認識與深思

對學生的面相，符合教師期望的不成問題。問題在不合教師預期的。理論上，無論一個班級或一個學校，不可能「全然」都令教師失望，至少也有些是「好學生」。可是以班級教師來說，有一個頗為奇妙的描述現象，把比較特殊的少數個案當做普遍來

解釋，且不惜誇大其辭。就用「好」和「壞」來形容，言談之間，指說「某班壞」，似乎那一班沒有一個好的。傳流開來，少數「壞的」就成了這一班的「代表」，說起來就是「某班學生壞」，使多數學生蒙了「不白之冤」。影響所至，壞的總是受責備，好的也「一體受過」。未曾想到壞的也有改變的可能，而且壞的也正是最需要教導的。關鍵在教師如何運用「改變的方法」。如果照荀子的觀點解釋教育工作，把壞的變成好的，正是教師的責任，則教師是否要多用些功夫在「壞學生」身上？

　　其次是所謂壞的是否「一無是處」，如果只著眼於壞處，永遠用「否定」的眼光看壞學生，忽視他的好處，是否使他受了「一貫暗示」的影響，下意識裡自暴自棄，不自主的趨向「符合暗示」，即使原想做好，表現出來，仍然是壞的（心理學對這方面有詳細的解釋），是否反而助長了他的壞，使他變好的可能更微乎其微？

　　事實上行為「有問題的學生」，有其「造因」，家庭因素、管教方式、學習經驗都有影響。要針對原因對症下藥，需要更多的了解和關切，使其感受到教師未曾放棄他，而得到鼓勵，才可能改變。對這樣的學生，一味的責罰或制止，即使能生效於一時，卻不能根治。

　　學生的行為表現，有年齡差異，這是必須了解的一點。較小和較大的兒童，行動表現差別很大，也不能用相同的方式來處理。同時學生的個性不同（談心相時再詳論），是否要針對個性，應用適合個性的方法，學生才能接受。教育是教學生適應生活，教學則要教師隨機應變。

## 三、準備從事創造或改變的工作

　　教育的功能就是把出生後的自然人變成文明人或文化人，在原始的野蠻之上，給他披上一層文采；在生理的物質軀體之外，

導引他為自己創造一個精神生命，是一件改變的大工程。這項工程做來不易，值得想進入者三思。

如果教師先決定了自己的意向，在知道了學生的面相後，是看中那些可愛的而想要得到教育的樂趣，還是因著眼於那些可惡的而隱身而退，另做他圖。取後者姑且不論，取前者似乎也不可樂觀的太早，因為在一群學生之中，難免有幾個不可愛的。從教育立場說，這幾個是否應該予以忽略，或是採取相反的一面，多加關切，更多費心教導？這是美中不足的狀況，是否要有心理準備，努力把這幾個「拉起來」，使之改變。

教師如果別無選擇，必須承擔這項工作，可能要做一個最壞的打算（其實不見得很壞），那就要有信心和耐心，相信自己會付出力量，從事改造的工作。但是要知道這工作並非一蹴可幾，「循循善誘」就說明了需要時間，有如投下一顆種子，要耐心的等待其發芽生長，並非一日之間就能開花結果。耐心之中，不但沒有急躁，也沒有失望，而且需要堅持，需要客觀冷靜。

最主要的是，教育不應抱著「敷衍」的態度，也不應「怨天尤人」。其實任何工作都不允許這樣。我們知道「世間無難事，只在有心人」的說法，相反的，世間也很少「唾手而得」的易事。創造要從頭計畫，試驗，努力工作；改變或修改要除舊佈新，可能比從頭開始做一件新東西還難。

# 第三節　學生的心相

心相所指的是心理現象。前面曾經說過人心不同，各如其面，指心和面有內外相連的作用；另一方面，人面不同，其心也各異，即是每個人的心理狀況各自不同。即使在同樣的環境中，各人也各有其感受和想法，別人無從窺其堂奧。但是這項困難也

不是絕對的，因為一個人的內心雖然無法靠視覺穿透，卻可由其外表和行動推測，而一個人的外在表現，往往自有其一貫的形式，據此才歸納出人格類型，人格心理學已經有了相當的貢獻。

　　不過人格的形成，雖然人格心理學家多數相信在四五歲時，已經建立了雛型，卻在生長發展的過程中，仍然有些改變，明顯的是，由於年齡的差別，心理狀況隨而變化，外在表現也於焉有別，在發展心理學中有詳細的區分。

## 一、教導之下的心理作用

　　大體說來，以兒童、少年、青年為階段，便有明顯的不同。兒童時期「依賴性」較強，最需要成人的愛護，同時需要成人的教導。教導是因為兒童有許多「不知道」，有待成人告訴。而在成人告訴了以後，兒童便要服從，因為這就是教育。但是兒童也自有個性，自有其心向，如果教導與其心向不合，就未必服從，這就是父母或教師所面對的問題。

　　中國傳統以絕對服從長輩為尚，即使長輩的命令不當，也要服從，是長輩以「身分權威」而施行教育，在這方面，「親師」相同，權威無異。權威者只以權威為重，並不考慮受者的心理，於是攝於權威之下者，表面似乎接受了，內心卻不免存著反感，所以表面的服從並非真服從，教育實際無效，影響所及，養成兒童或學生「面是心非」，近似「欺騙」的表現，久而久之，「欺騙成習」，便違反了做人最主要的一個原則—「誠實」。

　　「欺騙」用於面對親長或教師，在於避免責罰，習慣以後，凡屬「與己有利」時，便「得心應手」的運用，而自以為「得計」。所以在表面的服從之後，內心的狀況，是親長和教師應該明瞭的。

150

## 二、自尊心消失

人之常情是，喜於得到讚美，而不樂受到批評，更不願受到責罰，根源於人有「自尊心」。兒童和青少年的自尊心更重，這一點卻常為親長或教師忽略了，以為「小孩子」只應接受命令或責罰，成人所作的都「理所當然」，小孩子自然只有接受。卻忘了小孩子也是人，自有人所有的自尊心。自尊心受到傷害，失去自己的「尊嚴」，「失去面子」是非常難堪的事。長久的失去自尊，可能進入兩個極端：一是自暴自棄；一是反抗報復。自暴自棄者自甘下流，失去向上奮鬥的意向，不再以受責罰「為恥」，只是「漠然處之」，然後還是我行我素，這就是教師所認為的無可救藥的學生。教師對這樣的學生，是否要追究其造因，思考改變的方式，應是一個課題。反抗報復者或者形於言辭，或者見諸行動，此時已經沒有長幼之分，敢於言辭頂撞或有抗拒行動。此種心理且擴大到對待任何人，尤其比自己弱小的對象，是轉移對象的報復作用。對這樣的學生，教師應該用何種態度處理，是更嚴重的課題。教師要知道在學生面相所見的某些現象，乃是植根於心理作用，先要了解其心理狀況，再求適當的矯正方法。通常是先設法恢復其自尊心，找機會給予鼓勵，使其有了面子，或者肯於自求得到獎勵的表現。

## 三、學習的心理因素

通常親長或教師最關心的是「學習不利」或「無心向學」的學生。這樣的學生所得的「待遇」不過是「督促」或「責備」。實則他們有多種原因造成這種情形，需要分別說明。

### ㈠心智能力和性向有別

心智能力通常指聰明的程度。「聰明」原是一個「概括名

詞」，頂多只分聰明、中等、愚笨三等。而所謂聰明，所指的實際表現卻並不一致。或指反應迅速，或指動作靈活，或指「讀書」。在教育領域裡，以「讀書為名」的習慣下，所指的便以「認識字」和「記憶好」（背得快）為聰明。才有「一目十行」、「過目成誦」等等說法。相對的，教了幾遍還不會，念了許久還記不住，就是不聰明（笨）。教育未普及的時代，「不會讀書」的便放棄了入學而改作他圖，而在教育普及以後，所有的兒童必須依規定年齡入學，於是「不會讀書」的便面臨困難，教師教學也倍感辛苦。於是對聰明程度出現了衡量的方法，即是大家熟知的「智力測驗」，進而推算出「智力商數」，可以用來衡量學習能力，智力遂成為學習的指標。直到發現智力不僅代表讀書一事後，才又有了「能力」（性向）之說。這是一項相當「聰明」的發現！人們早就知道，不會讀書的，在別的方面卻顯得「很聰明」。而在一方面聰明的，在其他方面可能顯得很笨，才承認才能是多元的。故而教師在學習成績之外，是否應該再觀察學習不利的學生，是否另有其他才能？

### ㈡學習困難的挫折

　　但是學校教育卻還以讀書識字為主，而不會讀書的又必須入學，且照規定又必須「在學」若干年，因為這是義務教育。

　　讀書識字對某些人是難事，原因在文字乃是「抽象符號」，要經過一番轉化，才能與實際相印證。而這轉化過程，必須用腦力。中國古老的文字是象形文字，如日月山水之類，原來的字形和實際自然現象相近，容易辨認這些符號。到文字增多以後，形聲字和會意字還有跡可尋，轉注和假借和實際的關聯少了，必須死記才能認識，就不那麼容易了。如果在開始學習時，知道文字演進的變化，或可逐漸入門，否則對初學者便成了困難。這和入門教學有關，關鍵在要了解初學者的心理能力。再以數學來說，

初學時如果隨便拿兩個東西，多數學生會知道有了一個，再放上一個是兩個，然而把阿拉伯數字的兩個 1，中間放上一個＋號，成為一個算術式時，便需要說明白，學生才會懂得。有些教師認為算錯加法的學生笨，卻未見其數錢時並不出錯。這就是抽象和實際的差別，年齡較小的兒童中最易出現。

152

教師教學，和任何會一種東西的人一樣，因為自己已經知之甚稔，想不到「不知者」的困難，對說過了還不懂得的學生，往往失去耐心，顯出「不耐」的表情，忽略了這樣的表情對學生的刺激，刺激其對自己失去信心，對學習失去興趣。

義務教育既然是人人都要接受的，便應該符合所有人的能力，既然能力各有所長，則側重讀書識字一項，是否符合學生的能力，應該確切考慮。

### (三)缺乏興趣

現在再來看學習讀書識字困難的學生的心理狀況。一個人天天面對「力所不及」的活動，必然感受到「挫折」，兒童還沒有成人般的毅力，通常會遇難而退。既然不認識教師所教的字，則必然想些「用以自娛」之道，以排遣無聊的時間：干擾鄰座、無意識的行動必然相繼發生。這是一種令教師頭痛的學生的一個原因。原因在他們學習的能力受到限制——學習困難。

另一種學生有學習能力，然而志不在此，即是缺乏學習興趣。興趣並非天生，而是可以培養的。在「師嚴道尊」的時代，似乎教師有一個觀念，認為學生既來學習，當然是有意為之。然而在強迫教育中，學生根本就不知道自己有學習的需要，而所學的又索然無味，自然會出現後續的一些行為，原因就在「沒有興趣」。

其實人天生就有「好奇」的傾向，幼年時好奇心更重。多數學生對所學的缺乏興趣，是因為尚未感覺到即將學習的有何妙

處。幼年人把好奇心多用在實際環境中的探索上，這樣的探索使他們不顧危險，然而卻不願從一些抽象符號中探索。另一方面，幼兒喜歡聽故事，即使已經識字，也不願自己閱讀，因為尚未感覺到閱讀的樂趣。這種興趣有待人來啟發引導，待到興趣出現後，不但不能自己，幾乎也無人能夠制止。

## 四、情感作用

人有與生俱來的情感情緒，兒童期的情感作用天真無邪，兒童期後熱情旺盛，但卻變化無常，心理學家稱青年期為狂飆期，情緒起伏不定，且矛盾對立。既熱情又冷漠，既仁慈又殘酷，好惡趨於極端，喜怒無常。在學習方面，如果是自己所喜歡的事物，可以孜孜不倦的廢寢忘餐，非做到不可。如果是自己所喜歡的人，可以刎頸不變。也有人把這份熱情放在學習上，自會是「好學生」。但若放在和學習無關的事物上，便成為耗時失事了。

隨著情緒起伏不定，「衝動」在青年人中會屢見不鮮，可以一言不合，惡聲相向，甚至出乎動作。這就是孔子所說的「血氣方剛，戒之在鬥」的時期。此時的心理狀況，猶如狂風怒濤，一洩千里，無人能攖其峰，如果有人阻攔，適足以增加其氣勢，暴戾行動的發生，率皆由衝動時受到逆遇。此時與之講理，不但無益，反而更助長其氣燄。事實上這樣的衝動過後，自己也會懊悔，關鍵在衝動的當時，相關者如果能夠容忍，待其情緒平息後，將會有不同的表現，因為這是青年時期的特徵。

## 五、非理性的正義感

進入少年期後，正義感逐漸強烈，但是理性和知識尚未達到圓融的地步，其正義感只是片面的。因此正義的表現，情緒衝動超過理性判斷，而只順從情緒作用。其正義感見於朋友有難，拔刀相助，所以會發生群鬥的事件。

154

另一方面，對於是非判斷，往往只執一端或一個事例，便概括的作成全面性的結論，鹵莽滅裂的表現，便由於此。如果與之辯論，則強詞奪理，不能即刻接受正論。這種情形，若只在同學之間，無傷大雅；若與師長相對，則成為無禮或愚蠢，了解這是此時期的心理現象者，自不會與之計較。

不過正義本是人類群體生活所追求的，青年的正義感正在發展中，所以見到不平之事，便義憤填膺。如果這種正義感受到挫折，則失望灰心，以為正義不足恃，達到極端時，可能一變而走向歧途，自陷於不義而以為有理，是對不義的懲罰或報復，是不成熟的心理作用所致。

## 六、心理矛盾

兒童期以後，青年期成熟之前，心理充滿矛盾，兩極端對立，故心理極不平衡。最明顯的有下述幾項：

### ㈠依賴與獨立

兒童時期的依賴心仍然存在，遇事仍然希望有人代勞，即使自己能做的，也會偷懶，以不會為藉口。另一方面，又以為自己已經長大，不願意再聽命於人，願意照自己的意思行事。矛盾在於不承認自己仍有依賴心，又因不能獨行其事而憤怒，關鍵在對依賴和獨立的事項缺少明白的劃分，造成莫名其妙的煩惱以至憤慨。

### ㈡自卑與自大

此時期因有些不能獨自完成的事件，或與別人比較而自愧弗如，因而感到自卑。另一方面，卻又自命不凡，根據想像的自己，以為別人無出己右，而目空一切。這兩種心理，最易受別人的影響而消長，受到責罰，甚至沒得到期望的讚美便會自卑。自卑和自大相衝擊，兩者又相互為用，即是因自卑而愈要表現自己

的不凡之處，而更顯得自大；而在表現自大之後，又無以證實自己的「不凡」之處，對自己的不滿潛伏於下，無意識的更趨向自大。

### (三)反抗與逃避

反抗是此時期明顯的特徵，遇事先出之以否定的態度。由否定而批評，不自知為乖張。「不聽話」是最常見的表現，和趨向獨立的心理有相當關聯。在反抗的傾向中，也表現出另一面的獨行其事，即是定要做出和命令相反的事，而且做時充滿信心，反有試探冒險的精神。在這種「激進」的心理背後，卻存在著逃避傾向，遇事會退縮不前，表現出怯懦的心向。

### (四)樂觀與頹喪

此時期常常表現樂觀，恰和毫無理由的頹喪相對。當其精力旺盛時，相當樂觀。有時又灰心喪志，萎靡不振。這種情形，可能受生理變化的影響較多。因為此時期由於生長發展，生理的變化迅速，內分泌不平衡，心情也變化不定，往往煩惱多於快樂。這種不平衡的心理狀況，使青年本身便會有一種挫折感，事實上這種感覺並非完全是消極的，人生並非都是康莊大道，每逢不如意事，便形同挫折，此時只有自己變通，自己化解心結，所以挫折感還是必須的。

## 七、徬徨的自我觀念

兒童在能分辨人我時，已經有了自我意識。進入青年期，會常常想到「我」這個觀念。例如「我的面貌如何」、「我聰明嗎」、「我要做一個怎樣的人」等等。此時最明顯的現象便是特別喜歡照鏡子，進而注意服飾或化妝，以至身材，惟恐得不到讚美，是社會意識促進自我意識增強。自己聰明與否，是在學時期重要的事項，而人之常情，都不願意自己笨，乃是一個使人困擾

的問題，青年期尤其如此。至於自己要做一個怎樣的人，更是難以決定，因為此時尚言之過早，但卻在心中縈繞不去。

如果前此的經驗充分（例如教育提供了適當的資料），則可以知道人有自己無能為力的事項，面貌身材和聰明程度業經生成，無法改變，但「人為」仍然有用。例如「氣質」的培養在後天，美貌而缺乏氣質，會使人感覺「美中不足」；面貌平常而有氣質，更有吸引力，而「學所以變化氣質」，也能增加聰明。不過氣質很難描述，從面部可以看出來，大致上說，是文雅、深刻、穩重，使人感覺有「內涵」。連帶說話時「出詞吐氣」，不落俗套。

至於要做一個怎樣的人，還是要靠訊息，要有典範人物為榜樣，自己可以從其中選擇自己崇敬的以為範，有了目標，便可做成決定。古往今來，模範人物多不勝數，成就各異，選擇和自己能力興趣相近者，努力學習，自會成為一個獨立而有用的人才。不過若缺乏資料，又無人指引，當然會茫無頭緒，不知何往之善。

這是此時期的特徵，因為心理尚未成熟，自己就無所適從，乃是很自然的現象。如果缺乏必須而正確的指導，此時的熱情，找不到寄託，內在的衝擊力必須尋找發洩的方向，往往逐流揚波，隨著世俗的「熱門傾向」而跑，而且跑起來還不甘落於人後。不過這樣並未解決自己內心的惶惑，固然在跟著大家跑的時候，也興高采烈，似乎很快樂，可是跑完以後，熱力消失，在精疲力竭之餘，想到自己不可能成為被熱門追逐的目標，就會有一種失落感，然後又回到自己的徬徨中。於是心情起伏不定，情緒隨之變換無常。這種心理狀況值得同情，實際上主要的是需要指導。

## 八、自我認定的困擾

心中對自己何去何從的猶豫不決，乃是由於對現在的自己認

識不清，又不知道將來要走的方向，乃是「自我認定」的需要所致。艾瑞克森（E. Erikson）在這方面曾有詳盡的論述。艾氏以為青年期是「認定的轉捩點」，可以轉入正常的自我認定，也可能認定錯誤而走入歧途，和前此的生長發展有關。

艾氏認為在自我認定的轉變時期，會有認定的混亂現象，認不清自己的身分、責任、性別，以致誤認與自己不相合的一面。試用現在可見的事實來詮釋，自己的身分是學生，是家長的子女，是應該接受指導的一方，卻以為自己擁有權威，不肯接受指導，反而返回來要發號施令，和師長看齊，是身分（角色）混亂。學生的責任是用心學習，卻不肯在這方面努力，反對做作業，反對師長的命令，是責任的混亂。自己已經生成一種性別，卻希望是另一個性別，表現出那個性別的特徵，是性別的混亂（艾氏發表其著作時還沒有同性問題出現），這都是「認定錯誤」。正確的自我認定，不但會認定真實的自己，認定自己的能力（聰明程度）、興趣、個性（如溫和或急躁、外向或內向等等）、志願，以及將來要走的路，這才是正確的自我認定。

實際上到了青年期，從青年的自我認定，回顧其從前的經驗，包括家庭和學校，艾氏認為都有「所需要的適當的教育」，倘若教育不當，到了青年期，便會發生認定混亂。到此時再來矯正，要費很大力量，甚至為時已晚。

## 九、異性興趣

從發展的階段看，幼兒三歲左右，從父母的不同處便生出對兩性的好奇心，隨後漸趨淡漠，漸長反而對同齡的異性有排斥心理。直到青年期，生理發生變化，才重新對異性發生興趣。這個問題應該從生物和生理知識說起。

生物界，特別是動物類，兩性結合是依照自然法則綿延下一代，以維持一個族類不致滅絕。試看動物類中，生殖期固定，兩

性接合也有固定時期。雖然也有一對終生不易的，大多數都是過了生殖期，便對異性毫無關聯。而人類並無固定生殖期，隨時都可與異性結合，這樣會發生「亂交」。亂交一則會產生性病，一則影響下一代的健全，才有了婚姻制度。婚姻制度以生理成熟為限，而且避免近親聯姻。在紀元前一千年，周公便說：「同姓為婚，其生不繁。」大概周公已經發現血緣近的人，婚後生的子女有問題，才提出這個說法。

在婚姻制度成立後，相沿已久，最近才有了變化。變化在觀點，在放棄了自然法則，而強調生理需要，引起青年的誤解，強調性衝動，生出心理問題，也製造了社會問題。

《孟子・告子》篇中說「食色性也」，說明飲食和性慾是生而即有的本能。不過飲食是從生到死都不可或缺的，而性需要則要待成年後才出現。故而在成年以前，這種需要還不明顯。以現在的動物知識看，動物在成熟前，還沒有獨立覓食的能力，自然無法哺育其幼兒，所以對異性並無興趣，「自然」就是如此。事實是兩性結合而生育下一代，也是自然的，雖然現在有節育方法，卻非全然有效，何況還有後續的許多問題。

中國傳統對婚姻制度持嚴肅的觀點，《中庸》裡說：「君子之道，造端乎夫婦。」君子是理想的人格，是經由自己修習才德而成。君子的表現，從結婚開始走向成熟之路。因為此時男女雙方已是成人，要負起成人的責任，即是一則要共同謀生，一則要奉養父母，一則要教育子女，實際的責任非常明顯，夫妻性關係自在不言之中，即是要和睦相處，同甘共苦。客觀的說，夫妻共同生活，自然希望快樂。就以現在的自由婚姻來說，從戀愛到談及婚嫁，所希望的總不外準備組織一個快樂家庭。青年在這方面自然會有一些想法，不過所想的多半是快樂的一面，而忽略了責任。

青年在兩性方面，心理上自有其問題。一方面有生理的刺激，另方面受風氣影響，無論從俗的或保守的，都會感到困擾，

因而需要正確的指引。

　　正確的指引在於生理、社會、和心理知識。生理方面，因性別不同而有差異，懷孕的事實非常明顯。現在雖然講究開放，後果卻是不容忽略的事。動物的幼兒需要父母哺育保護，人類的幼兒還需要父母的愛和教育。除了一個民族習俗有別者外，通常都是父母共同養育子女，社會習俗如此，兒童習慣於和父母共同生活，如果二者中失去其一，單親的兒童便很難適應。這是由兩性結合而生的後續問題，使人警惕對生理刺激要有所了解，明白適當處理之道。

　　從幼年到成熟，生理的變化在外表容易看到，心理的變化卻不易見。雖然理論上生理和心理會一同成長，然而兩者卻非同時並進。換句話說，生理達到成熟，心理卻未必，即是心理並未繼續成長，到了成年以至老年，「童心」仍然未退（不是天真，而是幼稚）。心理的成長，還要靠教育。而教育也不僅是讀書識字而已，在生活中隨時隨地指導，增加經驗才是學習者需要的

## 第四節　學生心相之後的認識

　　人的心理狀況本就相當複雜，心理活動的指向更是因人而異。不過人也有心理定向，所謂人同此心，即是人有常情。常情卻有好有惡，但所好或所惡的並不相同而已。單從人和人互相對待這一方面說，每個人都喜歡別人和善的對待自己，如果是「親善」，則更加上了「情感作用」。親情、友情、愛情，都含著親善在內。至於師生之情，乃是另一種，其中有溫馨的愛意，愛之中又配合著理性成分。這種情意要由教師傳達給學生，學生感受到以後，才學會發出這種情意作用，「好學親師」便是由此而來。

　　教師把理性的愛給予學生，使學生接受，關鍵在教師先要了

159

解學生心理，才能適當的教導學生。既然教師對學生存著期望，可知學生對教師也有期望，故而教師最好針對學生的心理，認識自己確切的教導工作。

160

## 一、確定學生需要教導

教育和教導意義非常相近，說學生需要教育，也可以說學生需要教導。這個涵意就是學生尚未成熟，距離完美尚遠，如果已經完美，便無須教導了。所以教師可以發現學生有許多可議之處，至少有些學生如此。最好在徹底認識每個學生之前，先有一個寬大的胸懷，相信「有教無類」這個原則，承認每個學生都是「可教的」，都一樣的需要教育，教師自己就是滿足他們需要的人。

在有教無類的原則下，可以對全部學生一律公平看待，對學生相同的表現，給予相同的反應。因為學生最喜互相比較，如果相同的事項而得到教師不同的反應，可知學生會怎麼想，又會怎樣根據所想來批評教師。有時教師可能因疏忽而對兩個學生相同的表現，作出不同的反應，便容易給學生留下誤解，而且常常是一些細微末節。

## 二、免除主觀的好惡之情

教師的常情是，喜歡自認為好的學生。因為喜歡而「好之」，往往不免「曲諒」以至「姑息」。如此一則對好學生並非好事，再則引起其他學生的不平，影響他們對教師的觀感，以致降低對教師的尊敬。另一方面，教師也會不喜或厭惡認為不好的學生。因為「惡之」的心理作祟，即使這樣的學生有好的表現，也漠然處之；而對不好的表現，則加倍指責。這種方式，只有使這樣的學生江河日下，不但不想改正自己，轉而懷恨教師，結果是對教師的善言美意，一概用反抗對待，此後教師的教導，效果如何，便不言可喻了。

　　荀子把人的好惡之情，視為性惡的根源。實則情感乃是與生俱來的，無法用價值判斷，關鍵在於所好或所惡的對象。例如好善惡惡乃是正確的；反之，好惡惡善才是錯誤的。甚至樂於助人和見死不救，孰善孰惡，人人都能判斷。所以老子說：「聖人以善人為師，以不善人為資。」以不善人為資，可以解釋為：以不善的人作為自己的警惕，不要作出不善的行為，所以不善的人，可以給予自己參考警惕的例子，同樣對自己有益。

　　不過教師對學生，可以有兩種認識，卻不必動好惡之情。喜歡好學生是常情，當然會加以栽培。但是不好的學生，卻更需要教師悉心教導，使他變好，才是教導之功。這項工作，譬如用一些素材，雕琢出一件成品，是一項偉大的成就，比順理成章的教好學生，雖然辛苦的多，卻會有更大的成就感。這樣看來，壞學生毋寧是更為可愛的，因為在這樣的學生身上，教師才有「大顯身手」的機會。

## 三、關切並同情學生

　　傳統中以為師生如父子，解釋起來，可以說父親賦予人生命，是生物性的；教師則為人創造精神生命，是價值的。父子之情出自天性，以情感為重。師生之情伴合著理性，以理智為重。但人對幼小的生命，都會有一份喜愛之情，所以教師對學生的感情，還伴合著自然的成分，因為他們還存在著幼稚的可愛，教師對他們猶如成人對兒童，也有這樣的愛意在。而且師生朝夕相處，自然會生出情感。教師對學生的情感，即表現在關切與同情。

　　關切學生，因為上課是師生定時相會的時間，這時除了教師分內的教學以外，還要時時注意學生的表現。例如有學生表現得心不在焉，與其命令他注意，不如問他是否心裡有困難的事，或是有什麼不舒服。即使明知道他是心有旁騖，也不直斥，而改用關切，雖然可能顯得自己「不夠聰明」，卻可使全班學生感到教

師的溫馨。這樣做就像將官對士兵，用以收攬人心。這只是一個例子而已，可以據以類推。

其次如果上課時發現學生有「異常」表現，可以在課後與他談話，如果證實有問題，助其解決問題，以見教師關心。縱使無法解決他的問題，給予同情並安慰，才是「師長」應有的胸懷。

## 四、細心觀察

理論上為師者應該隨時觀察學生，不論課內或課外，當然這不是說教師要無時無刻的跟著學生（不必強詞奪理的如此解釋），而是除了上課時間之外，抽空巡視，尤其對於需要特別注意的學生，由課外觀察，可以得到更多了解的機會。如果教師有共同的了解或默契，對需要多注意的學生，把各人所見彙集起來，將成為有助了解的可靠資料。不過觀察雖然希望鉅細靡遺，卻要慎重的避免誇大其辭，所見的只能算做訊息，而不是「證據」。

實則在教學法中，或者在現在所謂班級經營中，都會說到教師在上課時，同時要注意學生的細微表現，不僅只是學生的注意問題而已。要注意學生的全部表現，連其坐姿、書寫時身體和握筆手勢，都不應軼出教師的視線，因為這些都在教導之中。最要切記的一點是，教學不僅是上課的課本內容，而是要教一個「整個的人」。「教書」只是教有限的材料，「教人」則包括所有細節。

## 五、課外指教

未成年人的心理尚未成熟，有許多不了解的事，包括對自己在內，故而心中充滿惶惑，而又苦於無人可與傾述。現在雖然學校中設置了輔導教師，卻要由導師推薦，或是由學生自動去晤談。不了解的人往往有一種誤解，以為找輔導者是某種情形嚴重者，自動求助者甚少。實則這樣的學生，導師或熱心的教師，都很容易發現，不必特別去找輔導教師，則課外隨時和學生談話，

不必鄭重其事，學生可以自由的傾吐肺腑，既經濟時間，又可使
學生得到實惠。

　　輔導乃學自美國。美國如此作，自有其原因。一是美國沒有
訓導；一是美國教師要自編教材，工作繁重，無暇顧及學生個人
問題，才出現了輔導。中國向來期望教師為人師，人師兼負教導
知與行雙重責任，至少目前的導師負責指導行為，而行為和心理
有密切關係，且導師又有課外指導的便利。只有在課外了解學生
的心理狀況，才有充分時間，這可能是非常重要的一項。

## 六、相信個別差異

　　心、性、情三者為人所同有，卻人各不同。通常人的差別，
概括的說，大別在才智和性情。從前述學生的心相，即可知在智
愚和個性。對這兩者勿須作質或量的爭議，卻必須承認這二者人
各不同，其不同處又不能盡舉。以才智來說，現在的「多元」說
已經做了解釋；以個性來說，人格學說也有了多家說法。

　　自從學校以班級教學而施行，一位教師在一個時間段落內，
教數十個學生。而教師只有一張口說話，聽在幾十個能力和個性
不同的學生耳中，能否生出同樣的結果，自不待言。若教師希望
每個學生都學得「一樣好」，是否可能？如果教師相信個別差異
存在，是否還要求學生的學習成績都達到一個標準？

　　在接受了個別差異之後，允許學生的成績有別，是否到此為
止？孔子的教學方式－因材施教，可否在這裡運用一下？

　　道理非常明白：聰明的有自學的能力，可以教他們自行學
習；才力中等的要教過才會，需要教師教；遲鈍的需要教師「多
教」，更需要教師「耐心的教」，則教師將如何分配自己的教學
重點，似乎是教師要自己抉擇了。

163

**七、循循善誘**

循循善誘之耳熟能詳，可能早已視為老生常談。不過談起來容易，到了身臨其境的時候，可能做到什麼地步，恐怕還要探討一下。

1. 循循善誘，試以爬山為例，先別看向巔峰，那樣看可能使人氣餒，最好就從腳跟處看，走一步就離巔峰近一步，就是進步。特別對學習緩慢的學生，教師要設想自己不善爬山，要慢慢一步步走，每走一步，便是一個進步。對學生也要如此看——要從下看起，便是可喜的進步，便要鼓勵，不必計算距巔峰還有多遠，如此便需要耐心。

2. 用問題引導學生的思路。學生的停頓，是因為不知道從哪裡想，不知道重點在哪裡，提出問題把他的思路引導到重點上，留給他充分時間想——這一點很重要，因為他的思路比較緩慢。

3. 指引反省思考。無論知識學習或心理指導，提醒學生應用反省思考，或者回想所學的材料，或者思考自己的心理狀況，有助學生運用腦力，把忽略的地方重拾回來，補充原來的空隙，以求得完全的「知」或知識。

4. 保持平和一致的心情。這是教師必須要求自己的。孔子的幾句話最好切記在心，即是：「無欲速，無見小利，欲速則不達，見小利則大事不成。」在教學的狀況中，特別是此處所說的狀況，「欲速不達」很明顯。至於「見小失大」的「利」字，若把求學生進步做利來解釋，也就可以借用了。

兵家說：「用兵之道，攻心為上。」教師對學生，也要求其「心悅誠服」，然後才肯接受教導。

教師的形象

理想的教師是怎樣的？可以確定嗎？
想作教師的人，要有理想嗎？理想能實現嗎？

　　教師的存在，由來已久，人們都有一個教師的概念在心中。不過各人的概念並不相同：或從朦朧的輪廓著眼，或從熟知的典型著眼，或從一個特例判斷，或以「耳聞」為據，或以自己的想像為真。這些概念經過口述傳聞，形成不同的教師形象。

# 第一節　傳統的教師形象

　　我國在教育開始的時候，便確定了教師的形象，主要在於其責任和作風，《尚書・舜典》中說：「帝曰：契、百姓不親，五品不遜，汝作司徒，敬敷五教，在寬。」這裡所說的五教，註解為「父子有親，君臣有義，夫婦有別，長幼有序，朋友有信。」「敷」是「傳布」的意思；「敬」是指「慎重」；「寬」指「寬裕從容」。這等於皇帝在任命「教育部長」的時候，指示了他要擔負的責任事項和做事的方式。值得注意的是，作起來要寬裕從容，可以說舜知道教育不是立竿見影的事，不能急躁偏狹，要從容緩和，逐漸浸漬，才能改變人的習性。而改變人的習性，要從待人接物的態度上來看，適當的待人接物態度，則以日常接觸頻繁的人為準，依人和人的關係來說，便是由近及遠的上述五種。這五種人依關係各有互相對待的分寸，如此才能保持和諧，「不遜」的情形自然消失。依此簡單的說，教師的形象最初應該是「慎重將事，寬和施教」的，可以說是「教人有道」。

　　「教人有道」的「道」，從上述可以看出，是對人有益而又必須的，「教」則要有效，則要人知道其重要並接受，即是要人重視。重視自然含著尊崇，所以學記中才有「師嚴而後道尊」的

話（師嚴見前解釋）。於是此後中國的教師形象便成了「飽讀詩書，出仕不成，規行矩步，不苟言笑，言必稱孔孟，以教授生徒為業」的「夫子型」。其中書讀通了而懷才不遇的，仍然受人尊敬，所以師列在天地君親之下，寫在牌位上，受到一些人的香花供獻。

168

以教授生徒為業，當然首推孔子。《論語・子張》中說：「君子有三變：望之儼然，即之也溫，聽之言也厲。」這裡的君子，應該是指孔子。就孔子的外表看，有三種不同的表現。即是當他靜止的時候，看起來是莊重而嚴肅的（是平時的狀況）。待到接近他的時候，則是溫和慈祥的（是面對別人的狀況）。和他說話的時候，他的言語是堅定有力，無法反駁的（是和弟子討論學問的狀況）。「厲」字不可解釋為嚴厲，而是指言辭明白確定，顯然有理直氣壯的狀況，因為所說的是真理，出自堅定的信心，從聲調可以聽出「無可辯駁」，應該說是具有真理的權威性。

孔子之後，史傳中有兩個截然不同的教師形象，這兩人恰好是兄弟，一個是後世所說的大程子程顥，世稱明道先生，他的一個弟子在聽了他一個月講學之後，和人說「在春風裡坐了一月」。後來把這個例子形容教師和他的教學為「如坐春風」或「春風化雨」，形容教師教人時態度溫和，所教的動人肺腑。另一個是所謂小程子程頤，世稱伊川先生。他個性不苟言笑，學說在「主敬」和「靜坐」。有一晚幾個學生侍立兩側，先生閉目靜坐起來，學生既不敢打擾他，又不敢未告辭而徑自離開，只好靜靜的侍立不動。待先生睜開眼睛時，已是深夜三更，他叫學生回去，學生才敢退出，打開屋門，看見門外積雪已經有三尺深了。這個例子，後來稱做「程門立雪」。一則表示學生對老師的尊敬；一則表示伊川先生「以嚴肅立身行道」。

傳統對稱職的教師，世人最為崇敬。所尊敬的是知識，人格（道德品性），和教育後進的功績。因此教師也常常是人們諮詢

的有識之士，甚至是排難解紛的公正裁判者。

　　不過師中也有濫竽充數的，學記中就有所謂「教者」，全然不懂教者之「失」，只知道命令學生讀書背書，說話囉嗦，廢話連篇。不顧學生學習的困難，自己又不肯誠實用力，不因材施教，只一味的要求學生，以致學生無法表現，且心生怨恨，最後只得「逃學」或「中途輟學」。後來出現了被人譏笑的「三家村塾師」，把《孟子·滕文公上》中的「庠者養也，校者教也」教學生讀成「羊者良也，交者孝也」，成了對無知教師的笑話。到了近代，更把塾師形容成拿著煙袋鍋打學生頭，用木板打學生手心的可怕人物。

# 第二節　現代的教師形象

　　教育普及後，教師的形象發生極大的變化，可以逐項來說明。

## 一、需要增加

　　從新學制施行後，讀書已經不只作官一途，多數人知道了讀書的需要，學生的人數增加，連帶的需要教師的數量也與之俱增。開始時為了「應急」，只得用短期訓練的辦法，求其速成。最初就小學畢業生予以三個月到六個月的訓練，（其時中學畢業者為數極少）使之充任小學教師。繼而開設「簡易師範班」，予以一年的教育，畢業後充任小學教師，後又延長為兩年。到正式師範學校設立，招收初中畢業生，肄業三年，是為行之多年的制度，到改為二年制以至三年制師範專科，提高了師資程度，現在則為四年制學院，中間幾經改變。

　　因為需要教師的數量增加而辦理師範教育，是基於實際的需要。而教師的需要乃起自學生數量大增，是學生數量增加在前，

師範教育在後，後者不能立即適應需要，因為培養師資需要時間，「應急」可以「救急」，卻非「務實」的良策。「速成教師」的品質本就有問題，當其應急時，不無貢獻，然而開始任教後，縱使培養教師的歷程增加，若不予前此應急者進修機會，而任其長期充任，便值得商榷。所以在過渡時期任用應急教師的辦法，會為教育種下後續的問題。

我國的師範教育，係採自法國。普法戰爭後，拿破崙把法國的勝利歸功於教師，開始設立師範學校，且有「良師興國」之說。我國也曾有「名師出高徒」之說，當然韓愈也曾經說：「弟子不必不如師，師不必賢於弟子」，但是他也說：「聞道有先後，術業有專攻」，啟蒙者還是需要先聞道的師，才能啟發其學習。所以學習者因有學習的需要而入學，入了學「即刻」便需要師，如果學習者坐在那裡等待，而師還不知在哪裡，豈非笑話！這就是說，在學生入門前，教師已經準備好了。也就是要先培養教師，才有備無患。則儲備師資，應該是「事前的計畫」，不應臨渴掘井，到火燒燃眉的時候，一再用應急的辦法。

## 二、教師成為行業以至專業

在教育未普及前，任教者人數有限，只是一些讀書而未得到功名者，以教授生徒為權宜之計。到普及教育之後，教師人數大增，且國家有計畫的培養教師，保障為終身職業，於是教師遂成為一種行業，進入師範學校即是以從事教育工作為終身職志。而且社會進步，行業增加，教師工作穩定，在經濟穩定的時候，是一種可取的行業，一個做教師的，供應一家數口，生活無虞，而且尚不失為一種「高尚」的行業。同時尊師重道的遺風猶存，教育工作者仍然受到社會的尊重。

待到科學成為領先的學科，科學研究促成技術進步，工商業蓬勃發展，從業者待遇優厚，相形之下，教育工作者遂成為低收

入者，也成為一種不受重視的行業，除非對教育有特別理想或興趣者，不再進入這個行業。

　　從美國以科技領先世界以後，幾乎影響了全世界。而教育在美國，從來不能和其他行業並駕齊驅，教育工作者的待遇一向最低，尤其是中小學教師。此時美國又興起專業口號，有些專業者爭取專業地位，教育也是其中之一。

　　專業（profession）這個名詞在歐洲文化中自有其歷史。最初能稱為專業者只有三種：醫師、律師、神職人員。前二者的智慧、知識和信守，關係到病人或訴訟者的生命或利害得失，後者乃是義務服務，不取報酬，而且專業人員有嚴格的倫理要求，要求本身潔身自愛，要求保護關係人的利益。總而言之，專業人員必須「才德俱備」。在美國以側重知識為先的趨勢下，有許多專門知識者認為自己所從事的專門也應列入專業之中。教育者當然不甘後人，認為教育也應該屬於專業。

　　平心而論，教師即使在我國傳統時代，已自有其地位，地位且超出最高級官員之上。在帝王時代，天子不以師為臣，即是天子的師見天子時，不必行跪拜之禮；天子定時到中央大學去參與「校長」講學時，也坐在下面聽講；甚至民間對家庭教師或私塾教師，雖然多數是貧儒，還是敬禮有加。那時雖然沒有專業之名，卻有尊崇的地位，可以說是「無名而有實」。關鍵在教師是「清高」的行業，不以發財致富為目的，近似神職人員做「無償」的工作，即是「傳道授業」。

## 三、當前教師外在的面面觀

　　目前對教師的觀點有幾方面，不妨分述一下。

### (一)概括印象

#### 1. 以教育為職志,對教學有興趣和理想

在世人皆趨於利的時候,仍然對教育具有理想,有興趣,不顧世俗觀點,立志獻身教育。如此作,無疑的要獨排眾議,甘於辛苦平庸的生活,更要有相當的勇氣和毅力面對不肯受教的學生,家長的要求,校長的管制,和社會的輕視。在投身入教育之後,能從本身的工作中得到樂趣——頑劣的學生變好,不用功的學生變得肯用功,從中得到成就感。如果原本就有聰明而自知努力的學生,當然更是很大的安慰。

這樣的教師,準時到校,準時上課;細心批改學生作業;隨時指導學生行為;熱心服務;言談舉止有教師的風範。

#### 2. 保守一枝棲

根據本身能力和工作機會,以任教為一枝之棲,既得之,則安之。和原來想像的教育工作,並不完全相合,進入後才知道底蘊,卻又無計他圖。按照常規行事,照做分內工作,但熱誠不高,也不在乎工作品質。沒有確定的理想,也不想改變工作,日復一日的下去,可能直到退休為止。

這樣的教師,表面看來還是循規蹈矩的準時到校,準時上課,批改學生作業聊備一格,不多管學生閒事,以平安無事為宗。但在學校賦予份外任務時,不是手忙腳亂,就是以為增加了「壓力」。夙性沉默者會默默工作而有無奈的表現;不甘沉默者便不免口出怨言。

#### 3. 不顧本身職責,專門注意別人

有些教師不在意自己的職責,只把眼光投注到別人身上。看校長什麼時候到校,在辦公室內做了什麼,什麼時候離開。看同事何時出入教室,如何對待學生,以至他們在休息時間做什麼。

再進而談論個人的私事或家庭——孩子、財務、服飾、流行等。

　　在這樣的情形下，會找出校長的弊病，找出同事的缺點，找出種種值得批評的話題。如果遇到「志趣相合」者（這並不難），則下課的時間比上課快樂得多。最值得商榷的是不滿負責認真的同事，因為和這樣的老師比較，自己良心不安，又不肯改變自己而見賢思齊。遇到機會，很可能把心裡的不快，發洩到學生身上。

### ㈡校長眼中的教師

　　站在校長的立場，是希望看到教師服從自己，熱心幫助校務；盡心教學生，使學生成績優良，尤其在升學方面，為學校爭取到校譽，才是好老師。相形之下，「不服從」、「不熱心校務」、「學生升學成績不佳」的，便不能算好了。

　　教師不服從校長，在校長眼裡，乃是「不合作」；不幫助校務，乃是「不負責任」；學生成績不佳，乃是「未盡心教學」。如果再對校長吹毛求疵，就形同「故意為難」，成了校長頭痛的人物。

### ㈢家長眼中的教師

　　時移事異，家長對教師的看法大為改變。教師不再是值得尊崇的行業（因為收入微薄，顯得寒酸），也不再是因為教育自己的子女而值得感激的人（因為教師是政府「僱傭」來的，教學生是他們的義務）。如是，家長認為教師是在學校裡替自己愛自己的子女，噓寒問暖，及時供應飲食，又能教他們識字讀書的。尤其是，自己因為忙於工作或應酬，不能在孩子放學回家時，教師應該留在學校代自己看孩子。另外，孩子不能打罵，要保護安全，更不能讓孩子太累，但要把書讀好。因而家長心目中教師明顯的有「好」與「不好」之別。

　　「好老師」：教得好，不輕易罵人，關心學生，配合家長的需要。

173

174

「不好老師」：教不好，愛打罵人，要求嚴格失當，不尊重家長意見。

自認懂得教育的家長，可以對著孩子批評教師，可以向校長以至教育局檢舉教師不當，甚至可以向法院控告教師。即使學生在校外發生問題，也先把責任指向教師，如學生幾天沒回家，學生在校外和人爭競等，都應由教師負責。（學生入了學，所有責任都在教師身上。連從家裡自行搭伴旅遊，出了問題也要教師和學校去處理，似乎和家長無關。）所以教師在家長眼裡，是萬能而又有求必應的工作者。

## ㈣社會大眾眼中的教師

當社會大眾群趨於利，以財富衡量人的價值時，人「本身」已經沒有價值，即是不以人的品格和職務為價值，而以其所有的「身外之物」來衡量其價值。以有豪華奢侈的「所有物」為榮，可以不擇手段的謀取財富，不惜名節，反而以「所有」誇耀於人。在這種情形下，教師已經沒有社會地位，只有因無形中賦予的職務而分責受謗。所以學生成績落後時，責難當然指向教師，學生在校外行為不良，首先也責怪教師。總而言之，一個學生有任何事故時，社會先想到要指責的，便是教師……在這方面教師倒沒被人忘記。

在大眾傳播事業極端發達的時代，新聞事業以「大眾有知的權力」為由，努力強調每個偶發事件，教育受到重視，對教師有關的事故自然不能漏報，可惜的是，表揚教師的消息很少見——不知是否缺少，批評指責的卻屢見不鮮。這種聲浪不僅出自學生家長，幾乎人人都隨聲附和。

不過群眾中也有羨慕教師這個行業的。羨慕的根據是教師待遇仍然不菲，勝過勞動工作者，又有寒暑假，可以不工作而仍有收入，何況這仍然是「清閒」的行業。

從上述各方面看來，除了有志於教育者本著自己的良知良心和理想，不受外在影響，不改初衷，屹立不搖外。從其他方面看，教師形象毋寧是尷尬而被曲解忽視的。歸根結柢，曲解和忽視，是否要從教育來矯正並改觀，有待教育思想家和教育工作者思考如何改正社會觀點。

# 第三節　教師的心理調適

人類在演進中，各種狀況都在改變，尤其是思想和觀念。近百年來，教育即有了重大的變化。最明顯的是，君權時代的「師嚴道尊」已經消失，代之以「民主平等」的觀念。教師的「權威」（身分地位）不再，（可能連學識權威也將失去）學生已經要求和教師有同等地位（學生不准作的，教師也不能作），教師需要重新考慮自己的觀念。因為學生已經要求和教師共同設計學習科目和內容。有些「教師觀念」是否有改變的必要。

## 一、「高下」之別與「長幼」對應

傳統的師生觀念，是「師尊」「生卑」，高下有別的觀念，其時的教室座位，師高高在上（高出地面的講台），學生座位列在地面上，顯示出師生的不同之處，暗含著教師的權威，教師也理所當然的認定自己的權威，而表示權威的方式則是嚴厲。於是學生對老師，既必須尊敬，又屈於威嚴，只有言聽計從，奉命唯謹。不敢輕易提出問題，更不敢反詰老師。學習只有被動的接受，只有教師一方面的活動，沒有師生雙方互動。這樣的教學，現在已經知道其不合理，如何改變，似乎要加以考慮。

傳統觀念落伍，可諒解的是「出自善意」，認為新生代需要學習，所以才努力教，並要學習者努力學，未曾考慮年幼者的能

力和心理狀況。而且把「學習」的責任由「教一方承擔」下來，忽略了「學習」是「學習者」要「承擔」的。如果學習者沒有學習的意願，只靠外力強迫，學習可能不會牢固。

現在已經有了許多心理學知識，知道了學習者的心理狀況，也知道了學習的心理歷程和可能的困難，更知道了學習是學習者自己的事，別人無法越俎代庖，若還一味的注入強迫學習，是否仍然保留著古老的觀念。

教師堅持傳統觀念教現代學生，即使師生沒有明顯的齟齬，也無學習效果。當然師生不能講平等，因為理論上教師是學而有成的人，才有資格教學生。而學生則是因無知無能才要從師學習。兩者雖然都是「人」，卻有「長幼」之別，有知與無知之分。兩者應該是「對應」的關係，各依自己的身分和職責對待對方。從教育立場說，教師要循循善誘的啟發鼓勵學生學習，學生則要悉心努力學習。教師對學生有責任和「愛心」（教育愛）；學生對教師自當有「敬意」，尊敬教師等於尊敬學習，學習是學生自己的事，尊敬自己的學習叫作「尊敬乃事」，即是「敬業」。實則教師也要敬自己教學的業。在這種對應中，教師看學生的無知無能，應該是一片有待開發的荒地，正是自己發揮教育的機會，充滿了希望，只要會辛苦的開墾，然後適時耕耘，磚石雜草有待清除，播種後需要耐心等待其逐漸生長。

## 二、切近的經師與長久的人師

人之常情是每逢有一作為，便急於見功。當前這個時代，群趨於急功好利，惟求近利而不計其害。做父母者急於望子成龍，希望子女一夕之間「學成名就」，斤斤計較考試分數的高低。影響所及，教師不得不以課本文字為金科玉律，據以評定學習成績，甚至一分之差，不但學生不服，家長也來力爭。終致教師成為「課本師」、「考試師」，和經師已相去甚遠，更遑論人師。

這種情形，只是一時一地的獨特現象，絕難持久，因其失去教育本義。教師在不抵各方要求下，違背教育精神，強迫學生死背死記，「不中式」則撻罰繼之，迫使學生日以繼夜的苦讀死文字，摧殘學生身心，莫此為甚。積久成風之後，不以為忤，仍然盲目照作。這是時代產物，不早革除，必然禍及下一代。

傳統本就有經師與人師之別。早期的經師，雖然以教讀為務，尚不失為有知識。當前以課本中每個字都視為牢不可破，不能改易的「鐵律」，即使經師對「經文」也未嘗如此「霸道」。所以今日之師，稱之為課本師，或者更覺恰當。

傳統的人師教學，教人增加知識及做人之道，由知識以提高人的品格，使之才德兼備，方為人上之人。實際上，品格的提昇更重於知識的增加。學而有善良的人品，不失為好人。才能如何，視個人的天賦而定，固然勤能補拙，仍然有其限度。有才無德，可能放辟邪侈，無所不為，禍及人群。而知識中本就含著做人之道，將知識和行為相印證，知而能行，才算真知，王陽明先生早就說過。目前徒重知識（姑且稱為知識）而無品格指導，不是人師難得，而是社會風氣不容教師做人師。這是尚待深入討論的問題。

教育有振瞶啟聾的作用，能領導社會，走向正當途徑，同時也能矯正社會歪風，端正風氣，理性的站在正義立場，不向「不義」妥協。如果逐流揚波，便失去教育精神。古代之為人師者，能受到尊敬，即是以正義為本，不屈不撓。陶潛不為五斗米折腰，所表現的正是讀書人的精神。

## 三、先知覺後知

古代聖人以先知覺後知，明白平庸大眾無知無識，先知者有責任啟迪無知者，使之有知。孔子被尊為「至聖先師」即是以其所統括的前代文化之大成，啟迪後代，中華文化之得以流傳到現

在，是因孔子不受時勢所染，堅持原則，不汲汲於富貴，不戚戚於貧賤，安貧樂道，才造就了七十二賢，弟子有三千之眾，後來弟子中也多秉持夫子之道，繼續傳道授業，形成千古不滅的儒家。

現在就以孔子為例，看先知如何覺後知。

首先，凡有志來學者，孔子從不拒絕（自行束脩以上，未嘗無誨也。束修到現在還無定論）。可見孔子知道凡是來學者，都是想由學以入知（不學則不能知）。所以不分賢愚，孔子都悉心教導：賢者如顏淵，孔子稱之為唯一好學的。（論語・雍也篇：哀公問弟子孰為好學？孔子對曰：有顏回者好學，不遷怒，不貳過，不幸短命死矣，今也則亡，未聞好學者也。）次者如子路，性格鹵莽，往往口不擇言，孔子便教誨他說：「由誨汝知之乎？知之為知之，不知為不知，是知也。」

從這兩則可以看出，孔子確定的知道學生「知不足」。因其無知，才要師來教。而且教時不厭其煩的一再闡釋，這是最難能可貴的一點。因為通常一個人對於自己所知道的，以為「就是如此」，並不難懂，對於說過一次還不懂得的，便不耐煩，教師往往如此，是未曾想到不知者對生疏的事務，很難一聽即明。有多數教師自以為是很簡單的，學生「應該」一聽就會。如此「假定」應該，並不符合實際，故而教學時常常失去耐心，責備學生不用心，使學生「有冤無處訴」，師生不和諧，常常由此而來。

教師通常還有一個假定，以為學生凡是學習過的，便應該全部都會，有了遺漏是不可原諒的。當然有的學生粗心或未盡力，但是「一覽無遺」的人終究是少數，當前教師要求學生都考一百分，未免強人所難，在以分數為學習成績的首先考量的前提下，似乎教師從未回想自己當初是否每次都考到一百分。

教師喜歡聰明學生是常情，然而看似愚魯者也非全無可取。孔子曾說：「參也魯」，然而傳孔子之道者，還要首推曾子。據說「孝經」就是曾子所作。站在教育立場說，愈是中等以下的，

愈需要教師啟發開導，鼓勵其不避困難，仍然可以大有成就。這
樣的學生自知資質不高，已不免氣餒，意志不堅者可能從而自暴
自棄，反而損失一個可造之才。反之，如果教師多予鼓勵，增加
其自信心，將會加倍努力，終於有所成就。孔子不曾放棄曾子，
才在顏淵早亡之後，得了一個可貴的傳人。後代講學大師，教出
許多出類拔萃的弟子，應該說是對弟子不分賢愚，一律有教無
類，得到弟子的敬仰，各自努力學習的結果。

## 四、隨俗從眾與堅持信念

　　信念是指導人生活的中心作用，包括決定生活方向，選擇生
活方式，和一切行為原則。每個人都有自己的信念，並相信自己
的信念是正確無誤的。不過信念是否正確，並不決定於自己認
定，在學術中要經過理論的探討，經認定其真實無誤，方為確
切。先哲先賢的言論，在說出或見於文字時，見聞者只知其言之
成理，說之有故，卻不知在其說出或寫出之前，曾經一再思考，
自己反覆辯難，待到從各方面都不能駁倒時，方纔出於口或筆於
書，自己確信立論正確，毫無疑義才止。所以一位思想家可以堅
持自己的信念，並得到多數學者贊同。

　　和這樣的信念不同的，是不經深思，率而出口，待發現理據
不足時，或者自承不當，或者堅持到底。後者可能自己始終認為
有理，但得不到共鳴。

　　世俗人喜於散布無稽之言，而眾口爍金，流傳開來，謊言也
可成真。不當的信念，即可能因此存在。到一個錯誤的信念被認
為真時，人們不再追究其正確性，而盲目接受。社會即有此種作
用，似乎有一種壓力使人接受共同的信念，要求人隨聲附和，謂
之「隨俗從眾」，否則獨排眾議者，將受到眾人的排斥。奧國心
理學家弗蘭寇曾說，當人們失去自我主宰或獨立精神時，便投身
於群眾之中，等於逃避在人群裡，不敢顯示自己，以求安全。於

是人云亦云，人醉亦醉。開始時或者還覺得不對，長久以後，便信以為真，甚且找出理由，為這錯誤辯護。

當前所謂的升學主義和惡補，便是如此形成的。開始時家長不問自己的子女是否適合升學，考試落榜只怪考試不公，促成聯考的出現，從而生出惡補，從而強迫學生日夜讀書。在教師方面，除了迫學生死記死背外，加以早晚模擬考試。教學只有「文字」，沒有知識，更沒有為人的指導，否則便是不稱職。家長要求學校如此做，校長要求教師如此教，教師不得不隨俗從眾，完全違背了教育本義。

試想如果是在開始的時候，負責教育者申明家長不合理的指責，不屈從不合理的要求，證明考試所以鑑別人才，使人不盲目的追求名校，使學生各依自己的才能入學，爭取名校便不會成風。如果校長不以學生升學率為辦學成績，向家長說明道理，而不強迫教師改變教學方式，也不會形成惡補風氣。教育工作者不能堅持教育信念，屈從社會不當觀念，形同毀滅教育，也失去領導社會的功能。

教育的正確信念，是「教人成人」。是教育天生自然的野蠻人成為有文采的道德人。這樣的人，無論從事任何行業，首先必須有為有守，簡單的說，自愛而不妨害別人，能夠獨立謀生，能夠開創自己正當的人生。人的能力和興趣不同，從事適合自己力所能為而又勝任愉快的，才是正確的決定。要如此當然要經過學習，教人學習做人的能力和方式，才是教育的本義，其中有文字學習，但不是死的文字；學習了文字是要了解意義，開展思路，會思想，會知道開創自己的人生。

## 五、科目知識與博識旁通

自從學校實行分科教學，無形中成為重視專門知識而忽視知識的整體性，各科目間很少聯繫貫通。重視知識的專精原無可厚

非，然而人生乃是一個整體，只知其一而不知其他，知識偏枯，生活將難完滿。尤其中小學階段，所需要的知識應是普遍的，還未進入較高層次，談不到專門。

科目知識一向擇要編入課本之中，或稱為教材，實則兩者並不相等。教材的範圍較廣，不可能完全收入課本之中。若只把著課本，等於「抱殘守缺」。倘若再死咬住課本文字，更不能稱之為知識。在目前的狀況下，教師幾乎將全部精神放在課本文字上，本科的知識已經有限，更談不到旁徵博引，也無暇且不能和有關的其他科目內容參照，是否為教學的一項缺失。

目前多數教師聲稱課業繁重，無暇增廣自己的知識。如果這是事實，則是行政與學校工作分配問題，應該另謀解決之道。雖然行政方面有進修制度，所作的仍限於教學知識方面，並未擴充知識領域。

回溯傳統時代，也有一個「誤解」，以為教師「無所不知」。似乎教師也以此自命，遇到不能回答學生問題時，不但受到學生輕視，自己也認為是奇恥大辱。這是應該糾正的觀念。世界上沒有全知全能的人。孔子也自承無知，以啟發求知者。所以教師在一開始面對學生時，便要申明自己並非全知全能，甚至自己明明知道，也可故作不知，鼓勵學生自己去尋找答案，因為養成學生老是指望教師「告知」的習慣，便不會有自動搜尋、自己去發掘的意念，而失去學習的精神。真正的學習是「在研究中學習」，是要自己去尋找，才有機會學到更多的東西。

教師在課本知識之外，具備廣博的知識，會增加學生學習的興趣，使教學內容豐富。例如教一課國文，除了課本文字之外，加些作者的軼聞逸事；加些成語故事，學生一定愛聽；若再加一些用錯「典」的笑話，更將幽默有趣。而史地中更不乏歷史故事或風情風俗，生活演變的狀況，甚至考古發掘的實例，更使學生得到地理環境變遷的知識，以與目前環保知識相呼應。

文字乃是抽象符號，要使之與具體的印象銜接，以增加學生的了解。最簡便的方法是畫圖。教師隨機畫個圖以增加學生的印象，使圖形和抽象文字接合起來，便容易認識文字。教師並不需要擅長繪畫（當然能畫好更好），學生也未必要求每位老師都是畫家，只要能增加印象就好。目前有許多畫圖教具，可以為教師代勞，只要教師在上課前想到可能用到的，帶到教室去，便可隨機取用。如果教師事前沒有準備，或者嫌麻煩，自是另當別論。

教師的課業負擔可能已經很重，然而卻不能用此為藉口，拒絕追求知識。俗話說「開卷有益」，即使不必鄭重其事的作學問，多閱讀一些書籍，作為工作後的生活調整活動，也可算是一種休息，可能勝過看無聊的電視節目或言不及義的書刊。有些增加知識的書籍看起來並不費腦力，可以當作休閒書籍來看，無形之中，便增加了知識。

## 六、固執不變與變則通

學術界通常有一個特徵，即是堅持自己的信念，不肯改變。當然學術思想各有見地，認為自己的見解正確，才有獨到的主張出現。不過如能博採眾議，可能使一個意見更為圓融。在行事方面，特別是和自己有關的，往往只從自己的立場看，有時不免有偏，若再固執下去，行事便不得其中。

教師通常循規蹈矩，教學必須依照順序，不能更改，有時教材與時令不合，如果改變一下，配合時序，應該毫無影響，堅持不變，並非善策。其次是對人，特別對學生，有了先入為主的印象後，就很難改變。例如對一個學生有了壞印象，每逢遇到「壞事」，首先便想到「他」，有時難免冤枉了「好人」，對這個學生的影響則很大，使他認為無論自己怎樣，在老師眼中，永遠是壞學生，因而自暴自棄，能做好時也故意往壞處做，可能阻止他向上的意志，甚至影響他的一生。再次是教學方法永遠不變，學

生對教師的一舉一動，早已耳熟能詳，看見了前一步，已經知道下一步是什麼，便不再注意，等於培養學生不專心的習慣。

　　事實上，人在基本上就是需要有變化的，一則是人愛好新奇，一則是厭惡一成不變。學生尚在好奇愛變的年齡，「新」能引起興趣。從人生方面說，「窮則變，變則通。」古有名訓。猶如行路，一條路走不通時，就要嘗試另一條，或者換一個方向。古今有數不完的例子，例如被人觸怒了，依照衝動而還以顏色是常情，如果忍住怒氣，換一個幽默的方式，雙方很可能化干戈為玉帛。又如學生犯錯，責罵不如好言相勸，使其容易接受。世事時刻在變化，人生更是變化多端，對一件事或一個人，都可從不同的角度來看，從一個角度看而看不過時，換一個角度可能會成為可喜的。所謂塞翁失馬、塞翁得馬，得不足喜，失也不足憂。

## 七、自以為是與自我反省

　　教師有兩種情況：一種是初出校門的新任教師，胸中充滿了教育理論，懷著雄心壯志來牛刀初試，希望一鳴驚人。另一種是任職已久，經驗豐富，早已駕輕就熟，習慣的走進教室。

### (一)自以為是

　　前述兩種教師都有自以為是的道理，多數的現象如下：

#### 1.用命令的語氣

　　語氣中不可抗拒的成分多於溫和慈祥。通常這樣的語氣會使學生肅然起敬，乖乖就範。長久下來，教師說話的典型語氣便帶著命令的意味，幾乎成了老師的一種特徵。

#### 2.不容學生干擾講述

　　基於配合教學進度，或是自己的習慣，在講述時不准學生插入，以免打斷自己的話題。尤其在講得興高采烈的時候，學生插

入，可能變為惱怒，或是停止講述，或是變講述為責罵。

### 3.確信自己的教法最好

無論根據理論或經驗，都以為自己的方法是最好的。倘若有學生不用心聽講，甚至學樊遲晝眠，則錯在學生。如果有學生不懂，就是這個學生太笨。「這麼容易的東西怎麼會不懂？太不用心了！」

### 4.相信有些學生笨，有些則不知用功

既然班上有人學得很好，則學不好的，不是笨就是不用功。笨學生使「人」傷腦筋，懶學生使人厭，最後只好在成績上見高低。

人在有生之年，不會停留在一個點上一成不變。不變等於停滯，而人是希望日新月異的，即是隨著日月更迭，逐漸進步。進步可能指學識和閱歷的增加，更指品格和性情的提昇。自己有無進步，要自己時時反省，等於自己時時照鏡子，不過不是照玻璃鏡，而是照心鏡，是自己反問自己，如曾子吾日三省吾身：為人謀而不忠乎，與朋友交而不信乎，傳不習乎。包括對人的方式是否正確，自己是否力求進步。

## ㈡自我反省

教師在自我反省方面，除了如曾子所說的以外，必須加上對自己職務的反省，最主要的有幾項。

### 1.對教育的認識是否正確無誤

教育是「教人成人」的工作，要教人而非教書。教人包括知識和品格兩者，而教學生正確的做人更重要。因為知識學習限於能力，必須依照各人能力來教，即是要因材施教。學習做人只要不是低能，都可學會正當的行為，教學一定有效。如果所教的學生，個個循規蹈矩，所受的讚譽會勝過教出幾個升學的學生，因為這項成就是全面的。

### 2.對學生的態度是否適當

學生尚未成熟，正在生長發展，既需要教導，又需要愛護。教導應不失嚴厲；愛護應不至於姑息，寬嚴適中，才算得當。尤其在生氣的時候，不可口不擇言，說出傷害學生心理的話，更不可輕用責罰，這樣做了，自己事後也會後悔。如果已經做了，便要痛切反省。

### 3.教學效果如何

通常教師在學生上課時睡覺或說話最不能原諒，實則這是教師最要自行反省的。學生之所以無心聽講，原因很多：身體不適、睡眠不足，缺乏興趣都可致此。

在這種情況下，插入一句笑話或故事，就能使學生振作起來。教學需要隨機應變，但是要記得一點，先勿責怪學生不用心聽講，也莫只顧教學進度，停個一兩分鐘，了解學生的原因。這樣似乎意外的費了時間，然而效果卻很大。效果在於使學生感覺到老師關心學生，有助於增加師生感情。而學生在感激老師的心情下，容易接受老師的言辭，至少可以減少分心或瞌睡的情形。如果是由於身體不適，藉機向老師訴訴苦，有了發洩的機會，病痛可能會好些，然後會打起精神，忘記身體的不適。

教師要求學生上課時專心一志，是基於固定的學習理念，這本是事實。可是這個事實，是要在學習者自己有堅定的學習志願才能實現，而這樣的志願不可能存在於每個學生心裡。孟子就曾說，學習者在學習時，一心以為有鴻鵠將至，即是心有旁騖，不能專心，成人尚且如此，何況童稚。對未成年的學生，先有了這樣的期望，是忽略了教學是啟發與引導，要用外在的力量扭轉內在的心意，教師的功能也就在此。

### 4.對學習成績的期望與評量

　　教師通常要求學生學習成績須達到某個標準，甚至有些教師要學生必須考滿分（100），不到滿分的動輒予以體罰。忘卻了滿分是最高極限，其下可以降低到 0 分。由 0 至 100 是中國評分的距離，以 60 為及格是常規。推究這個常規的依據，是以 50 為中等，其下為低成就，高出 10 分者，已經在中等以上，所以列為及格。這個評定的合理之處，即用現代統計分配看，也無反駁之理。中國先哲曾說：「物之不齊，物之情也。」就在孔子的弟子中，也有「回也不愚」和「參也魯」的差別，孔子並未要求他們有相同的成就，要求學生都考 100 分，忽略了學生的個別差異，失去心理知識的效用，實在可惜。尤其評分只根據若干記憶題，不能代表全部學習，只在分數上計較，大非教育本意。

　　計較考試分數，由於家長的關切，已經成為一種「陋風」，不問學習內容，只問分數，乃是捨本逐末。

　　正確的成績評量，固然在考查學習所得，但是因為學生的學習有遲速之別，學習所得也有多少之分。最好的評定方法，應該以個別的能力為起點，據以考查學習所得，以有無進步為斷，而非將全班學生放在一起比較。至於有的學校將所有同年級學生的成績一起比較，忽略了由不同教師可能造成的差異，更非善策。

　　實際上學生的學習成績，也反映教師的教學效果。教師只知責怪學生努力不夠，卻很少反省自己的教學有無值得檢討之處。姑且不論教師要求太高（故意出難題考驗學生的姑置無論），先要自問教學時是否注意到所有的學生—對學習遲緩者曾否注意到？學習遲緩者成績不佳，是能力限制抑或努力不夠，先要區分清楚，先要問自己教學有無忽略學習遲緩者，因為這樣的學生需要較多的教導。故而學生成績不佳，學習者固然有責任，但是教學更有責任。有些教師在學生成績不佳時，只怪學生為自己「丟

臉」，可曾想到檢討自己的教學？

　　其實學生在學習的過程中，需要鼓勵多於督促。即使二者可以並行，督促也非責罰，而是「喚醒」。學生尚未成熟，鼓勵能使之樂於接受而進取，願意奮發向上。責罰適足以使之灰心喪志，以致自暴自棄。

　　總而言之，在考慮教學效果時，最好應用「春秋之義，責在賢者。」教師是首先要自己反省的。

第
8
章

教材的認識與運用

通常對教材的解釋似乎有問題需要糾正。

學生只學會課本就夠了嗎？

還需要補充些什麼材料嗎？

教材可以活用嗎？

　　在正式學校裡，要問什麼是教材，一定會被人嗤之以鼻。教材，不就是課本嗎？這樣說的人少安勿躁！要說教材是什麼，恐怕還要仔細推究一番。

　　首先說教材就是課本，可以說只知其一，忽略了還有其九而不知。說課本是教材乃是就著學校而說的，忘卻了兒童在進學校之前，已經學了很多東西，那些東西並不在課本裡。學前所學的，可能沒有系統，然而成人就算是未用正式教學的方法教，兒童還是學了，所學的就不能說不是教材。認為只有在學校才有學習，是第一個錯誤；以為課本就是教材，是更大的錯誤；否定了學前的學習，所成的錯誤，影響到基礎教育。長久以來，有些父母以為孩子小，不用教，等進了學校，自然有老師教，未曾想到幼年養成的習慣，如果不當，進入學校後，再來改變是多麼困難。所以談教材要從基本處說起。

# 第一節　初步教材的源流

　　學前的學習是從幼兒有了知覺之後就開始了。給兒童聽音樂，聽兒歌，以使幼兒安靜不哭，音樂和兒歌就是學習材料。縱使給幼兒聽音樂兒歌者沒有教育意識，教育功能卻已經在其中。稍長以後，兒童老是纏著成人說故事。故事中的神話、民俗中的傳聞，使他們聽得津津有味，百聽不厭，所聽的深印在腦海裡，將來還會說給他們的孩子聽。這些材料，從一個整體人來說，就

是教材，而且世代傳流，其中便有文化傳承的作用。再長大一些，成人教兒童社會習俗，包括飲食、待人、行動等形式（禮貌），也都是教材。不過這些教材未經選擇，各依風俗習慣而有別。

到有了正式學校以後，中西相同，都有教兒童的初步教材，其中無可避免的有文字材料。如中國早期教詩歌，其中可能就有文字，同時歌唱中伴有行動（舞和禮），這種行動同樣是教材，其功能在陶冶性格。文字當然是教材，卻非教材全部。有文字就要學習讀和寫，但是中國早期的書寫工具並不便利，恐怕寫不是兒童容易學習的，但是算數卻已在教材之中。因為幼兒早就自動學著數數了。

西方兒童據說先學荷馬史詩，既是故事性質，又有歷史價值，而其文字容易書寫，所以讀寫算都是教材。在此期間，可以說已經有了課本的雛形。然而課本並非教材全部，在中國，禮是行動表現；在西方，則注重體育。中西雙方的教材，都不專在文字或課本，文字之外的學習，占相當大的比率，這才是對「整體人」的教育所用的教材。

由於歷史演進，文字材料增加，智者的遺產，成了書籍。中國從六經擴充到十三經，以至所謂諸子百家，加上歷代官方所作的史書，學者的文學作品，都可以作為教材。那時無論公立學校或私人講學，學者可以依照自己所長，用作教材教人。不過在文字教材之外，教師所表現的品格和行為典範，同樣是「直接」的教材，是學生模仿的樣本。換句話說，同樣是學習的材料。歐洲大學初起時，也是這種形式。用現在的話說，那時的教材，兼具知和德。直截了當的說，教材還有文字以外的東西，所以教材的內涵十分廣泛。中國只在實行科舉後，因為規定了考試科目，才有了官定的教材，然而對人的判斷，知識和德行仍然同樣重要，而德行也是經由學習而來的。

不過中國在實行科舉之前，已經有了教材的形式。從漢武帝

設太學，設立五經博士，通一經者為博士，其下有博士弟子員，任從博士學習。這個措施，有其時代背景。源自戰國時期的戰亂，經過秦始皇焚書坑儒，加上楚漢爭鋒，項羽焚燒咸陽之後，古籍失散，到漢代天下太平，恢復文治，搜求古籍，由當時曾知古籍者傳述其所知，才有了太學的出現。當時既然以求得古籍、傳流古籍為目的，自然不得不以古籍為教材。而當時的古籍，卻是中華文化的精華，含著中華文化最有價值的精神。同時其時選用人才，德行也是一項，鄉人推舉孝廉，便是任官的一途。其中唯一遺憾的是，未曾保留住早期科學方面的發明和製作方法，如傳戰國時即有人作紙鳶，可以在空中飛行。如現在考古發現的秦代遺物，從其中可以看出精妙的技藝，可惜這些技藝失傳，就因為未曾列入教材之中。

　　試思考一下古代技藝失傳的原因，其中之一是最實際的，即是技藝必須用學徒式的傳承，徒靠文字，不能作詳明的記載。而且技藝必須在操作中練習，長久練習才熟能生巧。現存《周禮》有六官：天官冢宰、地官司徒、春官宗伯、夏官司馬、秋官司寇、冬官考工。考工中本說有工、農、商，卻只有極少數的工具作法記載，可能即是技藝無法詳細記述所致。雖然有人懷疑周禮係出偽託，但資料散失應是主要原因。失傳原因之二是官方未曾提倡，以為技藝是「雕蟲小技」，遂致技藝精良者湮沒無聞。而且不但如此，就在太學之中，博士與弟子也只作文字探討，並未注重實踐。此後知與行分道揚鑣，才使知識流於空談，言者夸夸其詞，卻言不顧行，行不顧言。

　　進步的民族，都有長久的歷史，累積經驗，包括知識與技能。因為從人類的特質說，有了知識以後，便努力尋求生活的方便和舒適，才製造工具。製造工具，表面看來，似乎只是技術，其實如果無所知，又何由表現技術。如果說，知在心靈，則心靈乃是精神的，是指揮行動的核心，與行動配合，才有產品出現，

才有益於生活的改善。所以說，生活是全面的。生活中的學習也是全面的，則所有的生活材料，也都是教材。

一個民族的進步，靠長久經驗的累積，其中精神的提昇，物質的運用，生活用品的製造，使生活改善，在全部生活中，表現出文化層次。而具有高度文化層次的民族，遂成為先進。若分析一個文化的內涵，固然有精神和物質兩種元素，還有更重要的一項，即是傳承。傳是把文化精粹傳留下來，承是接受文化精粹，使之永續不斷，從而推陳出新，才有新的創造出現，所以有見識的教育家，都把文化遺產視為教材的一部分。這一部分文化遺產，並非全盤轉移，而是提取出最有價值的，傳給下一代。因為整體文化中，品質並不純粹，例如民俗即是。而且生活伴隨著時代進步，有些過去的經驗，時移勢異，已經不適合現在，可以做歷史陳跡看，但已不能再用，不過也不能因此而嘲笑古人。

總而言之，雖然教材可以分類，卻有其整體性，不可有偏廢，因為人是一個整體，人生也是全面的，而且人的最大弱點，即是不能徒靠一己之力，獨立生活。在生活中，存在著幾種關係，即是人與物、人與人、和人與環境，其中還有更重要的一項，乃是人與自己。這些關係都是抽象的，而且錯綜複雜，縱使文字能夠寫出，也不能盡舉，必須靠文字以外的工具來宣示，最好由人親自體驗。而如何體驗，勢必用另一種教材，且需用另一種教法才有效。於是分別教材或教法為兩途，會生出如何使二者合得恰好，將又是一個問題。

# 第二節　教材的相關名目

前面已經說過課本不等於教材。教材的範圍極廣。若一定要明白的說出，即是包括有價值的文化遺產（德國文化學派稱之為

「文化財」，這個「財」字甚合遺產的意義，遺產應該是有價值
的東西，否則就不會有爭奪之事了），是生活知識和技能，以及
啟發創造意識的材料。

195

　　要把這些材料教給下一代，當然不可能毫無頭緒的隨機拾
取。以人的智慧和天賦的思想條理，勢必要把千頭萬緒的材料加
以整理，有條不紊的傳授。中外先哲都已提出，就依照人生長發
展的次第，分別教幼兒、兒童、少年以至成年的材料（實則中西
相同，只分兒童和少年兩級，即是早期只有小學和大學兩級）。
在分別年齡階段以後，又按材料的性質分出科目。一個年齡階段
可以學習若干科目，是廣度的學習，隨年齡漸長而增加難度，是
深度的學習。這兩者同時並進，於是和材料相關的，在學校裡便
有了幾個常見的名目。

　　「科目」在中文裡是區分類別的名詞，有時只用一個「科」
字。歷代也用在科舉考試之中。新學制實行後，是學校教學分類
常用的。和這個名詞相當的英文字是 course，其意義是進行、歷
程，有循序漸進的意思。科目是「單個」名詞或「單名」，要加
上前置詞才成確定名稱。而學校中有了特指的科目名稱後，「科
目」兩個字便可以省略，只要說出名稱，如國語、歷史等，都知
道是一個科目，毫無混淆之感。如是每個科目都是一個獨立的專
用名詞，不會誤置，已是盡人皆知了。但是另外一個名詞近來卻
頗有混淆，即是「課程」，卻不可不辨。

　　「課程」兩個字中文裡作名詞用的見於元代，指課稅的度
量，即是政府抽徵賦稅的額度。現在用在學校裡，是據英文字
curriculum 翻譯而來，其字義是跑路到達一個目的地。這個字用
在學校教材的原意，多是引用美國的材料，指把中小學的科目，
依照兒童的年齡和能力，把各個獨立的科目組織起來，使之有系
統的循序漸進，以保持「整體功能」。對於課程的論述，從二十
世紀二十年代以來，說者頗多，一時成為顯學，現在則成為教育

中的一個研究領域，幾乎到了眾說紛紜的地步，反而失去了名詞原有的意義。照課程原意說，應該涵蓋全部科目，課程和科目的範圍，廣狹之別非常明顯。因為科目是單一而獨立的，英文稱subject-matter，課程是將多個科目組織在一起，使個別獨立的科目統合成一個整體，其意義在於組織凝聚。在這個名詞出現後，美國有了一些課程組織理論出現，主要的在設計如何發展教材（即科目）的範圍和次第，所以課程的概念，是從「整體」著眼，以免孤立的科目不相連貫。自一九六○以後，課程設計加入社會因素的考量，遂又重視課程改革，於是改革也成為課程討論的重要問題。這個事實，源自美國中央教育機構並不訂定全國必須遵守的課程標準，甚至每個學校都可自定標準，所以改革也是常見的事。不過無論如何，課程的主要意義並未改變。

目前有些教育著作中，居然稱一個科目為課程，使課程與科目的意義混淆，似乎應該注意。如果有興趣查一下早年教育部所定的各級學校課程標準，中小學稱課程，大學稱「科目」。原因即是大學的性質在研究，研究一要學術自由，一要專精，無人能預定學術研究的深度與廣度，不能用組織科目來限制，所以大學科目沒有組織的必要，故而不能稱課程。既要認識教育，最好把重要概念分別清楚，以免將錯就錯。

美國中小學課程的訂定與改革，自有其本國的教育特色，例如其教育的最終目的，即在「發展個性」，涵意是每個人都可以自由的發展。客觀的說，個性自由，固然是民主精神，但是如果個人所選擇的是「不正當」的方向，豈不危險？沒有一個確切而遠大的方向，各人可以自行其事，後果便值得憂慮了。美國又進而各學校也各行其事，效果當然也莫衷一是，幸而美國有頗為公正客觀的評鑑制度，還能有所校正。所以一項教育措施，要看到全面，才會周全，若只取一點，未免成為東施效顰。

正確的說，課程是在教育目的（遠程最高的目的）確定之

後，按照生長發展的歷程，設計學生可能而需要學習的材料，把其中適合每個年齡學習的，擇要選出，再分門別類，訂出科目，然後再加以統整，使之成為一個整體，才名符其實。這個設計過程，要有通觀而慎重的考慮，絕不可憑著一人一時的想法，鹵莽滅裂的貿然行事。

197

　　課本誤被當作教材，有事實造成的原因。早年教育部訂定課程標準後，在其下又列出教材大綱，作為編寫教科書的依據，因而依教材大綱所編的課本，便被誤解為教材，也以為課本就是唯一而完全的教材。這個誤解到升學考試限定不得超出課本材料後，把課本當做教材就成了鐵定事實。

　　實際上，課本只是教學的工具，按照正常的教育說，是教師引導學生學習的「媒介」。這項工具對教師的功用，是在教學時有一個指引。簡單的說，教師在一個學程中（學期），知道大致要教些什麼，用來做教學前的準備；對學生來說，則可以在上課前預習。教師和學生的準備工作，是根據課本的提示，去蒐集更多的參考材料，使教師得有豐富的資料準備隨機提供給學生，學生則藉以得到充分的知識，並且練習自己去發掘，做研究的入門工作。

　　課本的媒介功能，只在提示教師和學生一些綱領，使兩者有一個共同工作的方向，到上課時，依照綱領擴充內容。此時教師可以提示，學生可以請問，可以由師生共同討論，使學生得到預期的知識。明白的說，媒介在引起師生的互動，實現「教」和「學」的目的。而這目的必須放在「學」上，正如柯美紐斯所主張的，「教師要教得少而學生學得多而快」。「多」絕不只限於課本文字，非常明白。這道理也同樣明白，課本文字只在指引，不在「告訴」，如同不需要教師長篇大論的講述一般，因為「告訴」和「講述」使學生只能被動的看或聽，主動的心靈未必進入其中。而缺乏主動的學習，效果如何，自是不言而喻。

對課本功能的誤解，使教學效果不彰，也使教育幾乎失去大部以至全部功能。這是一個相當嚴重的問題，如果再不澄清概念，只在課本或教科書上，做枝枝節節的爭論，未免捨本逐末。

要確定教材的意義，要在其廣義方面來了解，明白的說，教材乃是「全部教育內容」。除了課本文字所提示的綱領以外，還有全部生活材料，其中大部分，並不靠從文字上學習，而是要從實際觀察並體驗來學習，指導學生隨時注意環境中的事物，無處不是教材，也無處不能學習。關鍵在提醒學生隨時注意，隨時發現前所未曾注意到的，才是教材的核心。如此說，注意應該是最重要的教材。雖然培養注意力歸入教學法中，事實上這一點應該列在教材之中。心理學家麥斯樓曾經研究有創造才能的大學生，發現他們有廣泛的注意力，他們對於常見的事物，肯於一看再看，不遺漏任何細節，而且每次看見，都會發現一些新奇之處，也就是以前沒注意到的。可見常見的事物，未必觀察得毫無遺漏，同樣可以作為教材。

## 第三節 教材在哪裡入門

前面曾說課本「不等於全部教材」，但勿誤以為是否定了課本。因為課本的功能在媒介作用，還是要歸入教材之內，但要課本的編定，不失其本義，所以還要重做說明，以確定其教材的功用。當然在課本之外，還另有教材，以下分別說明。

### 一、媒介

媒介的意義，即在其為促成一項活動或工作，是非常明顯的。《詩經》伐柯一首中說「伐柯伐柯，非斧莫得。」即非常明白。伐木要有工具，斧便是工具。然而工具的利鈍，卻對工作效

果有直接關係，所以《論語》中說：「工欲善其事，必先利其器。」工具銳利，則工作省力而容易完成。若只就文字說，伐木用斧，幾個字便是學習的材料。但是只這幾個字，學生能學到什麼？學生真正需要學習的，是在文字之外，還要學習伐木的動作。而在動作的過程中，可能又出現一項學習，即是工具的利鈍問題。斧子銳利入木深，活動便利而有效，如果斧子不利呢？不是要想辦法使之銳利嗎？那麼用磨刀石磨斧，豈非又是一種學習？這個例子，可以看出幾個字所包括的學習材料。由此所顯示的，第一、文字和行動不可分，沒有行動配合，所學的文字只是空談。《禮記》學記中說：「不學操縵，不能安弦；不學博依，不能安詩；不學雜服，不能安禮；不興其藝，不能樂學。」這是說：學樂要從學習用樂器開始，學詩要從廣泛的認識自然事物開始，學禮要從辨別服色和式樣開始，不從工作開始，對學習就沒有興趣。這個說法，和杜威所說的從做中學是同樣的意義。可見只有文字的學習不但不是完全的學習，而且引不起學習興趣。第二、一個學習之後，還有繼起的學習事項，把所有的連在一起，才成為一項完整的學習。

　　課本是教學的媒介或工具，其功能為教學的指引，猶如嚮導指引方向途徑一般。譬如旅行，有了嚮導，只是知道了方向，如果只跟著嚮導跑，忽略途中的景色，則所得到的，除了跑路的疲倦以外，還有什麼？

　　通常課本的編寫，往往只重材料，勉強稱之為知識，卻很少指引獲得知識的方法，至少幾個重點未列入課本之中，如：注意是怎樣生出的，怎樣思想，怎樣找問題，怎樣尋找答案等等。如果教師只教課本，學生便沒有機會學習到「學習入門」的必須能力。沒有這些基本能力，如何能有學習效果。所以這些入門學習，就必須列入教材之中。此處要再申明一次，教材是學生需要學習的材料，學生要從這些材料中，學得生活的知識和能力。所

以知和行必須同時並進。

## 二、觀察的材料

兒童的觀察往往並無目的，雖然從幼兒時期即已習於用眼睛觀看，卻並非都是有意的要看到什麼。要待進入兒童期，才有較多「注意」的觀察。前面早已舉出認識的感知作用靠感官，但感覺材料若未進入心中，仍然是視而不見，可以知道只有材料和感官，未必即發生學習作用。要觀察發生作用，還要有指導觀察作用的材料，不經提示，等學習者自己去體會發現，等於浪費學習時間。但通常並不把這一點歸入材料裡，而是放在教法裡，教師只用「注意看」幾個字，效果實在有限，不放在教材裡，可說是教材的一項疏漏。這裡強調觀察的方法置入教材，也和學習的另一個重點「注意」有關。教師常因學生不注意而煩惱，因為並未把注意當做教材來教。而注意和「專心」相關，兩個學習入門的關鍵能力未經學習，便直接進入學習文字材料之中。抽象的文字不似具體事物那麼容易引起學習興趣，忽略這一點，才造成教和學雙方的困擾。

實際上課本中也有觀察材料，「形狀」即是其一。有些課本中兼有圖形或插圖，本是為供學生觀察設計的，可是文字中很少提醒學生看，未問看見了什麼，更未說明要如何看。雖然圖形和插圖形狀美麗，色彩鮮明，學生卻不知注意。倘若加上教學生用心看，問其看到了什麼，便能提醒其注意；再問其是怎樣看到的，便進入方法。這應該列入教材首要的部分才是。

前面一再說課本不等於全部教材，教師必須就著教學活動，隨時喚醒觀察意識，作為補充。補充作用重在培養注意力和專心的習慣。其實每節課用一兩分鐘，便能達到這個目的，而材料則俯拾即是。所以教師運用教材，是教學的重要工作。離開課本便不知教什麼，大概只能算是「課本師」了。若真如此，則收音機

或電視機，就能取代教師了。

## 三、思考的材料

　　思考的材料更廣泛，前章心靈作用中，曾經舉出各種作用。在學習過程中，思考是不可或缺的內在活動。但是要知道學生往往不知道如何思考，所以教學生思考的方法，必須列入教材之中。

　　學習中運用思考，主要的關鍵在條理，或可說是步驟。從一個點上一步步推演，到可以得到一個結果為止。這種條理也就是法則，也稱邏輯（是從英文字翻譯而來，其初稱理則學，頗為易懂），是運用理性的思考。這裡作為教材來說，重在思考的方法。數學本是訓練思考的科目，如果知道「怎樣想」才能解答數學習題，學生就不會把數學視為畏途了。實際上似乎教材中未強調思考的方法，反而只注重演算和正誤，以致學生不求明白條理，只想僥倖的湊出答案，和科目目的南轅北轍。思考的方法，不但用於數學，每個科目的學習都不可少，最普遍的是對因果關係的推究，實在應該列入教材之中。

　　簡單的說，把思考列入教材中，教材的編製便要有條理和法則。在語文文法中，例如寫作時，以一個段落為例，整段話在說明一個完整的道理或事實，所以段中每個句子，都和這道理或事實有關，但是其中必然有一個主句，以概括整段的意思，文法中稱「主句」或「關鍵句」。至於這個句子出現在段中何處，由作者自己就行文方便或習慣，可以放在句首、句尾、或中間。要學習者找出這個主句，至少要放在練習材料中。除了語文課本，其他科目編製時，也注意到這一點，也可給學生一個範例。學生本來就是要根據學習材料來學習，或者說，要模仿學習材料，所以材料不應有所遺漏。編製教材時，加入一句提醒學生思考的話，例如問一句「除了以上所說的，還可以說什麼？」使教師有根據問學生，是編教材的核心精神。

把這種啟發方式編入教材中，是引起創造思考的必要材料，引導學生想出文字中未曾出現的東西，至少要列在課文之後。

## 四、應用學習工具的材料

現在學校都知道新生入學時，要有一番指引工作，似乎多稱為新生訓練。（其實訓練二字頗不恰當，用「指引」似乎適當）這番用意非常貼切，新生要熟悉環境，並知道一些必須注意的事項。但是在進入文字學習時，不知是否給予一個最重要的指引，即是「查字典」。在小學入學學過注音字母後，教材中就應該有查字典這一項。事實上在新生認識環境時，便應該參觀圖書館，便應該把字典指給學生看，使他們知道那厚厚的書，將是他們未來「不開口的老師」，而且是隨時提供答案又不罵人的老師。如果在學過注音字母後，即練習用字典，使學生到字典中找幾個日常用的簡單字，配合課本文字，學生很快可以學會用字典，並可提高學習興趣。如果課本中不列這項材料，留給教師去方便行事，若教師執著於課本教材，便不會把教用字典列入教學進度中，於是學生便失去一個非常重要的自學能力。學生不會用字典，還有一項嚴重的後遺症，無形中養成懶惰習慣。只想問人以便迅速的得到答案，不肯自己去搜尋，日後遇到疑難時，沒有求真的意願，往往馬虎了事。

用字典到學英文時，將有同樣情形。即專從英文來說，英漢字典存在已久，英文書籍漢譯者比比皆是。但是每一種文字，都自有其源流，要了解其文化傳統，才能把握其文字精神，更要熟悉其習慣用法，才能確定一個字的意義。而要譯成中文，就必須找到完全對應的字，才不失其意。這種翻譯工作，需要熟悉兩種文字，且能運用自如才行。當初嚴復翻譯《進化論》（中譯為《天演論》）時，曾說，為了翻譯一個字，想要確當無誤，百思不得，起而繞室徬徨，有時數日才能決定，可見這工作之難，也

可見真正負責的態度。近年來留學歸國者日多，即從英譯中看，錯誤時見。關鍵是英文字譯成中文字後，率為兩個字的名詞，在中文名詞中，意義相同，往往由於行文，即上下文的連結，要用一個同義而不同的字才通順，若只固定於一個字，在中文裡便有了瑕疵。同時一個英文字，用在不同的地方，就有不同的意義，中文就要用不同的字才適合，如果把一個譯名用在不同的指謂上，便不妥當。例如role這個英文字，如果說一個演員在劇中扮演的角色，譯做「角色」自然無誤。而在英文裡說教師的 role 時，難道認為教師是在教室裡演戲嗎？用在教師時這個字的意思是「職責」或「任務」，不可用角色，可見一個譯名不是「通行無阻」的。

## 五、生活材料

杜威說：「教育別無目的，生活即目的。」即是說，教育是教人如何生活。這話初看起來，並不容易把握其意義。廣泛的說，生命存在的時候，便是活著，用不著從教育學習。如果只把學校教育視為教育，只把讀書識字當做教育，在教育普及前，人是如何生活的，難道那些人都未生活嗎？實則人類的生活，早已複雜萬端。就以基本的維持生命的食和延續生命的安全來說，不經學習，在生活中就會出現問題，甚至有生命危險。人類幼稚期相當長，就在需要學習才能維持並延續生命。而生活中許多事項，要經過學習以累積經驗。人靠記憶保持經驗，應用已有的經驗面對當前的生活，無須一一去嘗試錯誤，這就是學習的效果和必須。所以人從一開始，或者說，從出生開始，就在學習，也就在累積經驗，故而生活材料是最基本又最重要的材料。

自從正式學校教育普遍之後，大家都把教育放在學校上，先是忽略了幼兒教育，把幼兒教育留給不懂教育的家長，到現在才談親職教育，仍然把重點放在已入學的學生家長身上。忘記了學

生在入學之前，已經學了許多東西，甚至養成許多不適當的生活習慣。從福祿貝爾之後，有了幼兒園的設立，既不是全體幼兒都能入學，且入學的也要在三歲以上，則此前的教育仍然在父母，這段幼兒生活經驗，如何交待？學校教材如何彌補這段空白？是否應該列入考慮？

既然教育已經普及，則在普及教育中，便應該列入教育幼兒的一些「常識」。至少在國中階段，應該列入一些幼兒生活要點，一則學生可能有弟妹，有幫助父母照顧弟妹的機會；一則學會一些幼兒保育常識，可以備他日之用。生活經驗是整體的，兒童入學後，並未和其他的人隔絕，何況保育幼兒的材料，可以喚醒其幼年經驗，可藉以領悟父母養育自己時的辛苦，也可知道如何與任何幼兒相處。

其實教育幼兒的材料，據康德所說，不外兩個原則，即是保育和訓練。保育在供應生活必須的物質；訓練在培養生活的紀律，兩者都在以愛為基礎的生活之中。「訓練」二字，為若干教育家所不喜。實則對幼兒來說，乃是必須。不過訓練的真正涵意，既非嚴酷，也非專制，而是在培養正當習慣方面，要幼兒服從，毫無例外。簡單的說，首先家長的命令，必須合理，依此發出命令，幼兒便必須聽從。因為幼兒不知利害，只想任意而為，若一意姑息，便不知服從。而服從是一個人終生不可或缺的，學習自治的必經過程。大自然有其秩序，社會有其規範，學校也有學生必須遵守的規則，到進入社會，還要做一個守法的公民。人一生都離不開要服從某些紀律，「絕對的自由」並不存在於生活當中。美國心理學家斯金諾所倡的行為主義，用在訓練幼兒，是一個相當有效的方法。藉訓練才能養成習慣，沒有更好的方法可以代替。

回到生活經驗來說，固然要有知，更要有行。因為生活是非常實際的，只有在實際的行動中才能得到實際的經驗，那就必須

從行或做上來領會，親身經驗並體驗，才成為真正的知。如果只從文字學習而不行，則學生可能只會說而不知如何做，教育便成了空談。例如學校都教學生要有禮貌，見老師鞠躬為禮，文字中可曾說明如何鞠躬才算恭敬？如果用圖示，畫出鞠躬的形狀，說明行禮在表現內心的「敬意」，可能效果更正確。又如仁愛本是美德，可曾把「仁」這個抽象字具體化，指出「如何做」才算仁？學生們互相推擠打鬥，驅趕小動物以為樂，提著小狗、小貓的尾巴使之倒立，看牠掙扎，甚至把蝴蝶捉來裝在瓶子裡，任牠死去，是知的問題，還是行的問題？在學校內不准隨地丟東西，走在路上卻隨地亂丟，又該如何說？自己家裡不放垃圾，卻拿來放在門外，又是什麼居心？學了許多知識，未曾印證到實用，也未說明理由，知和行都有漏洞。例如工業酒精可供燃燒，是否知道酒精在燃燒中會爆炸？做實驗時，是否應該小心？書本上說，水能載舟，亦能覆舟，划舟要怎樣才不會在急流中落水？有些固然需要在特別的訓練中學習，但是有利則有害，是否也在知中？如果教知識只當做知識來教，忽略了對知識的應用，是否只算教了知的一半？因此學習材料，必須把知識在生活中應用的方法和避免危險都列入其中。

　　人的生活是循序漸進的，和大自然的秩序一般。大自然萬物並生而不相悖，各有其順序，能和諧並存。人的生活也要有秩序、有步調、有條理。以一天來說，從起身到休息，有生活的必須活動——飲食、排泄、學習或工作，以至睡眠。有習慣，也有規律，否則將戕害自己。在這些項目中，有知也有行，材料就在其中。如何運用所知而行，就需要學習。如果學習的知和用脫節，便不是教育。如果教育材料對知和用未能兼容並包，材料便有了缺陷。尤其在用的方面，不詳加說明，用便無從下手，便無從獲得經驗。則選擇教材並編定教材，便不能不慎重而周備。

　　教育中在選擇教材時，從前只認定書籍，現在用流行的語言

說，則是過分「知識取向」，似乎一涉及實際，便不是知識。忘了人是生活在實際中，知識是從實際驗證而來，並非虛幻出來的。尤其幼年的心靈，尚未進入高層次的抽象境界，要在實際的基礎上發展。而幼年的生活，就是非常實際的。抹殺實際材料，等於抹殺經驗。

以遊戲為例，是幼兒最愛又最需要的，遊戲不但助長其體能發展，更啟發其智慧。目前幼兒玩具充斥市場，但為工商業所控制，設定玩法，機械而無趣，對智慧的啟發，不但無用，且是錮蔽，即是未曾把教育作用置入玩具設計中。事實是兒童從其中得不到樂趣，玩不幾時，便棄而不顧。因為遊戲對兒童的功能，還有更深一層的意義，即是還能啟發創造性的思考，一方面用遊戲連接實際，一方面用想像滿足心靈。例如抱著娃娃作出媽媽抱幼兒狀，是驗證經驗；說故事給娃娃聽（自己想出來的），就是創造。

人格心理學家莫瑞（H. Murray）相信人天生有遊戲的傾向，從幼年以至老年，這種傾向一直存在。也就是說，人想要遊戲的心至老不變，只有遊戲的活動會改變，如年齡稍長做各種運動，再長則做休閒活動，甚至工作也含著遊戲的意味，到老年更要一些活動來調節生活。這些活動都應該在材料中預存線索。歸結起來說，生活材料無盡無休，教材應該異常廣泛。

## 第四節　教材的選擇

從上節看來，教材之廣，充斥於生活中，一個人窮盡一生，也不能學完，至少不是有限的年月可以學完的。所以學校所用的教材，必須加以選擇。

## 一、教材的選擇

選擇教材，勢必依照一些原則，可以分述如下。

### ㈠以教育目的為指引

207

教育是有目的的活動。「目的」指遠程或最後最高的「鵠的」。中國從儒家孔子奠定教育體系以來，便確定了教育目的，即是教人學習以成為君子。如此說，可以做一些解釋：

第一，教育在使人向一個確定的方向發展，因為人的生長發展，若沒有一個確定的方向，全憑個人任意生長，絕非人群之福。這是在人的智慧進步之後，往往受私欲支配，只求利己，不免損及別人，甚至使別人無法生存，所以在人群中，基本上任何人都不能損人以利己，要使人人都能安於生活；然後則要各盡所長，造福別人。因為人的才智，足以使人順著自己的偏好發揮，用在利己利人的方面，則各得其益；若用在害人利己一方，則才智愈高，受害者的損失就愈重，甚至受害的人就愈多。要人懂得這個道理，並且努力實行利人而不害人，教人依這個方向進行，就是教育的目的。

第二，君子是秉持天道正義，胸懷坦蕩，誠實無欺，仁人愛物，但求福利別人，不計本身利害的。但是人並不是生下來就如此，需要經過學習知道道理，才能實行。所以肯於學習，而又能努力實踐的，便能成為君子。而君子，最低限度，絕不做損人以利己的事。

第三，人的才能各有所長，能夠做什麼，要憑自己的能力和機運，無論如何，基本上應該做一個「好人」。好人自然能使自己過正當的生活，知和能當然包括在內。

把這個大原則簡化為最切實際的教育目的，可以說是教育要使每個人都成為「好而有用的人」。

## ㈡教材的領域

在使人成為好而有用的人這個目的指引之下，就要知道人需要怎樣的知識和能力。如此還要知道這兩者屬於哪些方面，才能確定教材的領域。大體說來，可以先分兩大類。

### 1. 精神的領域

人有精神和物質兩種成分，精神的在心靈，物質的是軀體，二者都要在後天發展。精神方面的發展材料在文化，當然文化整體包含物質，只是在知識分類以後，科目名稱有別，所以暫以科目來區分。大體說，凡是直接應用以外的，都可劃在精神領域中，最明顯而又通行承認的，不外文、哲、史三科。

文學是長久以來全出於人的創造。自從有了文字，有些人便用一些材料為依據，加上想像的虛幻材料，用出人意表的描述或敘述的方式，運用優美的文字表現出來，成為賞心悅目、可歌可泣的作品。作品所表現的是精神的創造，保留下來，供人欣賞，也供人仿效。對人情意的滿足有莫大的貢獻，更拓展思考的領域。中文裡文章、詩、詞，自古以來美不勝收，傳流至今，始終膾炙人口，歷久不衰。所謂「郁郁乎文哉」，即是其中含著無可言喻的美妙。

哲學是討論宇宙人生一切事物的知識。其為知識在於應用理性做系統的探討，在分析道理，建立法則，辨別善惡真偽美醜，指正事實的是和非。西方原來叫做「愛智之學」，因為這是智慧的成果。最重要的是，哲學是用理性探討問題，表現理性思考的途徑，所涉及的問題，幾乎涵蓋全部人生。所以也有人認為哲學是指導人生的學問。早期哲學家的論著，涵蓋面極廣，只在近年的哲學家中，趨向專精，改而從事比較專一的研究。概括說來，哲學拓展人的胸懷和視野，開啟人的思路，是最基本的知識材料。

史學是人類演進的紀錄。有史學才使人知道何以有今天的自

己。人格心理學家榮格（C. G. Jung）以為人格結構中有一部分叫做「累積的下意識」，含著祖先的「原型」，所以人在有意無意之間，存在著對遠祖的依戀。人因不能拋棄祖先的情懷所使，在不知不覺間，會表現出先民的某些動作遺跡。人類史跡的記載，也可說是這種下意識所使。而歷史知識，史學家以為可以使人鑑往知來。不過這個說法也曾有異議，以為歷史不會重演。但是平心而論，歷史固然不會一成不變的重複出現，一些形跡仍然可做戒慎的指引，否則經驗將毫無用處。如說「博古可以通今」，「前事不忘，後事之師」，也並非全屬虛言。

### 2. 實際的領域

實際的領域最廣，自然學科和社會學科無不和生活有關。但是選材以和學習者切近的為主。照生長發展的階段說，大致可以分述為以下各項。

### ⑴情感和人際關係

人與人關係，本來在倫理學之中，不幸長久以來，倫理被置入道德，道德是理性的，把倫理的根本——情意——抹殺了。以中國的倫理來說，本來是從情感出發而建立的，基於情而對關係人做「適當」的表現，只是在原始「衝動」的情感中，加入「理性」成分，使之適當。其中是有了人為的調節作用，不是完全出於「原始的衝動」。只有合理的情，才能使相關的兩個人都滿意。以常情來說，人都喜歡別人和善對我，人同此心，沒有例外。這是最普遍的事實，無人能夠否認。

人在生活中，無時無刻沒有別人的存在，即使獨處的時候，也不免想到別人而觸動情感。不過最重要的，還是在面對別人的時候，這要從對人的基本態度或原則開始。如果相信我對別人的方式，可以換來別人會用同樣的方式對我，則基本上便不會對人出以不友善的態度，轉而以和善待人為原則。和善的態度，是溫

馨而愉悅的，是一種基本的愛意。愛這種情感，用來待人，會得到相同的反應，所以孟子說：「愛人者人恆愛之。」

人和人之相處，關係最親密者最常見，所以要從這裡開始。中國倫理相信「人無不愛其親」，這是就事實而論，從小就受父母提攜捧負，扶養長大，自然和父母最親，如果沒有意外事件影響，這情感會繼續一生，乃是人情之常。則日後反報父母的「孝」，縱使認為是道德，這道德也是由情意而來，其他道德項目都可依此推演。除非一個人可以完全不靠別人而能獨立生活，否則對別人就不能冷酷無情，更不能忽略自己對待別人應有的方式。教材內容有道德，但對於道德的根本，長久以來，就缺而未列，才使人對道德有了誤解，才生出人和人的許多問題。依此說來，道德不但「不是約束人的」，反而是人在生活中最實用的。目前把人和人的接觸，歸入社會學，這種歸類無關宏旨，最重要的是要把握住要點。

人生離不開別人，正確的說，是離不開人群，現在則稱為社會。其實家庭就是社會最基本的單位。這一點姑置勿論。就社會來說，有時指一個固定領域，有時又指國家。實際上，在教育裡，是以一個人對群體而言（說社會或國家都可）。現在通行的觀念是一個人對群體，有責任遵守群體約束，即是遵守公定的法律或規範。公民守法是當然的「義務」。教材裡似乎也有這類文字。但是如果只是「具文」，而不說明是「為什麼」，就會被學生認為是另一項束縛，認為是個人自由的阻力。如果教材裡讓學生設想「倘若你所居住的區域有了竊盜或違法事件，你還有多少安全感？」使他們反躬自問，以了解守法的必需，可能更有效。

倒也有些社會學家談到「社會感性」（social sensitivity）進入心理領域，但卻未涉及這種感性的根本，未加反省或反思，使學習者只得到表面訊息，卻沒有透徹認識。這一部分材料乃是不可或缺的。

(2)自然科學

　　談到自然科學，當然以物理、化學、生物、生理衛生為主。
但是這些科目卻都以數學為基礎。而數學材料，固然要有計算的
練習，但理解的說明卻更重要。數學本以思考為主，且以邏輯思
考為準，數學中訓練思考，一在把握重點，分出條理，然後分清
步驟，一步步想下去，還要隨時觀照主旨，解答一個問題，了解
一個定理，都要經過這樣步驟。事實上，通常多把定理放在一項
學習的前面，例題或練習放在後面。這種安排，是先抽象，後實
際，不合經驗原則，似乎可以考慮將順序重做安排，使學習者從
實際經驗去推演抽象道理，才符合學習原則。

　　物理和化學，要從實際的物或變化來學習，裴斯泰洛齊的直
觀法應是最好的程序。教材必須配合實物。這固然是教法的事，
但在教材中應該列明應用的器材。教材固然要呈現理化知識，但
更重要的是這些知識在生活中的應用。例如液體可以汽化，學生
學過後卻不知道水煮沸後會把鍋蓋或壺蓋衝起，便是學而不會用
的一例。

　　生物含動植物以至昆蟲，教材中應有觀察的步驟，指導學習
者如何觀察，從實際中學習，勝於紙上談兵。對於生物的生態，
以及和大自然的關係，更應該列入教材中。連帶的對於養寵物的
心理也要加入生物科學中。兒童一時衝動養寵物，而不知道養護
的方法，或者興趣不再而棄置不顧，或者把養護的工作留給別
人，也要列入教材的附帶部分。這就是知識和應用不可分之處。
若把物當做人來看，有生命的物，也有感覺，也要人合理的對
待，所以人和物的關係，也可用類似的道理來設想，於是教材互
相參照之處，便不能省略。

(3)生理衛生

　　生理衛生關係著健康，和生活習慣以及生活常識不可分。而

且必須付諸實行。教材中除了必須的知識以外，一定要加入如何勉強自己實行的方法，和不實行的經驗實例。最好列舉重要的事項，並提供作法，以供實用。

212

## 二、教材的編排

### ㈠編排原則

教材的編排原則，以學習者的能力和經驗為主。一個人的一生，從幼到老，有一定的程序，心理和生理的發展，從幼稚到成熟是漸進的，沒有突變，生物都是如此。學習能力也是如此，即是學習和獲得知能，二者都是逐漸增加。這事實所顯示的，即是可能學習的，要由近及遠，由少至多，由淺至深，由簡單至複雜。於是確定了學習材料的數量和難度，且要與生活經驗相合。

通常在選擇教材時，已經注意到這一點，但是不能完全顧到細微處。到了把選擇好的材料做適當安排的時候，就要注意每個細節。此時首先要考慮的是以年齡為標準。因為做這種工作的，無可諱言的是成人。成人和幼年已經有了相當距離，往往只根據教材的重要性考慮，忘卻幼兒或兒童的真實狀況。事實是教材必然見諸文字，文字所表現的事實是一件事，文字本身又是一件事。常見的現象是重視事實，忽略了文字的難易。即在事實方面，也常常注重「應該學」，不管是否「適合學」。使兒童初次接觸學習材料，便如同進入了另一個世界，立即扼殺了學習興趣。這事實非常明顯，成人也有這種感受，進入一個新環境，因為生疏而有恐懼感，而不知如何應付，必待熟悉以後，才能應付自如。

初學的困難，一是材料不在其經驗之中，完全生疏；二是中文字筆畫多少形成難易不均，生字多了，如同見人都是生面孔，不免怯懦；若再加上語句結構問題，例如句子太長，必然使學習

成為難事。

　　因此教材的編排，不能徒靠成人所認定的「應該」、「當然」或知識的「必然」，而是要根據「年齡」、「已有經驗」，或「能力」。坦白的說，即是不能只憑「學術專家」（如每個科目專家）的意見，而要兼採熟悉學習者的狀況，如教師，以及了解學習者心理者的說法。

### ㈡知識與能力的深入進度

　　學習之由少至多，由近至遠，由淺至深，由易至難，由簡至繁，可說是一個直線歷程，有其連續性。「連續」的意義即是前後銜接而不中斷。而在科目中訂出「單元」後，似乎每個單元都有獨立的重點或核心，即是所謂之「課」，則上一課和下一課的銜接，既不能失去兩課的完整性，下一課又沒有重複的必要，要求「銜接」便要細心而靈巧的安排。此時銜接的工作有兩項：一在文字方面，一在事實或內容方面。

　　文字方面，在於「字」的重複出現。尤其「生字」或「難字」，對開始入學者尤其要注意。這原則是將生疏變為熟悉，連續幾課出現同樣的字後，生字就會變成熟字。如此自然的出現，減少對生字的畏難心，而有如見故人的喜悅感，又在不知不覺之間，重複學習，使學習成為毫無困難的活動，至少易於保持學習興趣。相反的，如果生字或難字只出現一次，而沒有重複練習的機會，縱然已經學會了，短暫的記憶，並不能維持長久，即是經驗尚不牢固。

　　文字的選擇與決定，是組織與編定教材進入「實際」的初步工作。在工作開始時，先要彙集生活中的「常用字」，然後依照學習者「由兒童而少年」的經驗，選出生活中常常出現的字。這些字對初學者都是生字。就中文來說，筆畫多少即決定難易程度，所以要依照這一點決定出現的先後，因為讀和寫在學習開始

後，不久就要相連，而筆畫少的字當然容易寫。選材時必須顧及學習者的能力和經驗，原因也就在此。

事實或內容方面的銜接，可以說是經驗的延長或知識的增長，照這樣說，材料是長度的增加，也可說是深度的增加。不過長度和深度並非同義詞。通常長度指文字多少或篇幅大小；深度則是指難度。正常狀況下，兩者應該配合，但並非必然如此。不過對未成年學生說，看見篇幅長時，先就覺得難，這一點心理作用，也該列入考慮。

長度和深度的銜接，還是要以學習者的程度為準，學校中劃分年級，便是明顯的指標。但是相鄰的兩個年級，前一級和下一級間是相連的，猶如昨天和今天，中間並未間斷，也就是說，從昨天到今天，是一分分、一秒秒而來，不是跳過來的，不能忽略其連續性。目前在小學分低中高三個階段，只可做參考，並非躍升。而在由小學進入初中時，更應注意其連續性，在編排組織初中材料時，先要熟悉小學材料，才知道初中材料如何與小學材料相銜接。

### (三)知識與能力的擴展程度

擴展程度是廣度與深度的增加。本來在增加長度時，即已有深度在其中，只是為了說明的便利分別而已。正確的說，教材的銜接和進展，本有縱橫高三個向度，猶如空間的長、寬和高。三個向度且是同時並進的。前面為了說明開始時的重要性，著重在直線的進度。從學校進度說，開始以後，就要在銜接的指標下，廣度和深度同時並進。還要重複說，在增加廣度和深度中，勿忘銜接。也就是說，廣度和深度的增加，同時要顧及銜接。原因是學習者還在生長發展之中，尚未成熟，其學習狀況，限於能力和經驗，不能同時顧及到各方面，還要教材的安排，適合其能力和經驗，使其學習能夠順利的一步步進行。

　　最後，教材的編排與組織中，切不能忽略「應用」這一項。「學以致用」是自古以來的學習目的。源自知識與應用分道揚鑣之後，「知者」徒事說詞，說而不行，漸進而言不顧行，行不顧言。到了以知識為貴之後，竟至卑視行，以致把應用視為「不足道」。在知識未曾普及時，以其「稀有」而為貴，尚不足怪，然而言行不一者，仍然為人所不取。目前知識已經普及，且須知而能用，否則便無以維生，故而知與用必須合一，有人批評理論不能配合實際，即是知與行未曾兼顧，「用」必須與「知」結合在一起，教材才算完整。

第
9
章

教學方法及運用

**教學是一件容易事嗎？**

**大將能予人規矩，不能使人巧，「巧」字當如何解？**

　　教學法（教法）在教育實際中，是最重要的一個名詞。在教育事實開始的時候，無所謂教法。那時候只是知道一些事，或者有一些技能的人，可以教不知不能的，當然以兒童為主。不過照教育史實來看，就在開始的時候，中國和西方，有極大的差別。後來提出教法的，才盛於西方。到現在教法之多，不勝枚舉。前曾說過，方法只是工具，每個方法用在一種情況中，都有其效果，但並不適用於所有的情況，關鍵在應用者用得適當與否，先有了這個認識，用起來才會有效。

# 第一節　中西傳統教學狀況

## 一、中國傳統的教學

　　中國文化發展最早，如前述《書經》說，舜時（紀元前二二五五年）已命契為司徒，以實施教育。如前說：「帝曰契，百姓不親，五品不遜，汝作司徒，敬敷五教，在寬」。這「在寬」兩個字的意思，註解說是要「寬裕以待之，使之優柔，浸漬，以漸而入。」意思是教化百姓，不能急於生效，需要從容等待，使受教育者接受了教育之後，把原來與人不和諧或粗暴的情況改變成溫和，因而要逐漸薰陶，一步一步的使之成為相親相遜的人。其時的教育，未必側重文字，而是在於陶冶品性，所以不可操切，而要溫和緩慢的進行，教而化之。可見在教育開始的時候，已經注意到教育不是立竿見影的事，而是要運用適當的方法。到了《周禮》中，可以看出司徒所施行的是民眾教育，即是教育百

姓，包括成人與兒童。另外有中央設立的大學，專門培養治術人才。不過所記載的多是行事方面。直到禮記出現，「學記」一篇，才把教法寫得十分詳細。

從這兩項資料來看，中國傳統教育至少有三點值得注意：

## ㈠有固定的教學場所

在民眾教育方面，地方設有「鄉學」。關於鄉學的記載，最早的見於《左傳》之「子產不廢鄉學」；然後見於《孟子》滕文公篇的「夏曰校，殷曰序，周曰庠，學則三代共之，……」，朱註以為校序庠都是鄉學。鄉學大概是教育兼民眾聚會的地方，實施道德和技能教育，而技能教育乃是職業教育的濫觴，應該是有技能者充任教師。至於道德教育，則是由中央（司徒）制定項目，層層頒布下去，由行政官員和當地有才德者實行。

在中央教育方面，即是所謂的「學」，應該是大學。大學有成均、辟雍等名目，分知識教育和技能教育兩項，而且按照時令，分別教詩書禮樂和騎射等項，是文武兼備的教育，教師則是各有專長的人員，多半受有官職。

## ㈡有適任的教師

鄉學和大學的教師都是具有專長且行為足式的人。《禮記·學記》中說：「凡學之道，嚴師為難，師嚴而後道尊。」其中的「嚴」字（前已說過，不妨再重述一下。）後來多解釋為嚴格，而且只注意到「師嚴」，遂成為「師要嚴格」，把「嚴師」兩個字顛倒了的意義忽略了。其實至少「嚴師」的另一個解釋，應該是「嚴格的選擇教師」，即是要認真的選擇優良的教師，有了優良的教師，才見出「道的尊崇」，才和「尊師重道」的意義相合。看學記後面所說教師的教學狀況，以及「師」和「教者」的區別，就可以知道。

### ㈢有周詳的教法

　　從學記看，不但列述教師應有的正確教法，並舉出不當的教法，兩相對照，教法的取捨，非常明白。同時又說明學習者的心理，和學習時易犯的錯誤，已經深入學習心理。所說全部教與學，和目前有關教學與學習的著作比較，毫無遜色。學記雖然是在漢時才出現，已經比現在所說的教法早了二千年，只是從事教育的人，把嚴師解釋錯了，到西方之說傳來，才大為驚異，反而貶斥自己的精華，轉而崇拜洋學，到今天唯洋人之說是尚，猶如買珠者留其匣而還其珠，不知真價值之所在。

　　我們知道教學是有目的的活動，根據活動目的，才能選擇適用的工具。學記中的教學目的，以兩年為一個階段，所定的學習時間和教育效果如下：

　　第一年：離經辨志。我國古書沒有標點，離經即是分別句讀，做上符號。從前大都在每個字右側畫一個圈，到這一句的最後一個字便不畫圈，表示到這裡可以停頓一下（現在翻印的古版書上可見）。辨志是辨別學生心意趨向於正或邪，是考察觀念正確與否。

　　第三年：敬業樂群。敬業指慎重的做所要做的事，即是用心學習。樂群指喜於和同學相處。

　　第五年：博習親師。博習指自動廣泛的學習。親師指樂於接受教師的指導。

　　第七年：論學取友。論學指探討學問的奧妙。取友指選擇益友。

　　第九年：知類通達。知識淵博，可以觸類旁通。堅持正道。

　　以上依照預定的教學目標，規定作息的大原則，即是：

　　「時教必有正業，退息必有居學……藏焉，修焉，息焉，遊焉。」

　　「時教」指四時各有要教的課業，即是春秋教禮樂，冬夏教

詩書。大概因為禮樂有軀體活動，適合不冷不熱的天氣；冬夏非冷即熱，適合讀書。在此之後，又定了四項教學原則：

*1.* 禁於未發之謂豫。「豫」即是事前防止。可以說凡是不希望發生的，要預先有防範措施，不可待發生以後，再來處理就難了。

*2.* 當其可之謂時。「時」即時機，也就是把握適當的學習時機，及時教學，否則錯過時機再來學習，便將費力而又難以獲得成效。

*3.* 不凌節而施之謂孫。「孫」即遜。「凌節」即超越限度。「遜」本意為謙和。此處指教學遵循法則，是禮的謙和之意，依禮按照階序，而不躐等，即是不教兒童學習年長者該學的事，因為他們年齡尚小，並不適合。

*4.* 相觀而善之謂摩。即是舉出優點，互相觀摩仿效，以資鼓勵。

依照上述原則，教學重在一個「喻」字，即是引導而不勉強，鼓勵而不壓迫，開導而不告訴，使學習者自己能夠明白。於是學習者可以在安適中學習，學起來就會感到容易，並且會自己運用思考，都是這個「喻」字的效果。

《禮記》雖然是漢代由戴德傳述的，他卻是根據所知而傳，可見他所知的必然其來有自。也就是說，他所傳的在他之前已經存在。如果說他所傳的是根據孔子再傳弟子的記載，則是源自孔子。再看禮記的內容，頗為近似禮經，而孔子教弟子的禮，我們以為應該有「經」，然而今天我們所看到的，卻只有大戴禮、小戴禮（即禮記）和儀禮。古典中所謂「經」，是「常」的意思，換句話說，即是原理。只是在原理之外，還包括作法，因為先哲並不徒託空言，所以禮記中把教法包括在內，也在常情之中。則上述這些教學原則，歸入孔子教育主張之中，也不為無理。

## 二、西方早期的教學

西方早期的教學，以希臘為例，受教育乃是貴族的特權。因

為貴族生活富裕，可以不事生產，自有奴隸從事勞動。對兒童的教育，由奴隸中的有知識者擔任教僕。（奴隸是戰勝所擄獲來的，其中不乏有知識者）教僕仍然負責品格訓練。七歲以後，可以入學。至於學習科目，則以音樂、詩歌、體育為主（兼及儀容、姿態之美）。

　　早期希臘有兩個著名城邦，一為雅典，一為斯巴達。前者是一個公民城邦，注重講演術的訓練，教育資料以成人為多。後者以訓練捍衛國家的公民為主，注重軍事訓練，從兒童期開始，便予以嚴格的體能和紀律訓練，其教法也就比較劃一了。這在教育史中，有詳細的敘述。

　　大體說來，有史記載的中西早期教育，兒童幼年期的教育由家庭負責。在中國，《禮記》內則篇中說，到幼兒會吃飯時，便教他用右手（那時還不知道人天生有左右傾向），到六歲時，教數數和方位；八歲教對長者的禮貌；九歲教計算日月的初步曆法；十歲才離家從師學習。這項記載，和西方相似，重在教育內容，涉及方法的並不多。西方早期的兒童教育既付諸教僕，重在教兒童讀寫算，在方法上，記載便不多見了。只在奧古斯汀（Augustine, 354-430）的懺悔錄裡，曾說到教師教法的缺點，似乎已經有了學校，但是教師教法，稱道的仍然很少。

# 第二節　教法的演進

　　中國的教育，從漢代儒家定於一尊，率皆以經學為宗。此後學者都致力於經學研究，記載中很少提到教法。幾近二千年，到朱子才有關於小學的著作；再到王陽明，才說到對兒童的教法。其間雖然講學者輩出，但談學習的方法者為多，且率皆為口述，即是所謂的「講述法」，乃是用於成人的方法。至於學記中所說

的教法，是否還有人應用，則很少記載了。因此教法的演進，便落於西方之後。

西方自文藝復興之後，思想從宗教解放出來，進入現代，教育與希羅時代大不相同，如英法等國已經有了學校，但是中上家庭多半有家庭教師教導兒童。十六七世紀出現了一些教育思想家，對教育有了新的主張，新教法也逐漸萌芽。

## 一、歐洲啟蒙後出現的教學觀念

歐洲經過文藝復興，超脫了宗教思想的束縛，思想解放，拓展了觀點，教育思想有了轉變，連帶的對教法也有了一些說法。

首先在教育中提出新觀念和教法的，要推柯美紐斯（Comenius），他生在十六世紀末至十七世紀（1592-1670），篤信天主教。曾出版了一本名為《大教學法》（Didactica Magna）的書，其中說：「要尋找一種教學方法，使教師教得少而學生學得多，使學校中沒有喧嚷，沒有頑固，沒有強迫下的學習；而有充分的閒暇，快樂和確定的進步。……環境中只有光明、秩序、平和與寧靜。」

柯氏進一步說：「人要生而為人，就要有理性，才能統御萬物，就要具有對物的知識，並了解藝術和語言。要學得快而有效，學習就要適合年齡，一次只學一樣東西，要學會才停止。故而學習要由易至難，由普通至特殊，不可躁進。知道後要立刻會應用。」科氏並出版了一本類似教科書的《世界圖解》。

柯美紐斯之後，英國的經驗主義哲學家洛克（J. Locke, 1632-1704）著有一本《教育思想論》（Some Thoughts on Education）。他有一句名言是：「健全的心靈寓於健全的身體。」首先他提出獎懲問題說，教育者要把一個真實原則建立在兒童心中，即是使兒童愛好嘉獎，而以羞辱為恥，因為這是所有人的心靈趨向。因而平時對兒童無傷大雅的動作，儘可任其自由，不必

嚴加管束。而對於規外行動，只要一個不贊許的目光，或一句話，就足以使其停止，且能記住不再出現。

　　洛克以為對兒童的教導，往往需要重複，使其記憶牢固，且養成習慣。如此做時，要自然而然的，不是刻意而為，關鍵在隨時注意，而不讓兒童感覺到他是在監視之下。就著洛克的說法，可以補充一下。我們應該知道兒童雖然幼稚，卻有其敏感性，而且注意力有相當的分化作用。通常成人講話，兒童在旁邊玩耍，看似他玩得很專心，但他卻聽到了成人所說的話。所以如果他知道成人的眼光老盯視著他，必然不自在，而且會生出反感。洛克的這個說法，可能是針對當時英國的教育方式而言，因為當時英國對兒童犯過，常用體罰，說是「省了鞭子，寵壞了孩子。」不過那時學校教師不懲罰學生，學生犯過要送到校長室，由校長懲罰。

　　其次，洛克以為兒童有強烈的好奇心，應該鼓勵而不可扼殺。不可譏笑兒童的問題，更不可斥其問題無知或荒唐。而是應該根據其知能範圍，或者答覆，或者引導其自行思考，可能時鼓勵其自行搜尋資料。因為好奇心是獲得知識的根源。

　　再次是洛克主張將學習遊戲化。他說如果注意兒童對遊戲的專注，可以發現他們雖然在遊戲中遭遇困難，卻還不厭其煩的想盡辦法解決難題。如果把這種心意引導到學習上來，他們會忘記學習的痛苦，而將注意放到如同遊戲般的學習上去，最後學習反而是一種快樂。由此也可得到使兒童保持注意的方法，即是在兒童從遊戲的學習中得到成就以後，讓他感受經過這番學習，知道了原來不知道的東西，一定會增加學習的興趣。

　　最後洛克認為「練習」是必須的。需要練習的項目，一是技巧，舉凡藝術，包括繪畫、園藝、以至一些技工等，和語言、科學等一樣，都要經過練習，即使是體育，也有益於鍛鍊健康的身體，同樣必須。而讀書、寫字、和各種學習，都是培植心靈的，綜合起來都有益於身心健全。

225

## 二、學習類型影響教學方式

西方教育經過這樣的轉變，人們的目光已從原來的貴族和富裕兒童，轉移到比較普遍的中下階級以至貧苦兒童身上，把原屬少數人的教育，開放到更多的人身上。而此時因歐亞交通大開，社會型態的轉變，中下階級興起，出現了「世俗教育」，即是工商行業由於實際需要，從業者需要一些知識和技能訓練，訓練從事行業人員，由兒童與少年訓練起，但並非出自學校形式，而是由行業主身任教師，是一種師徒式的教導與實習的方式。這種方式，在中國也早就存在，存在於工藝和交易（商店）類的學習。至於農業方面，則多半是實地在操作中學習，無所謂教法。

師徒式的教學，當然不能算是正式教學，然而其內容卻彌足重視。內容有兩項最重要的：一是道德，一是技藝。

道德訓練是從生活和行為方面入手。學徒和雇主生活在一起，故而要從幫忙家事做起，包括服侍雇主及主婦，擔任家中粗重的勞務，和工作場地的維持。這些工作，在於磨練忍苦耐勞的精神，同時練習生活的能力。在這種情勢下，如果雇主把學徒視如家人子女，予以善待，自是合理的。但若雇主把學徒視同奴僕，則另當別論了。不過從形式上說，學徒卻可以在生活中得到磨練。在品格方面，真正的目的在培養行業道德。無論工藝或交易，都要保持「誠實不欺」，這本是做人的基本原則，但卻是行業的主要信條。這種道德訓練，根本上在陶冶品格。人本來就應該有人的品格，而人的品格就表現在為人和做事上。

技藝訓練用師徒方式應該是最有效的，因為師傅指教後，必須實際操作，才見出工作優劣。而工作品質，則要工作者自己在工作的過程中，自己摸索領會，發現工作中的訣竅，把握住關鍵，熟練後才能達到巧妙的境地；這就是孟子說的：「大匠能予人以規矩，不能使人巧。」師傅教導的是規矩，俗話叫門道，是

入門的指引，巧則要自己去領會。故而實地操作，在師傅的監督下，可以隨時指導矯正。這種大體上一對一的方式，是最好的技藝學習狀況。就在讀寫算的學習中，私人教師或家庭教師（中西都有），理論上教學效果應該較高，因為學生的學習都在教師的視線之下，而學生人數少，能得到教師的全部注意。

227

歐洲思潮的改變，由宗教信仰轉到人文與自然。一方面改而重視人的價值，一方面把興趣投向自然。因重視人的價值而提高了對一般平民和貧苦大眾的觀點，認為他們也有受教育的必要，而且這種人為數眾多，不容忽視，尤其是兒童，更需要教育。對於自然，則一改過去忽視的態度，不但產生極大的好奇，且極端崇敬。於是出現了所謂的自然主義（或稱神祕主義或浪漫主義），重視情意與自由，進入十八世紀後，教學方面遂有了更新的主張和改革。

# 第三節　教學的新局面

## 一、盧梭的自然主義教學法

自然主義的教育提倡者為盧梭（J. J. Rousseau, 1712-1778），他的教育名著為《愛彌爾》，也稱《教育論》。盧梭崇尚自然，鄙視人為。他的名言是：「凡是出自創造者之手的，都是善的，而一經人手，便成為惡。」這樣說顯然表示盧梭相信人性本善，故而兒童出生後原是善的。言外之意，如果兒童漸長後出現了惡行，就不應責備兒童，而要歸咎於教育。同時盧梭相信人生而平等，乃是自然規律。人的職責就是成為人，學習人的生活，才符合自然。自然給予人真實的自由，並不命令人，教育也應該如此。當時法國公立學校的教育，為盧梭所不取，於是藉愛彌爾為

名，提倡私人教育，用對愛彌爾的教育方法，表現他的教育主張。

盧梭主張兒童出生後，就要順應自然法則來教養，允許兒童自由活動，少用命令。兒童就是兒童，如果他喜歡這樣活動，就應該讓他從活動中得到快樂。倘若他因自由活動而受到傷害，他會自己得到教訓，下次就不敢再這樣做。例如愛彌爾去碰觸火爐，燙疼了手，他就知道下次不再去碰了。同時盧梭以為也應該讓兒童感覺到自己的缺點，但不可讓他因此而氣餒，而是要使他知道自己還不能獨立，還需要學習。成人可以教他，但不是只教他服從，要告訴他對不知道的可以問，但「告訴」不是「命令」。盧梭堅決反對成人用權威命令兒童，更不可用權威控制他。成人需依照兒童的年齡應用適當的方法教他。於是盧梭以為教育的第一步，應該是「無為」。

盧梭認為自然也有情感，而自然的情感是完全正確的，因為自然並未使人心剛愎自用，人心本無惡。自然所賦予人的是愛自己，人盡相同，毫無差別，所以自愛的情感是相對的，為善為惡，只在如何運用這種情感。若純任自然，就只有善而無惡，於是自愛可以無限擴張。換句話說，可以成為我國所說的「博愛」。所以善於引導自愛的情感，就成為理性，乃是自然所有的必然，兒童服膺這種自然，不會發生錯誤，所以成人不應該只是教兒童做這個、做那個。

依此說來，成人先要自己秉持理性，自己先要講理，而不是一味的命令兒童，甚至和兒童爭辯。公正的意義，就在人我雙方各不失自衛的天性。但是成人既然長於兒童，成人所知道的，兒童未必明白，所以不能只要求兒童，而不問他的意願。盧梭的這個說法，切中了成人的缺點。成人總以為自己知道的比兒童多，凡是教兒童做的，自以為就是對的，且是兒童所需要聽從的。殊不知兒童年齡雖小，卻有公正的觀念在心中，當他還不了解這種需要時，就認為成人不公正，當然不會服從。在這種情況下，不

甘屈服的兒童必然質疑，雙方為此爭論，不但毫無結果，且給兒童留下一個很壞的印象，即是「成人不講理」，於是教育就失去了意義。這個觀點，頗像孟子所說的，「父子之間不責善，」如果父親叫兒子做某些所謂正當行為，兒子就會反駁說，「我的教師也這樣教我，可是他自己卻未這樣做。」相信這種情形，常發生在親子和師生之間，教育者必須注意。

　　盧梭以為在兒童提出問題時，成人不可立即回答以滿足其好奇心，而是要考慮他心中所想的是什麼。兒童問問題是一個理性過程，是兒童進入理性的階段，因為他的問題，目的不見得在得到答案，而是另有所指，率然的告訴他答案，將會發現他若有所思，而沉默下來。若誤以為他是滿意了答案，恰足以扼殺他的好奇心，因為在他的問題後面，隱藏著許多後續的好奇，引出這些好奇，才能滿足他。所以最好先問他，為什麼問這個問題，讓他說出本意，再決定如何回答。

　　盧梭認為教兒童認識自然，要讓他注意自然事物，使他因好奇而自行探索。如是可以從天象直到地理。不過要如此做，成人就先要充實自己，才能將兒童的好奇心引導下去。於是他認為兒童最好的關於自然的讀物，即是羅賓孫漂流記，這本書給兒童對自然的知識，更使兒童知道如何在自然中獨立求生。接下來使兒童獲得的知識，包括藝術、科學、社會等，但都要從實際經驗中學習。

　　盧梭的教育主張，在當時確是獨樹一幟，在傳統嚴格教育方式久已相因成習時，使人耳目一新。平心而論，盧梭的主張近乎「任其生長」，雖然愛彌爾幼年在自然環境中有充分的自由，但是後來還是要回到人文社會。今天要了解的是，現在兒童所能接觸的已經不是原始的自然，不是兒童單獨能夠面對的。就是在人文環境中，生活中也有了許多危險，不容兒童從經驗中去獲得教訓，若一任兒童隨便碰觸物件，在他得到教訓之前，已經有了生

命危險。所以讀書不能食古不化，前人的見解，有其時代背景，時移事異，要斟酌狀況，善於運用前人的卓見。

## 二、裴斯泰洛齊的直觀教學法

裴斯泰洛齊（J. H. Pestalozzi, 1746-1827）在十八、九世紀，以其另一種教育方式聞名歐洲以至世界。他的著作一為《隱者的黃昏》，一為《歐那德與葛楚德》。他的教育主張首在貧兒教育，次在應用家庭式教育，三在提倡一種新教學法。他身體力行，成績斐然，使得歐洲國家以至美國，都派遣教育人員前去參觀或學習。

裴斯泰洛齊以仁慈的精神和對人的認識，以為兒童和成人都需要教育，不只是個別的人，而是一個地區全部的人。不過他先從貧苦兒童的教育做起，將他們收養起來，形成一個大家庭，共同生活，一齊工作，使兒童在工作中學習，是由實際經驗中學習做人與生活之道。他幾乎和盧梭一樣崇拜自然，認為服膺自然，可以得到平安與快樂。如此則要認識自己的本性，擴展到所有的人，得到文化源流的知識，以及人類精神的充實與和諧。故而真知識要從純潔和簡單中去尋找。

裴氏相信家屬關係是最基本的，其中存在著人的純潔而自然的教育基礎，是道德和公民的學校──父親精神就是一個好管理員，蘊涵著「威」；母親的精神是愛，基本上是「慈」；手足精神是好公民，大家共同締造家庭的和諧與秩序。健康的兒童期有益於兒童「學徒式」的生活，是其未來快樂的泉源。

據此裴氏以為教育的任務是為兒童開創一個發展的前途，使他成為一個有責任感的人。那麼教育就要依照兒童的心理發展來進行。他相信兒童要從對具體事物的觀察來學習，不能徒託空言。例如教數學，從數數開始，他用一些豆子，排成一行，讓學生數出共有幾個，然後拿去兩個，教學生看還有幾個，很快就印證到減法。又如教學生形狀，如方形，就教他們量度教室，記下

長和寬，四邊加起來，就知道教室的周長，同時也知道了「角」的形成。如果到了計算乘法時，便用長乘闊，學生便明白了面積的意義。在教識字時，先從字音開始，然後是名詞，最後才教抽象的字。而對抽象的字，還是從直觀起，例如教一個酸字，先讓學生嚐些酸的食物，由味道引到字上，學生對這個酸字立刻可以得到深刻的印象。

　　大體說來，裴斯泰洛齊的直觀教學原則如下：

　　1.直觀是教學的主要根基。

　　2.語言必須和直觀相連結。

　　3.在學生學習的過程中不批評或判斷，絕不明白的指出對或錯。

　　4.每個教學歷程要根據兒童心理發展順序，從簡單的開始。

　　5.在教學到一個段落時，要停留一段時間，供兒童思考了解並把握要旨。

　　6.教學要依照自然發展的程序，教師不可獨斷，不可自做主張。

　　7.教師必須尊重兒童的本質。

　　8.知識與能力、理論與實踐或技能，必須一體相連。

　　9.教育要使兒童自內向外發展，不是由外而內的注入。

　　10.師生間的活動，特別在訓導方面，要以愛為基礎。

　　11.教學不可忽略教育的最高目的，即是隨時予以道德訓練。

　　裴氏的教學方法，根據兒童的心理發展和能力範圍，以教到學生真正「會了」為原則，才可說是「教學」。當然這樣教學，既不能求速效，更要教師多方用心，教師不可因為急於「完成任務」，而不顧學生是否學會。教師不可以教課本為務，而不顧道德訓練，漠視品格陶冶，以致成了名副其實的「教書」，而不是「教人」。

## 三、赫爾巴特的教育學方法

　　赫爾巴特（J. F. Herbart, 1776-1841）在一八〇四年出版了一本

名為《普通教育學》的書，是首見的教育學專著。一般講教學法的，多強調他的「五段教學法」，忽略了他在教學方面主要的觀念。其實他的主要觀點，並不在形式上的分段，而且他也只提出形式上的三個步驟，後兩個步驟是他的學生補充的。從他的普通教育學看，假如要把教育和教學分開，或者可以稱做「教學學」。他是重在教學，但實際上是把教學看作教育最重要的內容，並非只講課室內教知識或課本的步驟。

首先，他和盧梭一樣重視自然，教育是用人的活動補充對自然的經驗和對人的接觸。他說：「從自然中，人由於經驗而達到知識，由接觸而獲得同情。」這意思是說，自然經驗固然廣大無限，卻難免仍有闕漏；而人和人的接觸範圍狹小，闕漏將更多。兩者都需要教育來補充。補充經驗是知識，補充接觸是同情。

赫爾巴特重視同情的激發，他以為人若只是心懷仁慈，並不能一定引起感激之情，還要有另外一個條件，即是使人感覺到自己也要以仁慈為心，才激發出同情。也就是說，自己有了仁慈的意向，才會表現同情仁慈，這就是教育所要做的。這一點，頗和儒家所說的「以己度人」相似，度人要心中有別人的存在，並以自己的感受來想像別人的感受，然後才能把自己想望的給予別人。赫氏以為如果教育做不到這一點，教學就是空泛而毫無意義的。據此可知赫氏所主張的知識和同情雖然各自獨立而不相同，教學卻要同時發展這兩種心理狀況。

赫氏以為教學所要培植的，一是專心，二是思考，三是注意。三者相連，特別是在注意中，才能使個別事物特別明確，才能達到認識的地步。於是他提出教學必須做到：

指明——聯結——教導——給予哲學觀

對同情方面，教學則要：

觀察——繼續——昇華——積極實現

所謂昇華指實際的感受進入精神或心靈，超出於感覺層次，

是一種廣被萬物的仁慈，不只是同情而已。

　　赫氏又提出「教學的風格」之說，認為教學時必須排除一切矯揉造作；要能靈活的變換方法和技巧，隨機調度，「用一種永遠活躍的期望心，激勵學生的思想。同時允許學生插入意見，使其感受是在自由中學習。」

　　赫氏於是提出教學的進程，使學生從知覺方面出發，進而達到心靈的慧覺。其進程如下：

### ㈠單純的提示──分析綜合

　　所謂單純的提示，是以兒童的經驗為準，凡是兒童曾經知道的，都可以用純粹的提示，將其經驗呈現於其感官之中，這樣的描述，能使兒童相信教師所說的，和他所知道的一樣。換句話說，就是利用舊經驗引出新學習。

　　所謂分析，即是指每個同時出現的狀況，都可以分成各種獨立的事物，每個事物又可以分解為多個構成部分，這些部分又可分為各種品質和因素，這些現象中包含許多變化，其中卻有連續性，由此可以形成形式概念，這樣就需用思考。藉思考而知道變化與連結間錯綜複雜的關係。

　　綜合的教學，建立在結構的完整上。首先需要提示一些基本因素，繼而則要「準備」，即是準備元素的結合，但不是全部完成。「聯接」是綜合最普通的方式，重在元素之間的關係，這是需要思考才能完成的。赫氏非常重視同情心的培養，以為同情心就要靠綜合方式來培植。如果師生間或同學間存在著愛的情感，心胸就會開闊，形成溫馨的氣氛，散發出溫和的熱力，有助於人和人的接觸，將來會成功的進入社會與國家。

### ㈡教學的分析與綜合歷程

　　赫氏在教學的分析與綜合歷程中，都以體驗、沉思與鑑賞為重。他的觀點在使兒童能得到親身的感受，無論對知識或同情都

一樣，即是要「感同身受」。有了這樣的感受後，自然要繼以思考，思考應是深刻的，所以叫做「沉思」。至於對所觀察的事物，不是徒在形式，而是要觀察到細節和關係，如此才能成為鑑賞。

234

統括起來，赫氏認為沒有教育意義的教學，就沒有價值。教學中自然要有提示，這是通常必用的講述，是喚起學生進入學習的興趣，激發心靈活動。但在教學之前，必須有充分的準備，這是教師最重要的工作，做到這一步，才能順利的進入此後的教學歷程。田培林先生曾歸結赫氏所主張的教育的直接目的，在於培養多方面興趣，一是由感官得來的經驗的興趣，二是由認識得來的思辨興趣，三是由欣賞意味得來的美感興趣，四是由和人接觸而得的同情的興趣，五是由參加團體活動而得來的社會興趣，六是由人神關係得來的宗教興趣。前三者屬知，後三者屬行。教學程序則為：明白、聯合、系統、方法。（參見田培林：教育史，頁 209）

赫氏的教育學，正是他所主張的由教學實現教育功能。他所說的教學，始終把品格陶冶包括在內，所以他的教育學後半部，所談的就是品格訓練。實際上在教學過程中，即以課室表現來說，秩序就是必不可少的要求，很多教師把教室秩序不佳，歸咎於學生不守規，卻不問原因為何，實則原因就在教師只管傳授知識，未作品格陶冶。從前「教室常規」本包括在教學法之中，現在把「教室管理」當作一門獨立的「學問」來講，不在教法之中，「教」和「管」分裂，重知不重德，使「教書」成為教學要務，「教人」竟不在「教學」之中了。

這個問題，可能和教育趨向於科學，重專精而忽略了教育本是要教一個整體的人，以致教育各科分立，各有專精，在每一科中，似乎學生只要學這一科，就能成為「菁英」，忘卻了兒童開始生長發展是整體的，一部分的發展，不但無效，反而會成為畸形。既然教學法在教育中早已成為顯學，應該周全的考慮，方法

只是工具，哪一個工具都不是萬能的，一項複雜的工作往往需要多種工具，要這些工具「配合」應用，才能完成這項工作。而教人的工作，複雜萬端，如果刀鋸鎚鑿一起打下，其後果自不待言。

## 四、福祿貝爾的幼兒教學法

福祿貝爾（F. W. A. Froebel1, 1782-1852）幼年失母，曾經度過孤獨的童年，有機會接觸到大自然，蘊育出愛好自然的個性。他的教育觀點和他的生活經驗有關，可以了解他對自然的愛好，因此他認為人和自然是統一的，有似於中國傳統所說的天人合一。同時認為生長發展有連續性，據此提出幼兒教育的主張。他的名著是《人的教育》，以為學校與家庭生活一致，才能完成人的教育。

福氏以他所提倡的幼兒教育而聞名。經他提倡之後，由德國擴展到世界各國，幼兒園紛紛設立。然而幼兒園並不在正式學制系統之中，未入幼兒園的兒童，就只有接受家庭教育，所以最好把福氏的觀點，超出幼兒園之外，用於全體幼兒教育。而且福氏所說的生長發展是連續的歷程，乃是公認的事實，每個成人都有養育幼兒的可能，而幼年教育失當，將影響日後的發展，不可忽略這步基礎教育，應該納入整體教育來看。所以幼兒教育，不可只視為幼兒園教育，而要看作整體幼兒的教育。

福祿貝爾的教育方法，經田培林教授歸納，有三個重點，介述如下。

### ㈠教育工作者要「認識」教育是「思想的工作和工作的思想」

福氏認為兒童要在實際的生活行動中獲得教育效果。教師要領導兒童從事實際生活活動，就要在工作中思想，在思想中工作。從實際生活著想，通常教師在擔任工作後，往往專注於工作，而忽略了生活，甚至把從前的生活經驗，也或多或少的疏失

了。而且生活不斷進步，縱使前此的經驗還保留著，也和當前有了出入。要教兒童從事實際生活活動，就要再認識生活，而且要選擇適合兒童學習的生活，那麼就要思想，才能進入工作。而在工作之中，當然要不斷思想，才能使工作有效。

### ㈡了解兒童天性愛好遊戲

遊戲是兒童生長發展必不可少的活動。近代心理學家認為，遊戲對兒童至少有三項功能：一是藉遊戲練習肢體活動能力，才能生長發展，日益健壯；二是消耗所吸收的營養，遊戲過後，才能安然入睡；三是在遊戲活動中，增加對環境、人和器物的認識，而增加經驗。我們都有或多或少接觸幼兒的經驗，如果讓幼兒靜止一段時間，他多半表現不耐煩，不會安靜，甚至啼哭。年齡愈長，這種情形愈明顯。而如果讓他遊戲，便會自得其樂，不再麻煩成人。

福氏認為在遊戲中，兒童可以享受自由，不過並非毫無限制的自由。因為遊戲中存在著一些規律，受規律約束，行動必須配合，在無意之間，會生出一種責任感，自己有責任遵守紀律約束。這樣對他日後生活，有很深的影響。

### ㈢製作有用的教具（恩物）

福氏曾自己設計「恩物」來教導幼兒，使他們從認識物件及其變動來認識形狀、物體、顏色，擴大到動物、植物、礦物，並藉改變物的形狀練習操作。這是引伸了裴斯泰洛齊的直觀教學法而成的。福氏的這個作法，可以給我們兩個啟示：第一，好的方法可以活用，衍生出更適用的方法；第二，教師可以隨時自己製作教具，使教學更有效，恰是福氏所說的教學是思想的工作和工作的思想。更證明教學不是只用一些現成的材料，只告訴兒童一些話就算的事。固然目前有許多教具供教師應用，若教師肯用心自做合用的教具，教學效果將更高。（參見田培林，教育與文化）

　　總而言之，福祿貝爾的幼兒教育法，除供教師應用外，對任何人，尤其是為人父母者，同樣有用，而常和家長接觸的教師，也可隨機應用。

## 五、風起雲湧的實驗嘗試方式

　　進入二十世紀，實驗和嘗試性的教學法風起雲湧，首先當稱杜威的實驗法。

　　杜威（J. Dewey, 1859-1952）在二十世紀初，於芝加哥大學附設實驗小學，用他所提倡的教學法來做實驗，不過為時不久。

　　杜威根據實用主義的哲學主張，相信真理就是改變，教育就是生長。生長是個人和環境不斷的交互作用而發生改變，而形成經驗，經驗則不斷革新。生命的繼續就是在適應變動不居的環境，而教育就是教人繼續不斷的更新自己。他在一九一六年出版《民主與教育》，明顯的提出這個主張。既然生命是繼續不斷的歷程，人又是生存在社會中，所以教育也是繼續社會生命的工具。由於個人和環境不斷的交互作用，而增加了個人的經驗，並且使經驗繼續不斷的重組並改造。

　　加以美國的民主思想，杜威主張教育在發展個別兒童的個性，此外別無目的。所以學習最主要的在培養守法、合作與競爭能力。民主精神的教育，要讓兒童自由活動，在活動中學習，學習是由舊經驗引發新經驗，兒童利用新經驗重新和環境交互作用，如此繼續不斷，才能生長發展。

　　在這個原則下，教室的活動要以兒童為主，教師不應控制管理，只能站在客觀立場，必要時給與指引或建議。學生可以自由的說話討論，可以自己決定學習。他反對記憶之學，即使英文字拼音，也不那麼重要，故而並不重視歷史，認為重要的是要看向將來。

　　杜威以為學校有三項論點，即是教材、教法和行政或管理。

教法和教材有關，端在用最少的時間和精力，發揮教材的用處。教法和教材不同，教法是使教材發生作用的。因為教材不過是一些材料，對這些材料的應用，在於「用」時的動作，而動作必須有其次第，就是方法，如此材料的效用才能發揮。

方法和用者不可分，用者為人，人面對材料時，要自有心理作用，使心和材料連接，猶如環境和經驗相連，想到要如何處裡這些材料，把握住次第，就成了方法。方法不是固定不變的，因人而異，如果用者依其經驗變通應用，自然有效。

杜威以為學習活動本身就是有目的的。學習者在自身的活動中有所收穫，但是要真正進入活動中。也就是說，學習活動是自己要的活動，不是那些材料「要學習」。杜威認為教學法就是藝術方法，也是有目的的聰明的活動方法，一如藝術家的方法般，熟悉方法和工具，竭盡心智於客觀材料，以過去的知識，針對當前的材料，靈活運用。儘量避免「率由舊章，固執不變」。

杜威相信方法的運用之巧，在於一心。教師各各不同，學生也人各有異，沒有一個方法可以用於所有的人都有效，所以教師面對教材時，要率真、開明、目標專一，且有責任感。

「率真」的意思，是指直接面對材料，忘卻自己，也不考慮別人對自己如此教的觀感，以免分散精力。

「開明」指喜於接受各種建議和材料，從多方面考慮，開啟視野，兼容並蓄，以免固執或堅持偏見。

「目標一致」指投入全部興趣，堅持一個目的，不三心二意，不因任何挫折或批評而氣餒，不隨風轉舵，以免自己的信念消失，而功敗垂成。

「責任感」指用智慧考慮行動的結果，考慮到多種可能出現的狀況，一經決定，便勇往直前，在計畫實現之前，不輕言放棄，不徒託空言，以實踐驗證計畫的正確性。

總結杜威對教學法的觀點，即是有效的運用經驗教材，使兒

童學習後，不斷的重組並改造經驗，而生長並發展，即是教育的功能。而方法的運用必須個別化，即是每個人都可依個人的經驗而用，不可使方法僵化，方法才會有效。杜威的主張，在美國曾經引起廣泛的討論，少數學校或教師，曾經試用其方法，或因過分堅持杜威的說法，給予兒童過多的自由，教室毫無秩序，受到批評，後來應用者漸少。倒是因為杜威在民國初年曾經在中國講學，其學說在我國反盛極一時。

　　杜威之後，美國嘗試新教學法者風起雲湧。可舉幾個特例以見一斑。

　　一九二〇年有所謂「道爾敦制」，以學生個別學習為宗，各自和教師訂定學習計畫，自行學習，在學到一個段落或有問題時，可以請問教師。這種個別指導，需要大量的教師精力，而且學生過於分散，使學校無法計畫整體教育，不久即告停止。

　　一九四〇年代，出現了「行動研究法」，實際上乃是一種教師自行研究教學所發生的問題，尋求解決之道的方法。方法的內容是教師在發現教學中一個問題時——包括教材、學生、以及和教學有關的任何問題，不能立刻解決者，先自行蒐集有關材料，尋找答案，過程中可以和同仁組成討論會，共同討論，必要時商請有關專家指導或諮商。這過程鼓勵教師的研究和教法的改進，雖非系統性的學術研究，若實行得當，極有益於教學效果，但教師應有適當的研究訓練，才能行而有成。

　　一九六〇年代，出現了「系統化」教學法，先用於軍事研究，後利用電腦教學，稱為「編序教學法」。初時師生都面對電腦，教材呈現在電腦螢幕，學生學習後，教師提出問題，學生作答，似乎現在還在應用。

　　一九八〇後，「認知教學法」盛行。始於皮亞傑的兒童認知之說，發展出認知心理學，教育中借來做為一種教學法，從而又發展為理論。並將學習過程中和學習後的思考作用剔除出來，稱

為「後認知」，把學習歷程中腦的連續活動割裂，可能增加教師了解學生學習活動的手續，也增加說明的困難，有失方法為工具的本意，似乎還要重新思考。

## 第四節 方法的變通應用

就以上所舉的教學而言，二十世紀之前，教育思想家雖然也談到教學法，並非純論方法，都兼論品格，綜合起來，他們的教育指向，所針對的是兒童，也就是針對教兒童學習後如何成為一個人。他們所說的教學，用現在的觀念說，應該是教育，是涵蓋教學在內的教育活動，並非純指「教知識」而言。因為他們認為教學生生活和為人，與教知識不可分。而且教知識也並非只教識字或讀書，書和字的學習和實際的生活與為人要結為一體，不可分割。即使從柯美紐斯以後的教育家，都以所倡的教學法聞名，他們也並未只講教學法，仍然以培養品格為主。如盧梭雖然主張自然的教育，也未置愛彌爾的性格培養而不顧。道理非常明顯，如果只用教學法於教知識，而不顧兒童的學習狀況，究竟兒童能學得多少知識，似乎教學法也難以說明。尤其兒童無意於學習時，方法如何能夠生效？

關鍵在教學時，如何把一群心性不定，無意學習的學生引導入學習中來，確在方法，但是這方法乃是引導「人」的方法，而不是灌輸知識的方法。這是一個十分重要的關鍵。目前許多教師抱怨學生上課不守秩序，是否「教學法」知之甚稔，對教人還知之不全？前面曾經說過，教師上課當然不免「教書」，但是真正的教書包括維持教室秩序在內，若學生紛擾吵嚷，怎能聽見教書？所以說把「班級經營」作為一個科目教準老師，乃是「治絲而棼」之策。

　　歸根結柢，教育是一項整體活動，所教的人是一個整體的
人，無由將其分割開來，一次只教一部分。一個活人，尤其是一
個少不更事的兒童，其活動方向變化多端，要經過教育使其知道
紀律並遵守紀律，然而這卻不是一朝一夕之功。教其有所知，才
能知道當為和不當為，知與行合而為一，才算教育的效果。而教
育的主要部分是教學，但是教學並非只是教課本知識。如果忽略
這一點，縱然運用多麼奇妙的方法，也難得到教育的效果。

　　教學運用方法，猶如任何工作運用工具，運用之妙，全在一
心。孟子說：「大匠能予人規矩，不能使人巧。」即是說，技藝
達到爐火純青者，也只能告訴人方法，卻不能使人在運用時達到
巧妙的地步。巧妙要由自己在運用方法時，自己體會出來。教學
方法也是如此，所能給人的只是大概的方向或尺度，用時要用者
自己衡量所面對的材料，拿捏好分寸，不失毫釐，做得恰恰好，
才算是巧。所以運用方法，無法言傳，只在用者斟酌情況，靈活
變通，所謂「變則通」，就是這個道理。

教育環境與功能

「居移氣，養移體，」當作何解？
人和環境有何關係？「入污泥而不染」可能嗎？
「近朱者赤，近墨者黑，」可以作定論嗎？

　　在學習的需要日漸增加之後，聰明人想出把學習者集合起來，同時教導，以增加受益者。於是集合多數人便需要一個固定的場所，場所的名稱歷來頗多，但都是指定型的而言，實則教育環境，當自家庭開始。

　　把家庭視為最初的教育環境，若只就環境影響而言，當以居住者全部所構成的環境氣氛為主，其中生活的秩序，活動狀況，親屬關係，有無教育作用，才是值得注意之處。因為幼兒從出生以後，就受這個環境影響，家庭的各種狀況和親屬的所有活動，在在都影響這個從生活中學習的小生命。此時這個小環境，就是他的天地。而且還不僅如此，除非這個家庭孤立在人群之外，否則更受鄰居的影響，所以論語中說，「里仁為美」；孟母更因鄰居影響了幼年孟子的學習而三遷，即是外在環境影響教育的例證，也見出環境教育的重要性。

　　定型的教育場所，通常指學校而言，隨著學校有了制度之後，這個固定的場所有了規劃，依其功能而設計，地點和教學以至必須的設備都在計畫之中。

　　首先學校環境必須適合學習，學習則需要不受外界干擾，離開鬧市應是第一考慮。中國在尊師重道的傳統存在時，視學校為神聖的場所，其時門前標明「學校重地，閒人莫入。」於是學校和世俗隔開，在使其獨特功能不受干擾。

# 第一節 教育環境的普遍功能

　　學校已經視為一個獨特的環境，不過還是大環境中的一個小環境，小環境自有其意義。即是這個小環境是大社會中的一個小社會，兩者性質並不相同。原因是大社會是文化的融合體，若用價值衡量其中成分，乃是優劣互見。而教育是傳承優良文化傳統的場所，所教的「文化財」必須擇優汰劣。換句話說，教育是教人向上發展（只學好，不能學壞），自然只教好的一面，以防止壞的發展，也防止壞的習染，是這個小社會獨特之處。同時在這個小環境中，還要孕育出創新的能力，文化才有進步。

　　不過在資訊發達之前，學校圍牆還有隔離效果，在學校裡，學生所學的，的確只是好的一面，但就在其時，出了校門，遇到大社會的五光十色，軼出所知的範圍，僅憑所學，已經有不知如何應付的困難，所以有學非所用的譏評。現在資訊發達，圍牆已經沒有阻隔作用，「學壞」的機會比比皆是，要教學生學習辨別是非善惡，已使教育工作者心餘力絀，要使其「擇善固執」，更是難上加難。這不只是學校的問題，而是教育整個的問題。學校的設施另是專門領域，本章以教育環境為著眼點，將從另一面認識。

## 一、環境的陶冶作用

　　正式的教育環境當然有一個範圍，其中包括地面與建築。地面為活動空間；建築為「學習」及其他必須的場所。

　　就活動空間而言，除了運動場之外，休閒活動的空間以及環境的裝點，更為重要。休閒活動指在課後，可以閱讀、聚談、散步、沉思，或多數人聚會，以至觀賞，是在課業學習之外的「學習」空間。這樣的空間，使學生有自由休息或用腦的機會，這種

247

自由同樣是學習所必須，其功能在於「陶冶性情」。而陶冶性情在於有一個廣大的空間，能遠觀以開闊胸襟，有林木花草以供觀賞，也有伏首沉思的機會，以增加心靈活動。我國早期學者講學，必然選擇一個幽靜的山林，使學習者不離開自然之美，在自然中蘊育精神，領會人與自然的和諧。

人本來就是大自然的一類，生於自然之中，活於自然之中，死後又回歸於自然。即使人另創造了人文環境，還是包圍在大自然內。而人文環境的氣氛，遠不如大自然之清新純粹，所以人有時還要接近自然，以排除人文中的「不自然」，使神智得以清醒，藉機反省人生的意義。自古以來，不忘所本的人，無不愛好遠離人世的自然，享受自然的風貌。縱使不能超出塵世，也在可能的範圍內，加些自然情趣，如樹木花草之類。所以教育環境，在人工化之外，加上些自然風味，乃是必須。

中國傳統的教育，在使人於學習中，「讀聖賢書」以「明心見性」。因為中國的先聖先賢，早就看到人要發揮人的優點，提昇人的精神和品質，在卸除了原始的「野蠻」之後，還要把自己從已經形成的「流俗」中超拔出來，才能有人的作為。先聖先賢已經把這個道理說得很清楚，讀這樣的書在於明白這個道理，然後才能實行。這個說法可能被視為「落伍」，然而所謂「進步」的「讀書」效果如何，似乎還要參照古今，重做一番思考。

超俗的第一步，是先要在心目中，超脫世俗，站在世俗環境之外，可以客觀而清楚的觀察，所謂不識廬山真面目，只緣身在此山中，反過來說，在廬山之外，才能看到廬山真面目。又所謂遠離塵囂，才能免去塵俗的漸染，不在「名利場中」，可以澄心潔慮，身心清靜，才能安心學習。而安心學習，即在使心的主宰作用，不失其澄明靈澈，洞察無隱，忘卻一己之私，以超然的態度來觀看世界。

人而無私則心正，《大學》中說：「意誠而後心正，心正而

後身修」。在一個清靜的環境中，「意」可以專一而無雜務，無所偏執，即近乎誠。「無偏無私」，現在稱為客觀，才能致力於學，如此才能把握人性的優點，從而發展向上。

## 二、環境的實際效果

學習環境是一群人的特殊組合。在《禮記・學記》中，已經指出「博習親師」和「論學取友」是學習歷程中進步的事項，師友是環境中「人」的影響，而處人正是生活中最大的課題。理論上師有其先在的理想條件，能「親師」才能多得「教益」。通常學生看見老師敬而遠之的，原因之一即是心中有愧，不敢直接面對老師，以免被老師識破真相。在取友方面，可以想像到學生中有一心向學，而品行端正的；也有行為不檢，耽於嬉戲的。孔子說：「損者三友、益者三友」，在學習中擇友的取向，既影響學習，也表示學習成就。而同時學習的夥伴，在一個環境中，本就有互相影響的作用，可以互相鼓勵向上，也可以相染而墮落。

客觀來看，在學習環境中，人各不同，固然應該選擇益友，互相砥勵，以得其益，實則不足為友者，也可作為借鑑以自勉。從群體眾生相來看，知其可為而為之，可以比喻以善者為師；知其不可而不為，就是「以不善者為資」（可做參考材料解，藉以做自己的警惕）。再從朋友有「規過勸善」之意來說，如果自己持正不阿，或者反過來可以影響不善者，使其轉而趨向善。

但是團體影響，往往使人放棄自己的立場，影響不良時，若一味逐流揚波，自己也會陷入混濁逆流中。在講究服從多數的「民主」團體中，「從眾」往往使人失去個人立場，形成「病態」現象。這種現象之為病態，關鍵在個人缺少「自主能力」，不敢與眾不同，沒有「獨排眾議」的勇氣。而學習正是在鍛鍊自己的信心，如果相信自己所見不錯，便要屹立不搖。古代聖賢，獨持睿智之見，愚人不足以了解而恥笑之，智者不為所動，即是

自主的信念有堅持力，如同大匠不為拙工廢繩墨。近來研究創造能力的心理學家發現，創造者的創見，因其獨出心裁，不同流俗，短時間不為世俗所接受，必須有忍受寂寞孤單的勇氣，才能使創造成功。所以對團體動力，可以接受其積極的作用，而不受消極作用的影響，這項工夫，是經過學習鍛鍊出來的。

實際上一個教育環境中，以師友為大多數，這些人的行動表現，會形成一種氣氛。良好的氣氛是，無論識與不識，相遇時都彬彬有禮。道理是，既在同一個環境中，相聚為一體，有機會相識而熟識；而且目標相同，自有一種「凝聚力」，應該成為一個「統體」。即使本不相識，相見為禮，便是進而熟識的機會。先行禮者有「先聲奪人」的主動之利，因為「敬人者人恆敬之」。教育環境中以禮為先，是「禮之用，和為貴」的主旨，和氣使人感覺到溫馨融洽。張載說：「學以變化氣質」，變化氣質要有適當的環境，猶如孟子說的：「居移氣，養移體。」教育要有一個特別設計的環境，也就在此。這個環境使人舒暢胸懷，恬然安適，甚至達到忘我的境界。

古人以至今人都以「讀書為尚」，古時能進入「學府」者，自以為榮，也知道自愛，同時也得到世俗的尊敬，所以讀書人有了獨特的典型，即其氣質語言行動都有不同的「風格」，乃是得自環境陶冶作用。

由讀書而形成的氣質，通常說是「文質彬彬」。言語出詞吐氣，不陷鄙俚，行動不見鹵莽，使人樂於親近。但是我國歷代相傳，由於偏重讀書，缺少體能鍛鍊，甚至終日以書本為伴，不知世事，落得「四體不勤，五穀不分」之譏。現在學習科目已經改變，文而不弱，知而能全，端在學習者自己努力的方向。

讀書人的標幟，古代見於服飾，後來見於學校的制服。由校服辨別學校，也辨別學校的聲望。最低限度，可以使人見其服飾而知道其為學生，而生出對學習的敬意，可惜校服原有的功能被

扭曲而消失，趨向另一種觀點。

服裝趨向風尚，等於放棄受崇敬的身分，自甘落入流俗，甚至放棄人靠服裝蔽體的尊嚴，而以暴露來炫耀。如果一個學習環境中出入的是「原始人」，便不免成了文化倒退的現象。

不過教育環境主要的在於論學，這是教育的主要功能。這項功能必須見於知識能力和品格的改變，即是知能與品格的增加或提昇。但是這些都要在環境中陶冶出來。

環境氣氛除了目所能見的以外，便是耳所能聞的。試想進入一個環境之中，入耳者都是吵雜叫囂之音，會給人什麼感受？而如果所聽到的是歌唱誦讀之聲，又會有什麼感受？又或者感覺之中，有人存在，卻悄無聲息，將會感覺到什麼？

論語中載：「子之武城，聞弦歌之聲，夫子莞爾而笑……」暫且拋開後文所說的事實，先就子游為武成宰來說，他的政治是以教化為先，所以人民都能奏樂或歌唱，孔夫子聽到這種聲音，自然是愉悅，因為其代表的是生活安樂。大概孔夫子仍然存著士人讀書的思想，以為讀書不可能遍及民間，才說「割雞焉用牛刀」，至於後來對弟子的解釋，認為自己是開玩笑，就算玩笑是實，也是出自喜樂之心，可以解釋為弦歌所代表的環境氣氛。

教育以學校為主時，這個小社會不僅是傳道授業的場所，不僅是改變接受教育的人，同時對於大社會也有領導和改變作用。即是能啟導社會風氣，進入高度文化層次；同時校正世俗歪風，免於鄙俚。那是在資訊未普遍前，大眾對學習者懷著尊敬之心，願意學習有知者的言語動作，以提高自己的身分。待到資訊普遍後，如果教育仍能維持其功能，堅持教育立場，其對大社會的影響，毋寧更為有效。但是如果教育自棄立場，轉而與大社會妥協，便將為大社會所支配，失去原有的功能。教育環境雜入大社會的鄙俚，特有的環境氣氛便不再純淨，也就失去了陶冶作用。目前大社會有一種呼聲，「學校社會化」，要學校開放給社會大

眾，其原意本是使學校的影響力，遍及大多數人，以增加教育功能，果真如此，確是良策，但若作法欠當，則學校不能「化社會」，反而「被社會化」了。

　　理論上，學校中所能聽到的是「誦讀之聲」或「歌詠之聲」，倘若所聽到的是「熱門音樂」的噪音，或「流行歌唱」的庸俗，則會形成「浮噪」的氣氛，而學習所需要的「沉潛之氣」，與「澄明之心」便無法維持了。

# 第二節　普及教育與實際教育環境的層次功能

　　人之生長發展的歷程，因年齡增加，在身心兩方面都有顯著的差異。一個人成年後的表現，和環境有密切關係。從教育立場說，幼年的環境是家庭，所以教育環境不能把家庭排除。正式的教育環境是學校。學校又分小學、初高兩級中學與大學。因年齡不同，所發揮的教育功能也應有別，故而還要先從家庭環境說起。

## 一、家庭環境

　　家庭是人最初的教育環境，父母有教育子女的義務，並有供給適當教育環境的責任。適當教育環境不論物質條件，而是在家庭中的人際關係和教育方式，原則上是家人和諧共處，教育態度與方法正確而一致，其中最主要的以父母為先。

　　首先，為父母者彼此間應該同心協力，把教育子女視為生活的一部分，自己做子女的模範，待人以誠為本，以和為貴；而且對子女的教養態度必須一致。最忌在子女面前爭吵，或一個人管教孩子時，另一個勸阻或代孩子說情。

　　其次，有一個以上子女者，最忌偏愛；更忌比較孩子的長短。如是夫妻和睦，兄弟姐妹友愛，使家庭中充滿溫馨，才能孕

育出正常的兒童。

這樣的家庭環境，顯然要家長具備教育幼兒的知識。康德認為教育幼兒有兩項最重要的任務：一是養育，二是訓練。養育是生理方面的，訓練在培養正當習慣。不過就環境來說，人和人的融洽，才是造成環境氣氛的主要條件。氣氛只能感受，可說是抽象的，然而卻是幼兒最需要的。

於是家庭教育，便在為父母者所造成的家庭氣氛。中國的倫理，有夫婦相處之道，從男女各有職分立論。只因時過境遷，從前的男女之分已不合實際，自應另做別論。但是父母的教育責任卻不容放棄。而在現代複雜的生活狀況中，更需要教育幼兒的知識與方法。因為養育幼兒的關鍵，以夫妻相處之道為基礎，雖然有所謂「至近者夫妻」這個說法，而在把男女平等以至女權之爭搬入家庭後，夫妻的和諧關係便生出問題。而夫妻不和，受害最深的便是幼兒。

幼兒和幼小的動物一樣，需要父母的愛，而人類幼兒和動物不同的是，在知覺中需要父母之間的溫馨，需要一個祥和的環境，即是在物質供應之外，還需要環境中有安全感，所以幼兒教育，負責教育者的狀況，與教育有同樣的影響力，甚至「人」的影響力更大。目前來自破碎家庭的學生問題，並非教師或學校所能解決，即是實例。

成人往往誤以為幼兒年齡尚小，所能懂得者有限。殊不知幼兒感覺最靈敏，其所感受的雖然尚無法用語言表達，但卻深印在腦海裡，所以幼年經驗中的不快或恐懼，常常到成年才出現心理病徵。心理學中這樣的病例極多。

對於家庭教育，常常只針對受教養者而言，至於教育者本身如何施行教育，雖然也有論述，卻未明顯的做主題討論，似乎是認識中的一個缺陷。如果基礎教育——家庭教育——失當，而把教育只放在學校教育階段，必然事倍功半，這是教育領域中應該

正視的一個重要問題。試看歷史上著名的成就者，幼年得自於正當教育的居多，而且並不限於雙親教育，反而只有賢母正當教育者，即使自幼失怙，也無害於成就。這問題不僅在是否父母雙全，而在實際的教育。自然的失去父母，固然不幸；而父母俱全，卻不和諧者，所造成的問題可能更多。所以在教育中立論，當有睿智的見解，要面面顧到，不可偏執一端。則家庭教育中的人如何相處，為幼兒設想，也應列入教育的環節中。

## 二、小學環境

　　小學環境當根據兒童身心發展的需要而設計。兒童在學校中，自然需要學習，然而所學習的，必須適合其發展的需要。簡單的說，即是從學習中，第一要增加知識。不過這知識須在其能力可以接受的範圍，且須和其經驗有關——有關不是指「限於所知」，而是知的增加能擴展其知的領域，但不超出其能力範圍。第二要增加能力，即是增加其「力所能及」的工作能力。明顯的是，在學校中，要能照顧自己活動所需的事務，包括用具、飲食、排泄等。學習這些基本能力的潛在功能，在於培養「對自己負責」的「人的義務」。因為在學校中，不似在家裡可以依靠父母代辦，而要在另一個環境中學習「獨立」照顧自己。能照顧自己的一些基本活動，是獨立的開始。第三要有充分活動，因而必須有廣大的空間。第四是在這個廣大的空間內，許多人不免交互往來，如何互相對待，而不失和氣，就要各自有反省的能力，知道「己所不欲，勿施於人。」知、能、動、情四者兼備的環境，才是適合兒童的教育環境。在其中兒童才能快樂的學習，不再似「小奶孩兒」般處處要人「服務」。

　　知識、能力、動作和情感表現，四者是同時並「學」的。例如學校都以整潔教學生，有些學校規定學生早晨到校時，除了檢查服裝外，並要求攜帶手帕、衛生紙等應用物件。這些規定可能

有其作用，但和學生「獨立」無關，因為這些都是由母親代為預備的。真正由學生自己負責的是在學校中，書包和用具是否時時保持整潔有序，自己的課桌椅是否時時保留在應有的位置，運動器材用過後是否歸還原處，洗手時的習慣動作曾否淋得滿地是水，如果地上留下水漬，有無擦乾的後續動作，水管開關曾否關好，擦手是用手帕還是把手在身上一抹了事等等。這樣的訓練，不只在整潔表面，而是「知」的整體。在這整體中，動作和動作能力的練習，便銜接在一起。這種環境訓練，其深意在培養一種整潔意識，意識堅定後，不但在學校環境中如此，在任何環境中都無例外，而成為習慣。

又如兒童常常高聲喊叫，這是上課時所禁止的，在遊戲或運動時則不禁。殊不知如果運動場所鄰近教室，便可能妨害教室的安靜，顧及別人的狀況，是同一環境中應有的考慮，和「孤立」的環境不同。學校環境中應該培養這種關心別人的意識，隨時隨地不忘別人的存在。

顧及到別人的存在，在教室外面和運動場上一樣，喊叫和對人的態度，都要在環境中培養。不影響別人是一件事；對待別人是另一件事。對人，特別是和人共同活動時，無論遊戲或競賽，常常有關勝負，其中要培養的是運動精神，即是「勝不驕，敗不餒」，在活動中練習技能是第一義，所謂「競技」是在取人之長以為借鑑，而使自己的技能進步，並非只求「擊敗」別人。《中庸》中說：「射有似乎君子，射不正鵠，反求諸其身。」《論語》中孔子說：「射有似乎君子，揖讓而升，下而飲，其爭也君子。」現在運動比賽時，賽前賽後，雙方都握手或鞠躬為禮，便是運動員精神的表現，這才是應該強調的。

聲音的控制和與人接觸的禮貌，要在環境中訓練，是環境的產物，於是情感的培養，便成了環境重要的課題。

情感本是人與生俱來的。情感發生作用時，只是內在的衝動

之氣，最明顯的如喜則高聲大叫，怒則血脈奔張而急吼，兩者對人都有傷害作用。因為人在「衝動」時就失去「平和」，表現出來，往往使對方無法忍受，只有自己能控制衝動的力量，減低氣勢，是為「調節」，是中國所說的「中庸之道」。兒童在早年就應該有這種控制的練習，教育環境中運動時有行深呼吸動作，以為有增加肺活量的作用，其實深呼吸還有調節衝動的作用，教學生知道這項功能，可以兼收調節情感的效果。

調節情感的必要，一在保持自己的心理健康，一在建立良好的人際關係，而教育環境正是培養這種能力的場所，而且這是最適當的培養環境。不過這種練習要持之以恆，才能生效。

調節情感完全在自己出於自動，所以啟發「主動作用」是關鍵。然而小學教育似乎在有意無意之間，把「教育」當做「管理」，「命令」一出，必須「服從」，學生完全處在「被動」的地位，因而沒有命令時，服從便不會出現。「老師來了」是學生互相警告「規矩」的信號，倘若老師沒來，規矩便不需要了。這事實顯示了教師的權威，也許使教師沾沾自喜，但卻不是培養主動的好方法。

主動當然要從「勉強」開始，但需要由勉強的被動導引出自發的主動來，那就要逐漸把勉強換成鼓勵自動，一待主動出現，便要助長，使之成為個人的特質，把外在紀律的約束，變成內在的「自律」，學校的紀律成為學生的自律後，學生會生出「由自己負責」的意念，是自己對自己負責的開始，也是異日守法守紀的基礎。

有了自律能力，才能克制自己的情感衝動。能調節情感，才能與人和諧相處。教師處理學生的爭競時，往往過分重視是非曲直的判斷，如此做自然合理，但卻無益於平息兩造的情緒作用。兒童時期的特徵之一，即是常為小事爭競，與其辨別無關宏旨的是非，不如告以同學相處之道，使兩個人能自動的各自認錯，然

後握手言和，無形之中，會有促進學生間情感的作用。從這方面說，教育的功能在培植善良的一面，要求學生守紀律在培養好的品格與好習慣，絕非執法機關之執行法律裁判。

學校之有紀律，表面上是維持學校這個環境的秩序，其深意卻是培養「守紀律的精神和習慣」，這種精神和習慣，是人生必須具備的。康德在其《論教育》中說過，人從幼兒時期，便要養成守紀律的精神和習慣。因為大自然就有其秩序，人生也要有秩序。秩序就是紀律，紀律則要從練習中培養。自幼知道守紀律的必要，入學後才能守學校的紀律。加上學校的訓練，奠定守紀律的基礎，才能遵守社會秩序，將來才能成為守法的公民。據此而言，只教學生在校內守法，並未完成教育的責任，要把學校環境教育的功能延伸到大環境，延伸到受教育者終生，才真正實現了教育功能。

## 三、初中環境

初中是繼小學之後的普及教育階段，在延長義務教育的時候，限於法令文字（其時憲法只規定國民需受六年義務教育，延長三年，於法無據，所以小學與初中，都稱國民學校。）初中遂稱為國中。這三年的學校學生，已進入少年階段，身心兩方面的生長發展，已和兒童時期不同，因為體能增加，需要的活動空間加大，環境也和小學不同。

從教育的功能說，空間環境（指教室以外的空間）至少要發揮兩種作用：活動與集合。這二者似乎一般學校都曾顧到，此處所要說明的不在一般的「形式運用」，而在教育意義的實現。

實現教育意義的活動空間，是在一般學校都有的運動場外，使學生在下課時間，有活動場所。通常學校都規定每節課後休息十分鐘，基於這個年齡階段的特徵是愛好活動，這十分鐘是在靜止上課五十分鐘之後，要用活動來調節，而時間短促，未必能跑

到運動場去，要在教室外有活動機會，就要有適當的空間，使學生在用腦之後，繼以體力活動，以便身心得到平衡。這身心互用的理論不容忽視，因其有實際的效果在，證諸洛克所說的，「健康的心靈寓於健康的身體」，教育環境不能徒用來作為口號。對少年來說，活動後沒有疲勞，反而增加活力，可以很快進入腦力活動中。

這樣的活動空間，可以兼做小型集合之用。如果在學校建築設計時，在每個建築物週邊，留下足夠的活動空間，可供一個或兩個班級室外活動或室外教學之用，便有了另一項教育環境效果。效果是在這空間之內，可以栽種花草樹木以收美化之功；也可供學生栽培作物以為實驗。後者的功能更有教育意義。

教室外活動需要空間，源自少年比兒童時期體力和活動量加大，下課後需要活動，然而卻無須必然是強烈的活動，如果室外有可以觀賞的事物，走走看看，同樣是活動。此時的好奇心強烈，他們可以觀察植物的微細處，甚至發現植物上的寄生物，環境便成了他們探險的地方，發現的精神本來就是教育所要培養的，而這個年齡階段恰是這種精神旺盛的時候。

在環境中孕育一種精神，並非徒靠書本知識，看著是「靜物」，對環境中的人卻有「影響」作用，這就是環境的意義。此期的學生，已經有了欣賞力，若環境中有物件引起其注意，自然會去觀察，所以環境不只是空間而已。而且學生由小學進入中學時，自己意識中已經有了「我長大了」的意念，意識中已經期望這個新環境和小學不同，如果進來後所見的，和小學並無兩樣，即使沒有失望之感，也不會興起振奮之心，失望使其「銳氣」消失，是一般人不容易覺察的「心靈挫折」，使期望「長大」的幼稚心靈感到「失望」，此後再想鼓舞那初時的奮進銳氣，便要費很多精力和時間；若完全忽略這一點，則影響更大。

這種環境影響力，第一，要使學生由兒童時期的活動——吵

258

鬧衝撞——漸進而為「必須的高聲」而非「喊叫」、必須的「急
行」而非「奔跑」，坦白的說，即是由「野蠻」進入「初步文
明」。環境中的紀律潛移默化，改變了表面的行動，薰陶出另一
種氣質，活潑而不粗莽。第二，要使學生動靜分明，能動能靜，
即是通常所說的，學習時學習，運動時運動，休息時休息。

此時的環境，除了體能鍛鍊之外，更重要的是心理的發展。
這個年齡階段，已經有了強烈的正義感，然而並不成熟。因為逐
漸進入「血氣方剛」的階段，氣盛而理性作用不足，心理學家稱
之為「非理性的正義感時期」。正義感可說是來自人類本源的善
性，要求公平與正義，但此時卻是「片面的」，往往以偏概全，
要待成熟之後，理性發展，才能見解圓滿。不過其旺盛的血氣，
卻要在環境中逐漸消磨融合，那就要環境能供給緩衝的機會。開
闊的空間，能使其暴躁之氣緩和下來，靜謐的氣氛，能減低衝
動，使理性有抬頭的機會。這效果不是一時一刻完成的，要在環
境中慢慢醞釀。

至於在教室外教學，氣氛和教室內截然不同，會使學生耳目
一新，孕育在自然之中。如果設計和規劃得當，除樹木之外，
（校園應有些高大的樹木）栽種些和植物學習有關的作物，將是
最好的觀察材料，勝如臨時教學生自行種植，也可免去課外採集
標本的手續。如果環境中事物能引起學生的注意，從而培養愛護
環境的意識，則不但會保護這個環境，且進而有從事整理環境的
義務。

過去學校曾要學生打掃教室與校園，乃是很好的訓練。在生
活中，維持整潔本是好習慣，從與個人密切相關的用物到居室，
自己有義務使之整齊清潔，是建立「義務感」的開始。因為人生
而有「必不可免」的義務，保持自己的健康是天生的義務，也是
天賦的本能——延續生命。整潔以「衛生」（保衛生命），是人
生的第一義。如果家庭未曾養成這個好習慣，由學校來彌補，也

259

不為過。不過在學校培養這種習慣時，最好使學生知道，保持整潔是一個人一生都需要的，並非學校強迫學生做「苦力」，要喚醒學生，比較環境整潔和髒亂的差別，以生出愛好整潔的意念。並使學生知道人和環境的關係，在一個不衛生的環境中，人無法「獨善其身」。

　　從保護學校環境，可以擴大到更大的環境：社區以至自己所到的地方，進而到大自然。於是到了「環保問題」。地球污染問題已日益嚴重，學校已經有了「地球科學」這門課，保護地球不能只當作「學問」來教，而是要人人發出行動。初中是義務教育，也是全民教育，這教育要實現在行動上，初中正是可以發出行動的時期。行動要由近及遠，由小而大。人生時刻離不開環境，對環境有保護的義務，這義務感還要加上一份「感恩」的心（感謝我有這個環境使我容身），和失去良好環境的「恐懼」集合在一起，才能真正實現。

　　愛護環境由近及遠，連帶的也要愛護環境中的物。中國先哲早就教人「御物愛物」，因為物既為我所用，對我有其貢獻，我當然要相對的愛護它。推演其中的涵意，是對我「有益者」，要有一份「感激之情」，推演為「感恩之心」。一個人知道感激以至感恩，是由於體會到自己得到別人的關切，或是享受到物的用處，心中會喜悅而感到安慰，也可知道「人」和「物」都「無負於我」，我當然要「對得起他們」，便不會有意毀壞物品以至暴殄天物的行動了。所謂環境改變氣質，兼指外在和內在二者。

## 四、高中階段分途教育環境

　　高中階段在學習方面頗為複雜，而高中這個名稱也在功能上至今尚未完全確定。從教育史實看，高中最初只是升大學的一個階梯，功能非常單純，即是明顯的走向學習較高知識的學校。待到教育普及之後，正式就業年齡也有了限制，以初中畢業生而

言，尚未達到就業年齡，也沒有就業能力，而正式職業多要求學歷，則十五歲左右的少年何去何從，乃是一大社會問題。全部這個年齡的少年，不可能都進入高中，更不可能都進入大學。因為根據智力測驗的報告，能夠進入大學從事抽象學習的人數，大約只有全人數的四分之一。而社會分工所需要的人力，以中下層工作者為最多。學而無所用，乃是浪費。雖然也曾有一個論調說，一個國家受教育的人愈多，知識愈普及，對國家愈有利，但這並非指人人都要讀大學而言。不過初中以上，相當於高中階段的教育，也有必須，遂有了相當高中階段的職業學校。此處所要討論的不是學制問題，而是這個階段的學校環境問題。高中或高職，以其環境來說，對學生的教育意義相同，只因功能有別，還是分別來說，容易明白。

### ㈠高中環境

如果把高中看作大學的預備階段，當然側重知識學習，而且要「在研究中學習」，即是並非單純增加知識，而是要學習研究方法，學習能自動的探討知識，於是環境中必須有兩項設備：圖書館和實驗室，加上充分的活動空間。

高中圖書館，和一般學校圖書館相同，其功能一在收藏書籍，一在提供閱讀的場所。閱讀的場所，在高中特別重要。原因是這時學生在上課之外，需要可以自行讀書的地方。課室不適合個別讀書，因為若干人在一起，不上課可以自由活動，談話唱歌在所難免，想安心讀書者自會受到干擾，圖書館的閱覽室便是為此而設。

閱覽室要適於閱讀，桌椅的安排固然應力求寬鬆，走道更應寬闊，避免人來人往干擾閱讀，空間沒有擁擠的感覺，才能顯示寧靜，空氣也容易保持新鮮。這樣安排所構成的氣氛，使人一進入其中，立刻覺得繁雜俗念全消，而要進入書本中。無可諱言，

高中生準備要走入學術殿堂，要能沉潛於知識，便要在書本中去搜尋。課本知識固然要通熟，有關的課外書更要多加瀏覽。圖書館的書架有吸引力，閱覽桌位可以使人安然沉入書中，是環境的力量。

261

　　閱覽室附近，最好另有一間供自由談話或休息的房間，以供少數學生討論或休息，高中階段的年齡，比初中階段略為成熟，即是理性逐漸增加，自我觀念漸趨明顯，考慮到自己，也想到自己的前途，需要有一個使自己可以沉思默想的地方，而又不必像讀書時那麼正襟危坐，可以放鬆而又便於思想的環境，無形中培養一種氣質，可以說是類似學者的形象，是由動而靜的一種狀況。當然這並不表示高中生要成為「文弱的書生」，而是因為生長發展需要進入趨向圓滿人格應有的條件。

　　自由談話或休息的房間，其談話的作用，有供辯論的機會。在高中階段，已經有了見解，可以和同學交換意見，不免有可供辯論的話題。在這個空間裡，各人有發抒己見的機會，是一種正常的練習；而辯論有切磋琢磨的效果，是學習不能或缺的。

　　實際上高中階段正常的發展，在於身心雙方的平衡，但是因為尚未成熟，所謂「性情未定」，容易受外力吸引，加上「自我主張」強烈，進入一個途徑，往往沉迷於其中而不能自拔。此時又自以為「已有所知」，愛做「一知半解」的批評，且批評起來，「雄辯滔滔」，如果環境供其運動與靜止兩方面的機會，有發洩體力與思考的兩種可能，兩相調和，可免於趨向極端。

　　大體說來，高中階段的學生，可能有兩種類型：一種是已經認定學習之路，安於學習，自動奮發向上；一種是尚在猶豫之中，並未全心投入學習。後一種更要環境薰陶的吸引力，使之作明智的決定。使其感覺在這個環境中，滿意於所感受的一切，可能會決定全力從事其中的活動。

### ㈡高職環境

名稱上所謂的高級職業學校，有其歷史背景。源在義務教育未曾延長前，曾有初級職業學校，是小學畢業入學，相當於初中程度。待義務教育延長後，初中劃入義務教育，取消初職，而高職名稱未變。其職業訓練的功能也仍舊，姑不論學校名稱問題，且從其環境教育說明。

就高職教育的功能來看其環境意義，自應配合其功能。然而學校功能雖然有別，其為學校則無殊，故一般學校應有的教育環境，也應具備。特殊的是，這個環境目的在培養技術人才，使學生在其中可以學得一技之長，以便謀生。雖然技術領域有中高之別，（中級技術重在實際操作，高級技術操作比較精密）但卻各有其重要性，而高職人才（中級技術）的需要，在數量上多於高級技術人才，從這方面說，這一級的技術人才，應該更受重視。

據此高職環境便應有一種氣氛，使學生感受到學習的重要性，並且得到尊重。這種氣氛的形成，最好先有一個宣示「尊重職業」的場所，展示各種職業「對生活的必須」，和從業者的成就，尤其中國自古以來偉大的發明家和不在經傳的技巧成就，使學生充分認識，看到自己學習的遠景和未來職業的價值。

於是這個環境應該具備一些必要的「訊息」（知識），使學生知道中國古代的發明，如傳說的黃帝發明舟車、宮室、衣服等，約在紀元前五千年，已使中華民族從野蠻進入文明。而中國的四大發明：指南針、火藥、紙、印刷術，是西方科技肇始的契機，到現在仍為西方人所稱道。其餘如觀察天文的儀器、時計等，更遠在西方之前。又民間所製的器物，正史之外的記述不勝枚舉。這些材料，足可鼓勵學習的志趣，且啟發自行嘗試發明的動機，最低限度，可以免除對技術的錯誤觀念。如果把這些材料做成人物雕像，或器物模型，分布在校園中，使學生常常能夠看

到，將造成環境教育很大的效果。

　　高職直接具體的教育環境是工作室。除了教學所用的工作室之外，應該多設小型非正式的工作室，多備應用器具，以供學生自行練習、設計及試驗之用。如果有常駐教師隨時巡視這些練習場所，隨時給學生指導，會更有效。

　　職業學校的功能特殊，最好放棄一般學校的教學方式，除了必要的講述之外，要少用一般知識傳授的觀念或態度，而以「師徒式」的方式，使「教」與「學」直接貫通。因為技術學習是實際的，教師不在實際的操作中教，「徒託空言」，無補實際。杜威曾舉一個教游泳的失敗例子說，教師在教室中教給學生如何在水中換氣，如何潛水後，便叫學生下水，結果學生跳下水後，便沉了下去。如果想像這個例子的實際狀況，將會對這樣的教學不免失聲大笑。當然如果真有這樣的事，可以放心學生不會淹死，因為教師必然會游泳，必然會去救沉入水中的學生，可笑的是這位教師把「做」看得和「說」一樣「簡單」（因為他自己已經會游泳，想不到「生手」初做的困難。）以為學生只聽過就可以做到，忘記了「做」是要在「行動」上驗證的。不顧實際行動而徒託空言，把技術當做知識來教，未免南轅北轍。這固然應該屬於教學領域，但是技術學習不可或缺的操作氣氛，和動口不動手並不相同。

### ㈢高中職之間的緩衝與進修空間

　　高中和高職所收的是初中畢業生。初中畢業生年在十五歲左右，尚不能確定自己將來要走的道路，以目前的狀況說，只根據入學考試而定，雖然理想的高中或高職，各有所側重的環境，卻非執其一而排除其他，因為學生還有改變的可能。

　　首先初中畢業的學生，仍然在發展階段，其中發展較慢的，心智未開，知識學習成績落後的，便不能進入高中；其中也有耽

於遊戲，怠於學習的，也無法在高中考試中獲得錄取。而這樣的學生，進入高職後，一旦心智開展，傾向知識學習，便不願過早進入技術領域，而對技術學習，失去興趣；同樣的進入高中的學生，發現自己對許多抽象學習，不能深入者，轉而樂於學習實際操作活動，則進入高職，比較適合，因而對這兩種學生，要留給他們轉換的空間。

這種轉變的需要，關鍵在十五歲左右的少年，「自我概念」尚未確定，對於自己的未來，尚無定見，因其缺乏「自知」的能力，想像的自我與實際的自我不合，憑自己的想像或別人的說法，徒靠考試做決定，並不可靠，還要經過實際考驗，一方面試驗自己的能力和興趣，一方面從實際中驗證自己，不能以所進入的學校，即判定所學以至終生的道路。

如此這兩類學校環境，便要各有緩衝空間，使側重一種學習的環境中，也有另一種學習的空間，事實上高中也應該有一些練習技術的科目；高職當然應該有必須的知識科目。知和能的增進並不互斥，而是相輔相成的。把知與能分開，乃是歷史陳跡，現代生活複雜，一則是「四體不勤，五穀不分」的讀書人已有面對生活的困難；一則是「技術萬能」的事實已經證明了技術的重要性。就在日常生活中，一些器物的操作和運用，就要有普通技術知識。教育要導正社會觀念，學校要有領導社會的作用，故而高中和高職，不應走向固執的單一途徑，必須留下廣大的空間，使學習者有轉變的餘地。知的學習和能的學習，可以各有所重，但不可有所偏廢。

在高中和高職之上，多數國家還有一個進一步的教育階段，是為初級學院，或稱專科學校。大體上，在使文、史、社會、技術等方面，可有進一步的修習機會，同時也為高中或高職做補充或轉學的準備，不過這種學院，功能較多，從其修業年限看，並不以知識為主要目的，反而近似補充或補習教育，又意在提高高

中職畢業生和社區民眾的水準，入學限制甚寬，可說是社區文化活動的功能較重，如果側重這項功能，則對成人教育極有意義。

　　擺脫傳統「學校教育」的觀念，專科學校或社區學院不限入學年齡以至學歷，高中職畢業的學生固然可以進入，一般民眾也可進入學習，可以按照學習能力分班，提供各種科目，一方面滿足高中職畢業生進修的需要，一方面推廣社會教育，可以收到「教化全民」的效果，特別對只受過義務教育而未繼續升學者，既可提高其教育水準，也可使其增加需要或想要的知識或能力，在這方面，是未來教育應走的方向，不過這種學校的環境設計，需要詳細規劃，使之能在祥和中進取，除了增加知識能力之外，更要有生活知識，和改進人的品質的功能。

# 第三節　高等教育環境

　　高等教育這個層次，從學校名稱說，至少有兩個：一為獨立學院，一為大學。二者的教育層次相同，功能卻截然不同，其環境氣氛也將有異，必需分別說明。

## 一、獨立學院──師範學院

　　獨立學院的功能，在於培養「專門實用」的人才，在知識方面有專精，且長於應用。所謂獨立學院之「獨立」，即確定「一種專門」，務精而不務多。其與大學的分別之一，也就在此（大學條件待下文再述）。由於以一種專門知識和應用為主，環境設施自有其特殊目的，而學生在其中也知道學些什麼，遂形成一種獨有的氣氛。

　　綜觀各國獨立學院初設之時，都起自一個特殊目的，即是為培養一種專才，例如師資教育，最早只等於高中程度，成為學院

的時間較晚。其他如農、工、商，以至航海，各為培養專才而設，起初尚未限定必為學院。而是只在提供專門訓練，使學生畢業後各有專長從事其所學的行業。這種學院教育，既以實用為目的，可知並不只傳授知識，而是更重應用的技能。例如「師範學院」即專在培養「教師」，而非「培養學者」，使畢業者充任教師可以勝任愉快，研究學術並非主要目的。

因為各種獨立學院功能不同，此處只以和教育有關的師範學院為例，探討其教育環境。

師範學院從開始時的師範學校，就是為培養教師而設。當初認為這個特設的環境，要具有各種培養教師的條件。教師的條件，取決於教師的任務，教育知識和才能固是其一，品格個性更應可做學生的典範，同時教育觀念和教育態度對教育效果尤有直接影響，這些都要在環境中陶冶出來。而陶冶意指需要較長的時間孕育，尤其品格，是要把一切言行養成習慣，內在化後，成為人格特質，所以教師遂有了特有的典型，使人一見即知其為教師。

環境影響，課本知識姑且除外，先從外表行動來說，雖然不必永遠規行矩步的「寧濕衣，勿亂步」，但即使在匆忙之中，也不會橫衝直撞，而是急行有急行的方式，跑步是跑步的姿態。在一個這樣的校園裡，可以見到雖擁擠，卻不亂，內在的意義就是有秩序。整體秩序影響每一個人不願攪亂它，而要自行約束自己，不做「害群之馬」。這種「形式訓練」，便塑造了教師的行動範型。

環境影響，其次在聲音。首先校園裡不應該有「噪音」（沒有不必要的高聲喊叫），可能的時候，可以聽到「樂聲」（師範生都應有起碼的音樂訓練，不但用音樂陶冶性情，也培養基本的歌唱和彈琴技能，至少偶而在上課時，在不影響別班的狀況下，唱個歌作為調節教室氣氛之用，以提高學生學習興趣，可以使學習活潑起來。）休息時間，播放典雅輕柔的音樂，有「樂教」的

作用，所以師範教育環境，音樂要占重要的地位，因其對陶冶性格有不可磨滅的效果。

　　和聲音有關的是言辭。除了特殊學校之外，教師無不以言辭為先。先從說話的聲音說，由於發聲器官的結構，各人的聲音皆自有其特色，明顯的有高低、尖銳、柔和、平板、以至沙啞之別。借用「先聲奪人」這個成語，引伸其另一意義，是為聲音對一個人有相當的影響，即是「聲音悅耳」者，使人樂於聽其說話，樂於與之對話。反之，「刺耳」的聲音使人不樂聽聞，乃是常情。不過生理結構雖然不能改變，自己卻可以加以調整，例如用音調的高低強弱，即可做若干改變。如此則在於說話的訓練。

　　說話訓練必需有特設的環境，這項設備在師範學校最為重要，其重要性等於理化之必有實驗室。在說話練習室中，四面牆都要有通上到下的鏡子以及錄放音機。錄放音機使練習者可以收錄自己的聲音，然後自己收聽並改正，以確定說話是否清楚而有條理，聲音是否適當，變化是否有吸引力。鏡子的作用在觀察自己說話時的口型、面部表情和姿態。姿態包括站立、坐姿、和必要的手勢。這些條件集合起來，教師就有了控制全班學生的作用，把學生的注意聚集到教師身上。反之，如果教師的聲調平板，口齒不清，高而尖銳刺耳，不是發生催眠作用，就是使學生注意力分散。經過這樣的訓練，在校園裡所聽到的說話聲，可以代表校園文化，是一種典範，「悅耳而有吸引力」，使人樂於聽聞。既然教師不免於講述或說明，最好有演說家的技巧。

　　師範學院既然以培養師資為務，而教學工作是非常實際的工作，雖然說「教學相長」，教師在一進入教室時，便要發揮教學功能，不能以「試驗的心態」，用學生作「試驗品」來磨練自己。師範學院都附有實驗小學以至中學，一方面供學生實習，一方面作實驗研究。通常師範生實習，都把重點放在教學上，除非附屬學校鄰接學院，學院的學生很少接近兒童的機會，到實習時

突然面對一群生疏的兒童，可能無所措手足。所以附屬學校最好在學院附近，使師院學生平時有接觸兒童的機會，以免實習時不知如何維持教室秩序。師範學院的獨特功能也就在此。

　　總之，師範學院的教育環境，要能培養一種教師氣質——穩健、文雅、精明而有活力。所以師範學院，應該提供寄宿設備，使學生晝夜居留於其中，以便和教授多有接觸機會，可以以老師為範；又便於和同學朝夕相處，互相影響，在整體環境中，形成特有的氣質，才足以為人師表。

## 二、大學環境

　　大學的功能，在於研究高深學術，通常研究是在本部之上，本部尚未進入研究層次，且與研究的性質不同，環境氣氛略有差別，但多數都在一個整體環境之中。

　　大學本部入學的學生，應具有高中程度的學歷（高職畢業有意深造且能力適當者，也應可以入學）。大學與獨立學院程度相當，但大學學習領域甚廣，故大學之內又分若干學院。通常一所完整的大學，必須有文、理、法、醫四個學院，其餘如工、商、等，可各視設備自行設立。每個學院又有多個學系，每系固有專門學習方向，卻是知識與實用並重。這種安排，一方面在培養進入研究的人才；一方面也使學生可以進入實用的行業，具有雙層功能。不過在實用方面，就專門技能而言，可能不如獨立學院之注重實際。不過這是課程設計的問題，非此處所要討論的。

　　實際上，大學的存在，以中國歷史最久。據傳三代（約紀元前二千年）在帝王首都已有大學。漢武帝設太學，也在紀元前一百年。此後歷代傳流，始終以大學為培養人才的最高學府。學者受世人崇敬，「學府」當然也是一個「高尚」的場所。歐洲大學在十六世紀定點設立之後，和中國一樣，也是一個「人文薈萃」的獨特場所。在這個「區域」出入的人，使人另眼相看，因為他

們有與「一般人」不同之處，只從外表和行動便分辨得出來。那就是他們有一種特別的氣質——文雅。

文雅是在環境中孕育出來的。用俗話說，即是有一種「書卷氣」（如蘇東坡所說：三日不讀詩書，則語言無味，面目可憎。面目上所顯示的可憎，即是少了書卷氣，而有了俗氣）。孟子看見滕文公為世子時，言語行動表現出「侯王」的氣質，因為在「上層階級」的環境中生長，耳濡目染，就有了獨特的風格，所以孟子才說：「居移氣，養移體」，即是環境的影響。人類文化的進步，使人脫離了原始的野蠻，而進入文明。「文明」表現在人身上的，就是「文雅」的氣質。這種氣質，外表的言語行動，是在環境中逐漸養成習慣，成為定型；其內在則在於讀書。張載說的「學以變化氣質」的「學」字，讀書占最高的成分。

基於這一點，大學環境中首先要有的，就是一座圖書豐富且完備的圖書館，使學生進入這個書城之中，從無目的的任意觀看，到引起好奇心而取下一本書，已經發生了圖書館的作用，也引起了讀書的意向。到其流連不忍捨去，以至日後一有空就往圖書館跑，便奠定了讀書的傾向。

大學環境從培養讀書興趣到養成讀書風氣，就要使書籍有吸引力。而書籍的吸引力，在於取用方便，所以學生讀書或借書手續要儘可能的簡便。學生可以自由的進入書庫，書庫中有隨時可以坐下來閱讀或書寫的便利，甚至有供短時休息的座位，是最好的環境。

由讀書而充實內在，是由讀書而增加知識，因知識而生出見解，而有了明辨是非善惡的能力。如是便心境朗徹，思路開豁，觀念正確，篤定的循正路而行，即是能「擇善固執」。和相反的一面比較，沒有辨別能力，心中一片混沌，不會思想，沒有確定觀念，只逐流揚波，一味的「從俗」，兩者相較，便見出讀書所以明理的效果，這效果也就在於「脫俗」。當然讀書者未必盡皆

明理，這種差別還在讀書是否「通達」。然而不讀書則永難進入通達之路乃是確定的。

270

讀書是內在的休養，可以由內而外，表現出來，便是氣質。內在修養表現於外在的氣質，加上外在表現的內在化，融成一體，便成為一個人的全部形象。大學環境，便是要孕育這樣內外融合為一體的「文化人」。

不過大學環境並不止於此。環境是人時刻存在的地方，是生活的範圍。生活包括食、衣、住、行。就衣和住而言，服裝和外表有關，所以服裝也是文化的一部分。簡單的說，一個有知識修養而又自尊自重的人，必然求服裝整潔而非奢侈，絕不會裸裎見人。人不似動物般有羽毛蔽體，才發明了衣服以彌補缺陷，而衣服也成了各民族用以自豪的標幟。有了這種標幟，明顯的見出人和動物之別。而自尊自重的人，當然要使自己服裝整齊，至於材料乃是末節。

住的方面，因為大學生來自各處，校園中自須有居住場所，其作用和學院相同。不過居住既然是生活所必須，卻不能忽略養成生活的好習慣，即是應由學生自行維持居室的整潔。過去學者有一種誤解，以為自己以讀書為務，生活細節應有別人「代勞」。那種觀念早已成為陳跡。現在既然高唱民主獨立，則自己的生活應由自己負責，才符合時代精神。王安石不修邊幅，沒有整潔習慣，身上居然生出蝨子，在朝堂上蝨子竟然爬到鬍鬚上，惹得皇帝暗暗發笑，引得蘇洵寫「辨奸論」諷刺說：「夫面垢不忘洗，衣垢不忘浣，此人之至情也。……凡事之不近人情者，鮮不為大奸慝！」（見古文觀止）蘇洵的批評，也許有些過分尖刻，但王安石的這種表現，卻也成為歷史笑談。作出驚世駭俗的表現，即使無意如此，也難免有「標新立異」之嫌。因為一個人的長處在才能，不在違反常情的「特立獨行」。

綜觀世界各國的大學，除了極少數以外，在設立之初，都規

劃一個相當寬廣的校地，可能時在山林河川之間，最低限度，也廣植樹木。園林之美和開闊的空間，所以陶冶性情，排除俗世的煩囂，即是古人所說的求「明心見性」。

在自然之美以外，由人工加上文化氣息，建築的分布，空間的安排，既求實用，又求便利，且必須造成讀書的氣氛。即是空間既便於一個人讀書，又可供若干人聚談，所以校園裡隨處可見拿著書本默讀或朗誦的身影，也可以看到聚談討論的人群。這種氣氛，還在環境裝飾引起讀書的動機。文化遺產中有許多這種材料，自古以來多少有創造貢獻和學行足式的，可以喚起後人立志仿效，許多校園內都樹立他們的塑像，便是這個用意。

人類累積經驗才形成文化，文化的精華得自於傑出的前人遺產。遺產的大部分載在典籍中，也就是可讀的書籍。大學之重知識教育，以讀書為務，就是要摘取前人的智慧以為己用，從這個基礎上，再事發揮，再來創新，文化才有進步更新，人類才能日益超昇。人和文化的進步，以「必須」的物質為基礎（即是食所以免除饑餓，而不在美味；衣所以蔽體，而不在華麗；住所以遮風避雨，而不在廣廈千間；行所以代步，而不在工具廠牌。）物質的應用，在求維持生活和生活的便利，然後可以求人的最高發展，即是精神的提昇。這個道理，是大學要使學生首先明白的。大學環境就在使學生明白這個道理，然後才知道人應該追求的是什麼。這是「讀書所以明理」的主要功能。捨棄這個道理而一心只求「旁騖」，便偏離了大學的功能。

### (一)研究所

研究所是在大學之上明確的學術研究階段。設所的目的是使大學程度以上，有相當學識基礎，有能力又有志從事專門學術研究者，有一個適當環境，可以專心從事研究，是使學術由專門達到專精的場所。明顯的是研究學術，因而無可諱言的是，無論趨

向知識，或是趨向實驗，都在求更上層樓，驗證理論的真偽，或新的發現，超出已有的以上，有新的建樹。明白的說，即是生出新的見解或發明。

272

這樣的環境，當然必須有充分的設備，有豐富的研究器材。或者說，這是一個培養「創造家」──菁英的場所。

具有這樣功能的場所，除了研究必須的設備以外，更重要的是對這些人生活的安排。於是便要考慮兩種情境：一種是如現存的學位制、培養碩士與博士學位的人；一種是培養「創造能力」。需要分別來說明。

### ㈡「學位人才」

學位人才的培養比較實際，因為有學制的規定，或者須在指導之下，確定專題，學生自行研讀或實驗；或者須修讀若干科目，另做一專題研究，完成規定的要求，經過必須的程序，便可得到學位。可以說是繼大學之後的一段學習歷程。這個歷程和大學本部的差別，在於有專門指向，在於自行研讀或實驗操作，即是在主動學習，主動成分最高，也就有了相當學習的自由。因而這個環境中，可以表現研究個性，就是一個尊重個性的場所。

環境尊重個性，足以提高個人的自尊自重。經過相當時間的影響，「學者的氣質」愈益明顯，既然這也在教育歷程中，足以證明教育的效果。

### ㈢「學術統體」

目前有了「學位後研究」這個名目，是超出學位之上的深究學術的舉措。此舉沒有「形式」限制，只以研究為目的。這樣的趨向，使研究者可以和教授結合，在精神上凝結為一個「統體」，超然於一切形式，只以研究為務。因為沒有任何限制或企圖，可以自由的優游於學術之中，不汲汲於名利，不戚戚於成敗，超然物外，客觀的追求知識，會孕育出智慧，而提昇精神，猶如賀欽

斯所想望的「大學烏托邦」。

　　沒有特定的企圖，則沒有工作壓力，便有了心靈的自由。這
項自由，據心理學家說，是創造意念出現的契機，思想家和發明
家的創造都出於此。根據實際經驗，一個「靈感」的出現，需要
相當時間的孕育，到「能量」充滿而「勃發」出來，便是靈感。
而靈感並非呼之即來的，不能用時間限制，所以需要「自由」，
需要「等待」。如果把學位後研究看作「才人院」般，提供優裕
的環境，或者可以有出人意表的成就出現。

第
11
章

教育的機動功能

教育機構裡，處人與做事，何者較難？

處人時，「自尊」與「尊人」，當以何者為先？

「敬人者人恆敬之」，是確切不移的嗎？

　　教育的實現，見於實際的活動。根據人類文化進步的事實看，當人類進步到一個時期後，感覺到最基本的覓食活動就有了學習的必要，可以想像有了活動能力的兒童，隨著成人去捉魚或打獵，體驗到捕獲需要一些技巧，於是或者自行觀察，或者詢問成人，在學與教中，就有了教育的事實。此後這種活動日益明顯，會教者成了多數人來學的目標，教者在一群人中，有了一個特有的「標幟」——會教人。於是學習者和教者之間，形成「學教」關係。

　　從事實看來，這種關係的「發動者」，是需要學的一面，「教者」乃是回應的一面，本是主動者在前，回應者在後，可以說在後者乃是被動的。要照這個順序說，這種事實應該定名為「學教」，然則何以出現了把被動變成主動的「教育」這個名詞，似乎應該推敲一番，以澄清長久以來「知其然」而「不知其所以然」的困惑。

　　前面臆測教育活動的開始，是迫於生活實際，需要求生的技能而生的學習。用現在的說法，相當於「職業」技能的學習，因為這是生活必須的，和一些小動物學習獨立生活一般。到人類生活形成群體秩序以後，除了生活技能之外，還要學習如何善群，以便得到別人的幫助。這一項學習，在技能層次之上，且要在技能學習之前，就要學習「如何做人」。而幼兒並不知道這項學習的需要，不會主動要求學習。反而是成人知道幼兒需要學習這一項，基於天生的義務感，教的義務就在父母身上，和日後教生活技能同樣重要，便成了「教」為「主動」，「學」為「被動」的

「教育」。於是在教育觀念中，提高了人的自負，認為人超出萬物之上，最有靈性，可以有無法指實的發展，與天地並立而為參。因為在人群之中，有道德智慧最高的，開啟了人的無上前途，稱為聖人或大人。這些人教人努力健全自己，為全人類謀幸福，也是人人所應該學的。於是在教育這個名目之下，要學的項目增加了，且是層遞而上的需要，幼兒當然更不知道。不過學卻還是「先在」的，只是需要者自己不知道的，不會主動的要求學習而已。如果在需要者達到能知的時候，使他們立即知道，他們可能生出主動力來，而自動的願意學習。

無論如何，教育已經由事實演生出許多理論，且在形式上有了專門實施的機構，即是學校。從而學校這個機構有了組織和人員，人員發揮動力，使機構發生運作功能，學校便成為實施教育的場所。試來探討一下學校的機動功能，以見如何產生教育實效。

# 第一節　人員組織的基本信條

任何一個機構，必須有若干人員組成。基於三人成眾的觀念，機構裡的「眾人」，首先必須有某些「共識」，才能共同工作。這共識至少包括目的、原則和實際作為。試就學校這個機構實施教育來加以探討。

## 一、工作目的

學校教育目的人人皆知是在施行教育，本來無須多言。但是施行的指向，卻要作更明確的說明，因為事在人為，人為又在於「人」的觀念，觀念則是行事的指向，這指向往往便成了目的，而使本源的目的有了改變。實際的指向因人而異，遂致目的只是名目，指向反取而代之。因為構成一個學校的人員不同，可以發

現即使在同一個學校中，人員更換，指向也有了不同，可知的有幾種方向。

### ㈠正確的「教育人」的指向

這個指向，正確的說，是把學生視為教育的對象。學生是人，人所需要學習的，猶如前面所說教育演進發現的，是生活技能、善群、和發揮人的靈性，然後為多數人謀福利。率直的說，正確的教育目的，使學習者一方面增加智慧，一方面修養道德，不但能獨立生活，還有助於別人的生活。在目的所含的三項任務中，有層次之別，普遍的，也是基本的層次，為技能與善群，這是每個人都可以學到的；較高的層次則依各人的才質，自行努力，可以自求更上層樓。

學校人員都依這個指向實施教育，就會針對學生的狀況而教育。在普遍的層次上，針對人生長發展的程序，必然教兒童用教育兒童的方式，教少年用教育少年的方式，決不躐等；同時必然能因材施教，因為這個層次的學生，品類不等，才質有高下之別，教育要適應個別狀況，所以雖然是普遍的教育，卻要一方面顧及才智較低的，使其學習力所能及的；一方面引導才智較高的，使其在一般的學習之外，運用自己的能力，學習較多的東西。這個層次的普遍目的，是要學習生活與做人。而成為「人」的基本條件，其實非常簡單，即是第一，要學習成為能獨立生活的人，有最基本的謀生能力；第二，要控制自己的行為，不妨害別人和別人的生活，成為通常所謂的「好人」。以這個目的為基礎，再就各個學生的狀況，助其發展個人的長處。這後一項教育，是以「好人」為基礎的「人才教育」。

不過以這個目的為指向的教育，不是短時間能夠見效，因為教育工作不是變魔術，一揮手就有一個新東西出來。兒童是活生生的人，有自我意識和主張，教者雖然循循，聽者卻可以藐藐，

尤其關乎品格的言語行動習慣，培養起來，需要假以時日。通常移風易俗，要三年才能有成，要使一群兒童或少年形成一種典型，三年還嫌不足，所以才說「十年樹人」。而到了培養人才的層次，需時更久，故而這個指向的教育，方向雖然正確，卻要工作者有毅力共同堅持下去，「功夫」到了，才能見效。

### ㈡企求個人聲望的指向

教育人員或者以企求個人聲望為指向，其教育目的不在教育學生，而是要表現「個人的事功」。在這個指向下，凡是能使個人「出頭露面」的機會，絕不缺席。凡是能使個人得到聲望的活動，一定參與。假借學校之名，自己獲得實惠，往往也能如願以償。

這種情形，多見於機構的首腦人物。照道理說，機構首腦的任務本在策劃機構的行事，領導並監督機構人員工作，以實現機構的功能。機構功能實現，便是首腦的成就。若首腦不此之圖，只求本身有所得，結果自然可想而知。

首腦自己有所求者，有時只源欽羨「首腦」這個名目。明顯的是，學校的首腦稱為校長。這個「長」字誤被認為是「出人頭地」的，高出於其他人員之上，於是「領導監督」成為「權威」的標幟，其他人員成為「下屬」，可以頤指氣使；於是可以「一意孤行」，以求「個人之所欲」為目的。

個人之所欲在建立自己的聲望，不僅首腦而已，教師也可借學生成績提高自己的聲望，尤其當學校和家長以學生成績優異為指標時，教師不惜驅策學生側重考試，以死記死背考試題為學習目標，斤斤計較分數，同學間只有競爭，勾心鬥角，全無同窗之誼，所學和增進知識和道德背道而馳。於是學校這個機構或學生便成為工具。為使學生或學校在某一方面得到「榮譽」，不惜竭盡全力驅策人員和學生，專在這方面努力，甚至可以停止正常課業，或用其他手段以達到目的。至目的實現後，聲望歸於領導者

或驅策者，無人再問榮譽和教育的關係。

世人或社會徒尚虛名者多，「有名者」往往「先聲奪人」，成為「群趨」的對象，所以「欺世者可以盜名」，而「盜名者也可以欺世」。所以企求聲望者多能廣結善緣，「口碑載道」。但若教育淪於這樣境地，其後果堪虞，自不待言。

企求個人聲望，基本上無可厚非。中國文化發展最早，人由於想要出人頭地，博取個人的聲望，本出自於「力爭上游」的向上心，所以三代以下，無不好名者。問題是如果聲望是由全體人員得來，可見全校工作人員「有志一同」。在眾人皆同的狀況下，已經不是出於一人之私，首腦的私心已經變成一致的願望，由此所得的聲望，不會偏離正確的教育目的太遠，眾人之中當然還有有正見者，故而仍可信不是徒具虛名。

### ㈢指向只求「在職」

這種只以一個教育職位為謀生之計，並不以教育目的為指向，或對教育一知半解，或全然無知。在教育普及以後，教育人員的需要大量增加，教育工作成為一種謀生行業，「嚴師」（嚴格求良師）的原則不再，即師資培養也無法恪盡全功，因而「教者」所在多有，中外皆然。

不以教人為指向的教育工作者身任教育工作，要求教育效果必然如緣木求魚。在探討這種情形之前，可能先要觀察一下教育理論方面的缺失。

首先，教育理論的出現，後於教育事實，以致多著眼於事實論述，忽略了教育的根源。影響所及，似乎人人都「知道」教育，卻又「不知其所以然」。一般人所知者，多是可見的枝節，「就事論事」，不追究教育的根本和其長遠的影響，可以說是缺少對教育的「通識」，以致「治絲而棼」。而在教育研究以「理論為尚」的風氣形成後，理論龐雜而分歧，崇尚每一理論者必強

調其理論，且強學習者遵奉其理論，而學習風尚，又以博學各理論為能事，於是說者「夸夸其言」，以見「博學多聞」，然而卻無「定見」。如是，即使曾經學習教育，並在教育「行業」謀得一枝之棲，也只是「在職」而「不知其要」，其所知者，僅只是名目上所要作的行動而已。

依照「職務名目」行事，表面上似乎無可厚非。然而教育工作卻不在表面，而在教育效果深入學生身心。膚淺的學習，表面上似乎學了，實則並無所得。像這樣因循一段時間，也算有了學歷，無形中形成教育的浪費。實則教育的浪費只是一種損失，誤了學習者，卻可能誤其一生。如果有多數學生受到這樣的教育，則這些學生的損失，將無法彌補，因為正在生長發展中的人，不能退回去，重新再來。

## 二、工作原則

教育機構的工作人員，要有必須信守的工作原則。這原則始自教育的本質，最高推到天地生物精神的「生物之仁」與「造物之誠」。人以萬物之靈「自許」，在教育中，把「仁」與「誠」的精神轉化為「正義」、「公平」和「義務感」，用在實現工作上，遂成為工作原則。

### ㈠正義

中國文化精神最早就建立在所謂「皇極」上，簡單的說，皇極的意義就是「大中至正」。即是以一個點為中心，不偏不倚，是為正直。從這個點向上直指，可以到達至高無限，與天齊一，又可象徵日在中天，無不照臨；從這個點向四方延伸，宛如圓周的半徑，距離相等，是為均衡。延伸到人為的正直無私，即是正義。

中外先哲都認為人有先天的正義感，普遍的存在於人性之

中，只是在後天為私心所惑，有些人在涉及私心時，只圖一己之利，便忘了正義；不過在要求別人時，倒還是以正義為口實，這種口實人人會說，（除了對自己以外）可見正義還是普遍存在的。

中國先哲說教育，要人先從「修身」做起，即是「先要求自己」，要求自己先服膺正義，才有理由要求別人，才有資格主持正義。無奈多數人只看到別人的表現不合正義，卻從不反躬自問，才使正義雖然是人類普遍的信念，卻不能普遍的存在於人的行為。這道理非常明顯，每個人只管要求別人，卻不要求自己，則「誰」是實行正義的人？所以正義必須從「每個人」開始，人人都如此，正義才會實現。所以「正義原則」的實現，必須見於每個人用於「要求自己」。

### (二)公平

公平的概念，建立在「人生而平等」的信念上。這個信念，是在人類進步到脫離了野蠻，超脫了原始的動物性之後才有的。因為原始的動物性，只會服膺自然，個體在自然狀況中，全憑一己之力，在群體之中，接受優勝劣敗的事實，似乎對弱者，並無憐憫之情。只有人類能把得自先天「生物之仁」的「仁」，發展為「惻隱之心」，成為惻隱之情，不但用在同類的人，且可廣被到「物」上。

說人生而平等的概念是後出的，是從人類演進的歷程看，最初因為爭奪食物的領域而爭奪殺伐，而殺戮同類，把未殺而俘虜來的「敵人」，當做「奴隸」，並不當作「人」看待，而且掌握著「生殺之權」，和動物的優勝劣敗無殊。直待領悟到「同樣是人」，要「一視同仁」之後，才有了人人平等的觀念，在人與人之間，才有了「公平相對待」的要求。

但是在群體中，公平相對需要在定義和實際中加以詮釋，才能不失公平的真諦。首先，公的意思是「普遍」，是「共同」，

是沒有「特殊」;「平」是沒有上下高低的等級或層次的差別。如此解釋,是否「公平」即可以說是「相同」?從「相同」的意義說,明顯的是「毫無差別」。但是沒有特殊,沒有等級或層次的差別,未必就全然相同,否則公平與相同兩個名詞只要一個就夠了。把幾個相同的物件放在一齊,只能說牠們相同,若說成牠們公平,豈不可笑!所以公平之中,有抽象的涵意,具體的指實,表達不出抽象的意義,因而公平不能用相同解釋。這樣說便引出其次的實際來。實際上在一群工作人員中,人各不同,這一點還不重要,重要的是各人所擔任的職務「不同」,就和相同存在著基本的差別,在這一點上,不同就不能用「不公平」來解釋。真正的公平原則,應該是機構中的人員,「各在其職務分內」,「各盡其力」,「恪盡自己的職責」,才是公平的要求。

實際上的不相同,在於職務和工作性質不同,是無法用公平解釋的。所謂公平,在於「各盡其力」上。故而公平原則,不論職務之別,只求工作者受到同樣的尊重,才能「人盡其才」。

### ㈢合作無間

一個機構有一致的工作目的,在正義公平原則之下,本應合作無間,而合作無間也是一個必須的原則。人心不齊,有時一個人可能基於一己的想法或觀點,失去合作的意願。一個人鬆懈,除了降低本身工作效力外,小則還能影響同工者,大則破壞整體氣氛。因為整體機構中的每個工作人員,猶如一部機器中的一個齒輪,有一個齒輪鬆懈,全部機器便不能運作。

故而一個機構最好形成一個「統體」。就是在其中的人員,在機構組織中,密切結合,除了密切配合工作外,還要把精神結合在一起,使機構有凝聚力,而非鬆散的個體的湊合。

有了統體意識,便少了個人一己之私,在工作份量上,便不會計較多少,在利益上,便不會計較得失;更不會因私人意見,

顛倒是非，減低個人的工作效力，影響整個機構的效果。

　　事實上，合作原本是「民主精神」。而民主精神，在於多數裁決。不過在多數裁決之前，應該經過全體討論，有意見者可以申述己見，但未必被全體採納。但一經多數通過的意見，即使原來不贊成者，也要放棄己見，依照決議的意見執行。不容再堅持己見，獨行其事。民主精神之以多數意見為意見，即在於此。這種方式，不能說是盡善盡美，只是和「獨裁」的方式比較，容易為人所接受。

　　從功利方面說，合作之基於正義與公平，固然在求「人盡其力」，也要「人得其益」。所謂「利益均沾」，使人人享受到通力合作的「好處」，可以加強合作的信心和力量。我們無法希望人人都是聖賢，全然大公無私，只求奉獻，不務收穫，在工作以換取報酬而生活的現實裡，必須顧到現實的一面。

# 第二節　組織中的職務分掌

　　一個機構當然有其組織，才有系統而不亂。首先必有一個首腦為領導者，學校中稱為校長。校長和其他人員的關係，就是一個群體的領袖和其組成份子的關係，即是「領導」與「服膺」。這二者的「原始」性質與型態，不妨用群居動物的組合來做一比喻。群體動物的領袖之得到群體的服膺，至少要有兩個條件：力量和智慧。象群的領導者，便是一要能保護弱小，二要能知道如何尋覓草原和水源。所以即使要跋涉長途，服膺者始終從之不去。在服膺者方面，群居者如蜜蜂，服膺者各有專工，各司其事，毫不懈怠。這種自然的組合，在本質上最足取法。

　　人類群居的組合，從出現了領導者以後，最初似乎和動物的組合相似，即是其力量過人，又有相當才能，才有多數人依附之

以為生。這種原始型態後來演變為政治型態後，有些領導者變了質，這一點非本節所要討論。且就演變成社會各種機構組織中，以教育機構來看，探討其機動功能。

## 一、教育機構的領導者──校長

校長的職責是在教育前提下，總理並策劃全校教育工作，領導並監督全體人員，各盡其責，以實現教育功能。

校長既然負責全校業務，舉凡建築、設備、經費、工作人員、學生活動等，都在其職責範圍內，但最重要的是對工作人員的領導，和對學生的教育方式，促使機動功能，發揮到極致。就此而言，校長本身的機動作用，在於幾個要點。

### ㈠以身做則

領導者要起帶頭作用，必須本身的品質和行為表現足為群體效法，即是所謂之「以身作則」。明白的說，即是凡是希望工作人員和學生應該表現的，自己先要做到。先哲要求政治領袖的，如《論語》為政篇中所說：「政者正也，其身正，不令而行；其身不正，雖令而不從。」孔子的時候，以為「君師一體」，都是「表率群倫」的人物。《學記》中曾說：「作之師，然後能作之君」，即說明師與君都是「為人典範」的。理論上，「師」之成就優良者，可以為師中之長，即是校長。由師出身的校長，其言行足式，是作校長的先在條件，只是在擔任校長職務後，更要時刻不離以身作則的信條而已。

以身作則，在實務方面，首要清廉持正。前面原則已經說過，要再說明的是，除了持正不阿，不趨炎附勢之外，對財務處理必須清楚明白，且要毫釐不差的公開出來，以見無私無弊。這一點非常重要，自以為無私無弊，若不使人人見諸證明，便難免猜疑，蒙上不白之冤，雖然可以說清者自清，不能使人無疑，會

減低機動功能，降低領導效果。

### ㈡尊重工作者

　　領導者與服膺者的職責不同，「職分」有別，原有「從一屬」的關係，但並無階級高低之分，這種觀念必須釐清，才能發揮機動功能。

　　第一，領導者有發號施令的職責，否則服膺者將無所適從。不過發號施令是指引行動，並非顯示權威。如何不使服膺者誤解，在於號令者的作法。合理的號令，事前得到同意並了解的命令，自然令出必行。而這樣的結果出自先在的「用人唯才」，並對工作者誠懇的尊重。

　　第二，學校的工作人員，主要的只有因職責而分的教師、事務人員和校工。通常其中教師占多數，且是實施教育的主要人員，所以對教師必須禮遇，除了尊師的必然而外，他們是發揮教育功能的主力，所以校長不但不能視教師為「下屬」，更要「禮賢下士」，把教師推舉到超出自己之上的尊崇地位，才能使教師心悅誠服，而肯致力於教學。其中的「功利真諦」，是在求發揮教育功能，校長對教師「卑躬屈節」，不是「自貶身價」，而是為學生求得負責認真的教師。

　　第三，事務人員和校工，或者說「行政人員」，實際上都是配合教學的，校長應該欣賞他們對自己的配合，教師應該感謝他們對自己的支援。使全體人員互相尊重促進融洽的情感，才能通力合作。

### ㈢領導方式

　　領導者要有領導的方式，乃是不爭的事實。方式不是如法家所說的「權謀」，而是在要求工作人員做事時，使之樂於聽命。一種最簡單的方式是，請他做這件事，使他知道自己受到重視，才委以重任，彷彿非他莫屬。當然這樣也要有事實的根據才是，

所以前提是「知人善任」，不但本人承認如此，別人也認為如此才對。這種方式，關鍵在不是「理所當然」的「命令」，而是「情商」或「請託」以至「請求」。這樣做似乎有失校長身分，失去了校長的「權威」，實則權威不在表面的形式，而在是否達到了目的，是否使一件事順利完成。要求一個人做一件事，即使是其分所當為的，也要看成是自己的事要請人幫忙（因為校長的事就是學校的事，校長既然代表學校，學校的事就和校長的事一樣，別人多半如此想），所以請人做事就要「以禮待人」。「禮」的真諦是「自卑以尊人」。「自卑」不是「貶抑自己」，若說是「曲己」還約略近之，而「曲己」的正確意義是「謙虛」或「謙遜」，乃是對人所表現的美德，表現這種美德的人，只有贏得對方同樣的反應，不會反而使對方「卑視」。人都希望別人尊敬自己，受到尊敬只有愉快，不會因此而卑視對方。

不過以禮待人不等於「懦弱」，更不等於「屈服」。對不講理或強詞奪理者，還要申明正義，堅持正義。通常說「理直氣壯」，但是「氣壯」時，可能言辭激烈，言雖有理，而未免有「盛氣凌人」之嫌，所以有人把理直氣壯改為「理直氣和」，平心靜氣的說理，容易使人在平和的氣氛下，接受道理。

總之，領導工作在於鼓舞工作人員，發揮機動效果，以完成機構的使命，領導者猶如機器的動力和潤滑劑，適當的作用，效果才能實現。

## 二、教育工作的主力──教師

教育工作的主要工作者為教師，可以說教師是教育工作的「靈魂」。因為無論領導者和其他工作人員如何，教師永遠直接面對學生，不容有一毫懈怠；即使其他方面不能配合，教師既不可對學生表示不滿，更不可對學生批評，反而在學生有意見時，要平心靜氣的加以解釋，示學生以正道。這是教師應有的風格，

也是教育的主旨。秉持著這種精神，才能實現教育的機能。大體說來，教師發揮教育機構的機動功能，就在鼓舞學生學習向上，在教學方面，機動力至少有下述兩項。

### ㈠言教與身教並行

言教與身教並行，並非單指教師的教學，更重在督導學生的學習，而學習並非僅在知識或書本方面，尤其在行為和性格的表現。現在習慣的把知識與道德分開，實際上這二者本不可分，有些學生行為不當，確實是並不知道那種行為不對，知的學習之必要，就在於此，然而課本裡並不能一一盡舉。有些學生明知一個行為不對，卻還是照做，乃是缺乏自制能力。這種能力不是短時間能夠發展出來的，而是要經過長時間不斷的磨練。成年前之需要教育，也在於此。而教育需要繼續相當時間，也已盡人皆知。關鍵是，正當的行為習慣，非一朝一夕之功，即是在教過之後，要時時觀察，查看其是否已經實行。學生年幼無知，仍然缺乏毅力，當無人監督時，或出於無心，或有意明知故犯，還會作出不當的行為，但在知道有一雙眼睛盯著自己時，便會規矩起來。所以教師的眼睛，最好不離開學生。《學記》中說到學生的學習成就時，一年、三年、五年、七年不同，但都用了一個「視」字，這個字固然是「考查評量」的意思，但在「退息必有居學」方面，也含著「考查」，即是在課外，教師的眼睛也未離開學生，因為有些行為是無法在上課時觀察得到的，課外才是學生表露真面目的時候，那麼教師在課後，便不能以為沒有了教育責任，完全置學生於度外。

這樣一來，便有了一個實際的問題。無可諱言，教師也是人，課後也需要休息，不可能時刻跟在學生後面。但是教育的主旨就是要靈活運用，沒有人會要求教師時刻不離的跟著學生，那樣對學生來說，也不成為教育（對犯人也做不到這一點）。明顯

的是，一個學校不只有一位教師，「輪流」觀察，便是常用的方法。這是技術問題，有意如此做的教師，自然會有適當的作法。

反而是教育事實中有一個頗值考慮的措施，即是每個班級有一位導師，負責全班行為指導。這個措施用意很好，問題在「非導師」的所謂「科任教師」只負責「教書」，不管學生行為，以致科任教師上課，教室毫無秩序。這種情形存在已久，實在有改正的必要。理論上應該是「凡屬教師」，都負有「教導學行」二者的責任，真正的教師是人師而非經師，對於尚未成年的學生，不但需要「授業解惑」，還要「傳道」。傳道不一定要講大道理，而是隨時宣示做人的切身道理，並立即作出來。另一方面，自以為博學多識的教師，只管口若懸河、滔滔不絕的講述，學生卻在下面沸反盈天的嚷鬧，難道還有興趣講下去嗎，又講給誰聽呢？

要使每位教師都發揮「教導的效果」，是否不分導師或科任，都要「作人師」？而觀察科任之不負行為指導的原因，是由於科任不管「操行評量」，操行分數只由導師評定，於是學生以為科任教師既不管操行，便無所畏懼，上課時便可任意而為，這是學生的本性使然，只要在作法上改變一下，便可糾正過來，可惜這一點長期被忽略了。而這一點忽略，使教學的機動力至少降低了一半。

另一方面，導師用操行分數控制學生的行為，只是就著導師所見的學生的一面，而這一面往往乃出自「偽裝」；尤有甚者，是導師評定操行成績時，傾向於受學業成績的指引，學業成績優良者，教師已有一個先入為主的印象，操行成績隨之提高。當然學生中不乏學行俱佳者，然而學業成績中等以下的學生，卻很少操行列入優等者，是常見的事實。這一點是否使人懷疑，何以學業成績不佳，品行方面就一定不會優越？學校中只見表揚學業成績優良的學生，有多少操行成績優良的學生（是總體操行成績，非指特殊事件，如拾金不昧之類）受到表揚？

## ㈡協同改進教學

如果把學校這個教育機構看作一個整體，則全體教師便是一個主力群體，這個群體必須通力合作，不容各行其事。所謂教學相長，一則指每位教師在教學中增加經驗，使教學的效果日益進步；一則指和其他教師互相切磋，交換教學的知識和經驗，同時獲得對學生更多的了解，所以教師們應該隨機或定期集會，商討一些有關問題，如：

教材相關或銜接問題

學生學習或行為問題

改進或補充教材問題

研究教學方法問題

在教材相關或銜接問題方面，雖然分科教學，許多材料在不同的科目中，仍然有相關之處，需要互相關照，才能使學生得到完整的知識，而且增加記憶。如此每一科的教師，便需要對照其他科目的教材，和任課教師聯繫，共同商酌銜接的方法，使之既不重複，又能關照互補。

在學生學習或行為問題方面，導師要與同一班任課的教師隨時交換意見，以便了解學生的全貌。既然導師負有指導全班學生的任務，則除了自己上課所見的學生表現以外，其餘時間和場所學生的行為，更要注意，所以要從其他任課教師那裡得到消息，多聽其他教師的意見，以求通力合作。

在改進或補充教材方面，要和教同一科目的教師常常商討。縱然課本已經確定在那裡，前面已經說過，課本只是教學的媒介，教師可以斟酌實際狀況，或者更動前後次序，以調整難易與時序；或者需要補充，便要採取共同的意見，以免發生不同班級間教學有分歧的現象。

在研究教學方法這一項上，是教師的重要任務。前面曾經說

過，方法只是工具，每種工具各有其效用，關鍵在符合工作的性質。尤其是接受方法的學生不同，會使一種方法對某些學生有效，對另一些學生則否。所以教師需要常常研究改進教學方法，教師的共同合作便極為重要。

一種方法是否有效，在經過事實證明之前，無人能作確切的判斷，所以必須經過「試驗」（或稱實驗）。試驗或實驗教學法是科學取向，是教育中必須且應該作的。不過也必須知道一件事，自然科學的實驗，實驗材料是「物質」，既然是實驗，就不能確定「必然」成功，科學中的實驗往往要經過若干次才成功。事實是實驗材料是物質時，失敗後把物質棄置重做，只是損失一些物質而已。教學實驗的材料是學生、是人，實驗失敗了，既不能把人棄置，又不能再把他們還原為原來的狀況，所以要非常慎重。故而教學實驗開始時便要慎重而周密的設計，不但期望成功，還要預計失敗後的對策。最好開始時只作小型的試驗，用最少的人數以避免失敗的損失，待到實驗有效，再擴大實驗樣本。前章所舉動作研究，用在教學研究方面，比較適當。

在協同教學中，教師最好放棄成見或定見。就常情而言，教師根據已有的學養，已經有了自己的信念和定見，這些也成為教師的「成見」，然而有時成見也會變為「偏見」。人的心靈作用固然是智慧的泉源，卻也會使智慧「堅執一端」，膠著於某一點上，矇蔽了心靈的明覺作用。以一個信念、成見、以至偏見為「不易」的「定見」，便難再接受其他的見解。到了這個地步，已經偏離了教育，不復以學生為教育對象，而只以自己的見解為目標。孟子說：「人之患在好為人師」，這句話可以解釋為，好為人師者，自己充滿信心，以為自己所知的已經完滿無缺，別人只能接受自己的見解，因為自己是全知全能的，再無餘地置入任何別的意見。教師既然教學生「謙受益，滿招損」，應該知道「吾生也有涯而知無涯」，何況教學生當為學生著想，要把自己

放在一邊，為求對學生有益，學生才是主體，自己應該退居客觀地位，故而多方吸收別人的意見，並非盲從，也非失去自己的立場，更不代表自己無知無能，反而表現出自己的虛心寬容與氣度，所得到的是自己有所增益，和別人的尊重與合作。

最後一點是，教學是「適應」學生學習的活動，必須以「靈活」為主，雖然有許多原則和成法，卻要靈活運用。在不失原則的前提下，「隨機教學」的效果往往超出預期。所以靈活運用是「拘泥」的反面，可以把呆滯的教學變為生動活潑。學生既是活生生的人，又當活潑好動的年齡，對拘泥呆板的教學容易失去興趣，換一個方式，立刻會興致勃勃起來，如此才能維持學習的效果。

## 三、行政事務

以學校為教育機構，從職責或業務分，實際上不過兩大類：教學與業務。兩者的具體功能，坦白的說，應該是教學為主，行政為輔。可是校長又被視為行政首腦，連帶的教師兼行政的人員，無形中也提高了「地位」。其實職責的分別，不該用地位指稱，而是互相配合的關係。民間常說一個笑話，眼、耳、口、鼻，爭論誰最重要，因為各有其功能，互不相下，最後一齊「罷工」，害得這個人看不見，聽不到，嗅不到氣味，更糟糕的是，吃不到飯，餓了幾天之後，感覺完全失靈，也失去了活動能力，才承認每一部分都重要，要通力合作才能發揮各自的功能。一個機構中的人員也是如此，爭地位高下，爭誰最重要，將會使每個人都無所用其力，以致機構全部癱瘓。

照現行學校職務組織來說，多半分教務、訓導和事務三個部門，其下還有分掌的組別。就機動功用可分別來看。

### (一)教務

教務的職責，是統籌教學業務，通常有一位教務主任負總

294

責，遂成為統帥教師的人員，分配教師所擔任的教學班級和科目。這個職務，對於小型學校，限於教師人數，在分配工作上可以比較簡單，然而各人的工作份量平均與否，便不能執一而論。正當的分配方式，自然應該依照各人的能力興趣與經驗而定。至於大型學校，往往同一個年級，有平行的若干班，於是便有教師選擇班的問題。通常人和人之間，遇到相同的狀況，便不免互相比較，而一個更常見的現象是，在比較之下，總以為別人的比自己的好，若非出於自己的選擇，便會委過於分配者，而心懷不平。這不平之氣，容易轉移到學生身上，如是教學效果自然發生問題。

將同一年級學生分為若干班，通常有幾個分法：一是按照入學或先在學習成績（能力），二是按照報到先後次第，三是按照居住區域。第一個分法，有了所謂「好班」與「壞班」之爭，因為教師都認為好班好教，而教壞班等於自己降低身分，宛如自己是「教學不好」一般。存著這種心理，先就認定學生是「壞的」，於是以「責罵」、「諷刺」代替「循循善誘」，使學生在學習困擾之外，生出嚴重的「自卑」。失去原有的學習能力而自暴自棄，然後又心有不甘，要表現自己也有勝人之處，遂製造行為問題，或是為了引起教師注意，或是要表現與眾不同，因而更引起教師反感。如此惡性循環，「壞班」的學生不但學業毫無進步，又加上操行落後，學校已非其樂於停留的地方，於是曠課者有之，輟學者有之，流浪街頭，遂成為問題人物。

照能力分班，也引起家長反對。第一家長不願承認自己的孩子笨，第二孩子被編入「壞班」使家長面上無光，於是遂產生「混合編班」的辦法。

混合編班是將學習程度高低不同的學生編在同一班。如是教師不須選擇好班壞班，學生在形式上也相同，家長也不失面子，似乎可以皆大歡喜。問題是這樣分班是否合乎教育原理？就從一

個世俗的例子說，一個牧羊人所趕的一群羊中，有一半是強壯的大羊，另一半是初生的小羊，倘若有一隻狼來了，他如何可以趕著羊群快跑？隨著小羊慢慢走，小羊有無落入狼口的危險？至於學得慢的學生，看見同班中學得快的同學，還保得住「崇高的自尊」而「不自卑」嗎？教師的教學又如何適應這高下懸殊的個別差異？當然教師可以用分組教學，等於一個班級中的「複式教學」，卻不免教與學二者的浪費。在教育發達後，複式教學早已廢棄了。

除了分配班級問題之外，教務頭痛的另一個問題是排課時間。常見的問題是，有的教師不願上早課或最後一節課，有的教師要集中排課，以便有多餘的空閒時間。而課業因學習份量輕重不等，排在一天的時間要配合學生用腦的程度，適應教師便不能顧及學生，兩者應該何所取捨？

（二）訓導

教訓之分，從宋代以後便已存在。其時有規模的公立學校，有「教喻」和「訓導」兩類人員。前者負責教學；後者負責行為及生活管理。後一類人員，是因為學生住家較遠者，須住在學校中，需要人員負責其食宿事項，而對住宿者，自然應該有所約束。同時教學者率為「學者」，只以講學為要務，不管「生活瑣務」，於是形成教訓分離的狀況，也更確定了知德分途實施的事實。這種作法持續到新學制實行之後，學校中遂有教務和訓導兩個主管系統。

訓導負責管理學生的行為，執行其職務只限在課後時間。如果不曾把知德分立，原應都在教學分內，教師本就有指導行為的責任，而在有了訓導負責行為管理之後，教師便卸卻這項責任，遂致訓導只有「訓」而無教。等而下之的是，訓導成了「司法審判」機構，凡屬學生有過者，就由訓導執行「懲罰」，落得只

295

「有訓」而「無導」，使學生視訓導處為可怕的地方，視訓導人員為「嚴君」，雖然訓導人員也在教師之列，卻避之唯恐不及。

這種事實的造成，固然傳統是始作俑者，也由於從事訓導工作者，將訓導工作界定的過分狹隘。由傳統的「訓導」看，其職責在「行為管理」之外，還兼顧照料生活。管理可能照規矩行事，有「嚴格」的一面；照料生活則是「情性的感召」，有「溫馨仁慈」的一面。兩者相合，才是「人格教育」，即使沒有「講述的大道理」，同樣可以收到「陶冶」的效果。

有些學校，將導師列入訓導系統中，是正確的措施。遺憾的是未把科任教師列入，如前面所說，喪失了大部分訓導實力，應該再研究改進。

如果訓導主任要發揮訓導效果，在作法上似乎需要改弦易轍。在管理之外，加上對學生的關切與愛護，因為關切愛護是學生在課業學習方面也享受不到的，由訓導來彌補學生這項需要，可以實現教育的完整功能。

目前在美國興起的「輔導」，已經在國內實行。考美國之所以有輔導出現，是因為他們學校中並沒有訓導，沒有人關切學生的生活和行為，學生在知德方面，缺少指引，才增加這項工作人員，專門幫助學習有困難，或行為有問題的學生。這項工作，在於彌補學校措施的不足，無可厚非。不過教育應該在學生感到困難之前，就先有預防的作為，不容等問題出現後再來補救，所以倒可以將輔導融入訓導之中，健全訓導體系，除導師之外，使全體教師參與，如是教訓合一，成為一個機動的整體。

### (三)總務

總務是教務訓導之外，包攬全校其他業務的一個部門。就整體教育機構說，基本的建築和設備業務為總務所司，且姑置勿論，就是經常的維護和必須的教學供應，都要靠總務的支援。例

如校園的整潔，可能有學生作一部分，然而一天之內，落葉無數，就得由校工隨時清掃。因為環境整潔，前章已經說過，代表學校精神，負責其事者就要時時留意，方能使入其中者，耳目一新。人已經習慣於整潔，若以這項工作不勝其煩，便只好處身在「水泥森林」裡了。

　　其次校園安全，除了硬體設備須時時檢查並必要時維修外，更要注意學生經常活動的空間重物，檢視其穩定與堅固狀況，以防發生意外。

　　至於教學必須的工具和用具乃是不可或缺的，必須保持隨用隨取。有時學校為了節省開支，限制供應，以致教師寫板書時而缺筆，記重要事件時而缺紙，下課後無水喝，坐下時椅子散了，這些狀況並非少見，其對教學效果的影響卻不容忽視。有時為保持行政手續，教師需用物件往往要書面往來，未免使教師氣短，實際上則是影響教學的熱忱。所以行政對教學的支援，宛如支應前線的軍需，若視及時支援等於鼓舞士氣，便如同作戰時掌握了勝算。這種配合行動，固然在執事者，也在領導者的見解與作法。領導者以機構為整體時，各個工作人員可以在負責本身職務下，不忘與人配合，配合得當，才不負本身的職責，和只知對校長惟命是從，對別人傲視群倫，甚至利用「職權」，威福自見的，不可同日而語。

　　總務主任領導全體業務人員，上自職員，下至工友，包括事務、技術、以至勞力工作者。這些人的學歷不同，能力各異，工作表現也人各有別，於是領導的方式便頗為複雜。大體說來，以廉潔公正自持，待人恩威並用者，則容易得到工作效果。不過總務有其職責，職責也有其限度，即使主任出身教師，若未擔任教學，也只能支援教學，而不可輕易干涉教務，大原則是在整體機構中，雖然與「校務」關聯較多，卻需要與教訓通力合作。

教育研究

教育研究除了完成一件工作，還有其他的目的嗎？
要怎樣才肯樂於把自己的研究呈現出來？
在作完研究後，自己有何感受？

　　教育研究已經成了和教育實際不可分的事項，而且成了教育中的重要部分，晚近教育方法論也進入探討的領域，本章只就若干認識的基本點，略事論述。

# 第一節　研究方法問題

　　中外先哲早就有許多關於教育的論述，但在開始的時候，多數都包含在哲學裡。一個頗為微妙的現象是，早期哲學中的多數論題，如天文、地理、物理、化學、以至心理，都成為獨立的學問，只有教育卻未為學術界承認是一門學問，其中之一的理由是研究方法；之二是研究性質。

## 一、關於研究方法的意見

　　以研究方法判定教育不是一門獨立學問的說法是，教育研究沒有「獨特」的研究法，不似自然科學般有專用的「實驗法」。這大概出自科學家的觀點，因為從科學家的立場看，實驗研究在尋求確切的驗證，完全「客觀」，結果可靠。尤其科學突飛猛進之後，凡屬不似自然科學般用實驗法研究的，都被視為「不科學」，在科學研究使萬眾矚目的狀況下，其他的學問都相形失色，教育也在其中。

　　試超出學術立場，先做一個哲學的辯解。我們知道在哲學中有一個論點，就是「目的」與「工具」的辨別（英文字目的是

ends，工具是means）。從實際經驗來說，我們在要做一件事時，總是先要知道所要做的是什麼，然後才去找適用的工具。例如要切西瓜，卻拿來錘子，不是很可笑嗎？這就印證目的決定工具，有了目的，才選擇適用的工具；不是先拿起工具，才想做什麼；更不是只拿著一種工具，就可以做所有的工作

302

教育研究不似自然科學之必用實驗法，有一個最明顯的差別，即是實驗材料的問題。自然科學研究所用的材料，多是物質，如果實驗不成功，可以丟棄材料，重新再做。教育研究的材料是人，尤其是尚未成年的人，他們正在生長發展，每一個生長發展段落都關係著日後的生長。例如營養不良，疾病傷害都影響後來的生長發育，這是有形可見的，還可用醫療彌補；至若教育失當，則時過境遷，無法可以彌補矯正。所以應用實驗法時，必須異常謹慎，因為不容失敗。

其次，人和物質絕對不同之處是，物質都有定性，隨時取來的同一種物質，性質相同，可以反覆實驗。人卻各不相同，用不同的人做相同的實驗，也很難得到相同的結果；即使用相同的人做相同的實驗，也會有差別。人的個別差異性，是物質所沒有的，何況人在生活中，會自行改變，也是物質不會輕易發生的。照這個情形說，教育研究不能依賴實驗法，應該算是一件憾事。

另一方面，專從「人」來看，這是有生命的一類，其生命的存在，關係到生活，而生活所涉及的層面極為廣泛，不是只從其中抽取一項，做一次「專一」的研究，就可以得到結論而確切無疑的，困難在這「專一」的一項，根本就無法抽離出來。因為人在生活之中，任何一項都不是孤立存在，而是和其他各項息息相關的。一些教育研究也曾試圖應用「科學實驗」做「單項」研究，對於其他的不同之處，既然無法控制（無法找到完全相同的人），遂不得不先做一個「假定」，假定其他一切都相等，才能解釋研究結果，豈非又是一件使人感覺遺憾的事。

另一種就研究方法認為教育不是獨立學問的理由，是以為教育研究沒有「獨特」的研究方法。除了前述自然科學自有實驗法外，哲學自有辨論法，史學自有「表意法」（ideographic），而教育並無專用的研究方法，從而教育研究，有的沿襲哲學方法，有的沿襲史學方法，有的摘取數學的統計法，有的摘取社會學的調查法或訪談法，莫衷一是，沒有獨特的研究方法，如何確定獨立性。這確是教育研究的事實，無可否認，也是教育研究應該探討的一個問題。

## 二、教育研究應有的認識

教育研究是有目的的工作，進行工作要有必須的工具，所以目的與工具的關係，可以做雙向解釋：依目的選擇工具，照步驟說，是目的在前，工具在後；應用工具以達到目的，雖則工具在前，只是逆向回到目的，在全程中，工具只是中間的一項而已。換個方式說，即是因目的而決定工具，不因工具而決定目的，否則便是本末倒置。這樣說的意思是，教育研究不是以方法為前提，而是以所要研究的「教育」做選擇方法的主要決定條件。教育並不屬於自然科學的領域，其是否為「科學」應另當別論。如果不因哲學和史學不用實驗法研究，而不否認其為獨立學問，便可知研究方法不是決定學問的唯一標準（或稱判準）。

任何領域的研究目的都在探討其領域中的問題，解決問題即是其研究的目的，依目的決定應用的研究方法，是命定的必然。如前所述，教育研究所涉及的是人和人生的問題，其內涵之廣遍及於各種學問。我們不能忘記一個事實，每種學問都是人的創造物，人之所以要做這些研究而使之成為學問，便是這些學問都和人與人生有關。再說一句坦白的話，每種學問家都出身於教育，因為學識並非與生俱來的，執一而論，似乎有失學問之道。

如果一定要指出教育研究的獨特方法，就不能不知道教育的

304

特性。因為教育的對象是人，在大自然和「人文社會」裡所存在的一切都和人有關，都能影響人和人生。人和人生不可分，於是所有的「存在」也都包括在教育之中，所以教育工作既複雜又困難，所要研究的問題也千頭萬緒。形形色色的問題，只用一種方法來研究，恐怕很難得到結論。

如果承認各種學問都是人因為追求完滿的人生而研究創造出來的，則每種學問都會對人有用，「學以致用」這句話就是由此而來。用一句最粗淺的話說，既然各種學問都可為人所用，則各種研究方法自然也可為從事人的研究而用，其間勿須樹立任何藩籬，也不必聲明「專利權」。

因為教育的內涵包括所有的領域，所以前章曾經申述各門知識都是教育認識的基礎，因為教育的目的在培養完滿的人從事完滿的生活，這不應被視為「侵犯」了其他領域。反過來說，所有的知識都可為人所用，則所有的研究方法當然也可為教育研究所用。人和人的生活是全面的，雖然「術業有專攻」，卻不一定只能專用。

由於教育的這項特質，也造成教育研究方法的特性。這特性就是凡是適用於研究的方法，就「不得不」採用，因為捨此別無良法，無以達到研究的目的。而且因為依照研究目的，往往不是一種方法所能達到目的，故而需要一種以上的方法才能完成，就不是拘泥一端能夠解決的了。

數十年來，有些教育研究者曾試圖應用所謂科學研究方法，以使教育躋入科學之林，最明顯的是，引用了心理學的測驗法和數學的統計法，以為把「質」的研究「數量化」，便取得「客觀」的地位。客觀與否姑置勿論，問題在把許多「各不相同的人的數量」只在一或少數項目中，放在「一個量尺」上，不問「其他各項同否」（這些項目無法控制），所得結果意義何在？好在這種「東施效顰」的作法近年已經有了反省，重新探討研究的

「質」與「量」的問題。其實把握住方法依目的而定，捨目的而只重方法，似乎並非良策。

## 三、教育研究法的運用

把方法視為工具時，應該有一個基本的認識，即是每種工具都自有其效用，關鍵在工具的選擇和運用。即以實驗法來說，前面曾說其不適用於教育研究，因為所用的材料有別，用人（多數是學生）做實驗，既然稱之為實驗（實則是試驗），就不能確定其有完全的成功機率，倘若失敗了，將無以善其後。不過小樣本且短期的實驗，只要在做前慎重而周密的計畫，且預計萬一失敗時的補救辦法，還是可用。例如教學法就是要經過試驗，才能驗證是否有效。但是做這樣的試驗，有許多條件和狀況都要顧到，執行者是首要的條件，試驗期間的執行狀況──持久一貫──更影響結果，而用作試驗的對象狀況，也不能絲毫忽略。

教育研究無論只用一種或多個方法，應對所用的方法及應用技巧徹底了解，但又不可為方法所限制。最近教育研究中出現一種現象，尤其對正式研究，特別標明一個條件，要求研究者說明所用的研究方法，並且作為評定研究品質的一項。這個現象似乎有商榷的必要，試看自古以來，多少名家的不朽之作，可曾說明所用的方法？道理非常簡單，知道所要研究的是什麼，據此而行，論述時自然言之成理，探討時自然切中問題關鍵，所得結果自然與研究目的相符，否則將如同以十年之疾，用一年之艾，藥不對症，等於文不對題，何用再追究方法？這種現象流風所及，竟然有研究者先決定要用一種方法（因為這種方法流行），然後才尋找題目，甚至把與方法不相合的題目，強行套入方法之中，若視為研究的「異象」，大概也不為過分。

一種方法有確定的「規矩」，規矩是「確定」的，但是「尋規蹈矩」，未必即能使人「巧」。因為「運用之妙，出乎一心」。

306

大家熟知失街亭的馬謖，曾經熟讀兵書，死記住「置之死地而後生」這句話，把兵士駐紮在沒有水的山頂上，被敵人圍困之後，軍士因為無水因而無以為食，不勝饑渴，軍心渙散，遂潰不成軍。又據記載宗澤任用岳飛時，曾問他戰陣之法，岳飛說：兩軍相遇，如何應敵，在於運用之妙，不能必待列陣而後戰。宗澤大以為是。由岳飛的戰績，可知他的觀念之正確。由此類推，運用得法，才見出規矩的價值，否則規矩反成了限制，適足以堊事。

如果把工具當作物來看，我國先哲早就說過，物是給人用的（以人御物），人不可被物所制（勿以物御人）。這樣說直接的意思固然所指的是人不要為物欲所惑，但也可用來解釋人用工具的立場。

## 第二節　教育研究的性質

自從教育研究開始以來，對於研究的性質也多有討論，或者從體例著眼，或者從科目屬性著眼，或者從結果著眼，而有了研究類別之稱，可略述如下。

### 一、基礎研究與應用研究

教育的重點在實用，從歷史事實即可證明。初期見諸文字的，率皆為「理論家」的論述，雖然論述中也對教育實施表現了意見，卻多半是「說者自說」，而「做者自做」。在中國，孔子也曾教授弟子，然而卻是「獨家之作」，其餘各家，也各有其「說」，但是只在「思想」，「實際作法並非重點」，如果視其論述為「研究」，大概只能歸入「理論」，至少在應用方面未曾普及。因為普及有賴行政力量，個別教學者沒有行政權，無由推動其「實際作法」遍及各地。即使西方出現的「現代教育家」的

主張，雖然受到重視，仍未見在任何地方「一體實行」。所以在教育研究受到重視後，早期的「理論」便歸入「基礎研究」之中。

　　由此所謂之基礎研究的性質，從資料看，著眼於「普遍」，以論述為主。於是把這種研究稱為基礎研究，猶如早期的哲學研究，是普遍而論述性的。這類論述，固然含著真知灼見，卻不易轉化為實際可行的「條陳」。又因為其普遍性，內容相當廣泛，援引的材料幾乎無所不包，以致或者以為「過於空泛」，只能以理論視之，無補實際；或以為「陳義過高」，在實際中難以實行，尤其從事實際教育工作者，諸多牽掣，不似「言者」只從論述出發之簡單。關鍵在論述者未曾把「實際作法」條列出來，實行者便無所適從，故而實行者批評「理論不切實際」。

　　說理論不切實際者，可能源自一種誤會，未曾辨明理論和實際的差別。二者的差別是性質的，故而著眼點和重點不同。理論著眼於普遍，重在原理原則，是基本的，而對原理原則的敘述，通常只述其「大要」，不會涉及「細節」，即是不會說到「如何如何作」。要用者把握住原理原則後，自行印證到實行的細節上去，猶如規矩與技巧之別。簡單的說，理論是指引，指引只指示方向，至於如何走，乃在行路者。行路者要知道實際的通路，除非另有詳細的地圖，否則就只好「邊走邊試」，自己摸索。而地圖中沒有理論，可見行路所要知道的事不只一項。故而理論和實際二者相關卻有別，不能執一而求二。

　　因此在教育研究中便出現了應用研究。應用研究是就著實際問題而求解決之策。所求的是「如何作」，最好把作的步驟一一條列出來，像「食譜」一樣。這是在理論中找不到的。不過如果細心推究，將會發現理論中有「所以要如此作的道理」。按邏輯順序說，倘若先明白了道理，「作法」自會推演出來，用孔子的話說，可能只是「弗思而已」；用孟子的話推演，「巧要自己依照規矩摸索出來」，在達到巧的地步之前，怪規矩不夠詳盡，未

免過分心急。由此驗證，教育和教育研究，需要深入，需要「先求諸己」，然後再「責諸人」。

說到應用研究，目的的確在解決實際問題，因為教育不是靠說話就可以做到的。教育在實用的特性也就在此，不徒靠「空論」也在此。但是當教育研究以「實用」為目的時，研究價值就受到批評，以為實用的研究，缺少「學術」品味，不能視之為學術。教育領域之外的人如此看，可以不論；教育領域之內的人也懷著這種態度，鄙視應用研究，勢將阻撓教育的改進。不過從上個世紀末，由於科學昌明，教育研究者有了轉變，轉而重視應用研究，主要的是，應用研究在實際，可以借用「科學方法」，使研究合乎科學性。這種結果姑勿置評，倒是態度的改變頗值注意。即是一變而鄙視理論研究，理由就在其「不科學」。由此教育之「科學研究」大量出現，率皆以「數量」為研究資料，稱為「量的研究」，且是「進步」的研究，承認其「學術價值」。

量的研究大量出現以後，研究者又有了反省，重新探討「質」和「量」兩種研究的價值。實則這二者是方法的採用問題，還是要依研究問題而定，依問題性質決定方法是原則，方法適用與否才是值得考慮的。因為研究的價值在於對教育的貢獻，對方法的評價，要依結果而定，方法乃是目的與結果之間的因素。

## 二、哲學研究與科學研究

從研究性質說，又有一種說法，即是哲學性的與科學性的之別。前者又或稱為論述的研究，後者為「敘述或描述的」研究。這種差別除了如前所述，取決於所用的方法之外，更在由主題決定內容。就後一種差別而言，很明顯的是：論述的研究重在發揮「見解」或「主張」，顯然是哲學的辯論方式，辯解「所見」或「所認為」的思想內容之正確性，是根據一個「主題」反覆論述，顯示主張的正確性。猶如所熟知的，這樣的論述只在文字的

運用，以說明「道理」，以博取人的「接受」或「信服」。坦白
的說，文字呈現的是「抽象的」思維，即使也可能引用實際的例
證，還是借用文字符號來表達，只能算是「間接」的訊息，或者
可以說，不夠直接或明顯，有時會被認為「空言無補實際」。尤
其倘若有人想要嘗試實施時，便嫌缺少「實際作為」的明白陳
述，如同前所說的理論與實際不符。

敘述的研究，多是把搜尋得來的實際現象材料，不但用文字
敘述，更提供「數據」，等於「有事實為證」，就不是「徒託空
言」。自然科學之信實，就是以數據為重要的依據，其「科學
性」也就在此。教育中有關實際的研究，如學習狀況、學生心理
狀況、學校狀況等，常常用數字表現，因為研究主題涉及心理以
至社會等領域，不免且必須引用心理或社會學研究方法。心理學
已劃入科學之林，所用的方法已確定為科學方法，其研究屬於描
述的，所以是科學的。社會學研究也努力科學化，所以也在科學
類中。於是教育研究近似這樣的，也列入科學範圍，算是科學研究。

平心而論，前已一再說到，教育包括理論與實用兩方面，理
論接近哲學，在辯論；實用兼及心理、生理與社會，在敘述或描
述，並不專屬一個領域。正確的說，是兼含所有的領域，這是教
育的「特性之所在」，若只承認其一，必然失卻其他。如果一定
要區分研究是哲學的，還是科學的，只有從研究主題辨別，無法
做「執一」之論，猶如要確定教育是哲學還是科學一樣，徒做口
舌之爭，並無意義。再引申一下說，人類創造了知識，在知識中
創造了不可勝計的名詞，又對名詞做了分類和歸類，而要求名實
相符，於是「分」與「合」以至「確定」，從頭到尾，都出自人
手。客觀的說，是人自己製造了「迷陣」，然後自己在迷陣中盤
旋，用幽默的眼光看，可以說是有趣，則不必面紅耳赤的多做爭
論了。

**三、史實反省與現況問題探討**

教育事實已經有了長久的歷史，史實記載與論述也指不勝數，所以時間也給教育研究提供了主題，史實的研究有助對過去教育的了解，可以為後世借鑑。而根據教育的特性，教育實際必然因當時的觀點與需要，隨時會有改變。在時間的演進過程中，研究即存在著過去與當前兩個階段：過去的史實可供檢討反省；當前的問題則需要探討。

### ㈠史實的反省與借鑑

從教育史實看，以每個時間段落做一個單元——事實上必須如此說，因為時間是不容切割的連續，而在觀察一個現象時，不僅只取當時「一個點」，而是要截取和這個「點」前後相關的「一段」時間，才能看清這段時間內的教育事實，其出現有其原因，有回溯的必要；而當時的舉措，自然是觀察的內容；不過這內容必待若干時日後，才看出得失，因為教育不是立竿見影的工作。所以所觀察的這個段落，實際上包括：「過去」－「當時」－「事後」三段時間。於是史實的研究，一種方式是通前到後的，猶如「通史」的研究；一種方式是，多半針對一個現象、或採取一段時間，猶如「專題」或「斷代」的研究。

這項研究，目的在了解教育中已經發生的事實，並以往事為鑑，即是通常所說的：前事不忘，後事之師。

這一類的研究，必須根據已有的記載。歷史中當然有關於教育的記載，不過我們從史學研究中，已經知道歷史記載頗受記載者的「觀點」和「取材」的影響，是從事這類研究者必須注意的，至於研究的作法，在研究法中自有說明，此處不必贅述。只是所應該注意的至少有三項：教育措施發生的背景，措施的籌劃與內容，實際效果與影響。

311

通觀過去教育措施，「正式的」多半在「政治」決策中。這種情形有一個實際因素，即是「經費」。經費勢須從國家財政項下支出，且為政者率皆以教育或者培養人才，或者實現其政治指向（中國歷史中只有秦始皇實行愚民政策，不以教育國民為務），所以正式的教育很難超出政治領導之外。於是一項教育措施，有其發生的政治背景，也有其發生的社會因素，只有最少數出自個人倡導，而且即使個人倡導，也要政治的認可或支持。教育措施的籌劃與內容，關鍵在「籌劃者」。如果籌劃者洞悉教育的重要性及其需要，所擬的舉措可能接進正確，「日後」可見其效果。效果必須經過若干時日才能看出：正確的策劃與內容，所得的效果可以適如預期的，否則將適得其反。而出現了不良的後果時，更會影響深遠，可怕的是，將無法彌補。明古以鑑今，即在避免重蹈覆轍。個體生命固然只生存在時間長河的一個點上，人類的延續將與時間同其長久——至少我們希望如此，而在人類的延續中，我們更希望後來居上，把過去、現在和將來，連結成一條逐漸向上的途徑，教育研究就在探討這條正確的途徑。

## ㈡現況問題的探討

人類天生有審美的傾向，期望完美，《大學》中所說的「止於至善」，就在期望完美。不過完美究竟是什麼狀況，卻很難用語言描述。可見「完美」只存在於想像中。或者可以說，因為無法把完美「指實」，所以一切可知可見的都不算完美，由此才促使人不停的追求下去，才有進步。而在進步的歷程中，每個時間點上認為的完美，待到時過境遷，就會感覺到仍有不足，還要再加修飾或改正，以求進一步的完美，這乃是進步的造因。根據西方哲學家的說法，只有上帝是完美無缺的，所以完美只屬於創造者，被創造者不具備完美的性質。亞里斯多德以為人也是造物之一，是被創造的，不過同時也有創造的能力。人的創造，成功了

文化和文明，也是偉大的成就。但是人的創造物，卻還很難說有盡善盡美的，教育活動的業績即是其一。

教育活動之不完美的另一個原因，在於人類演進中很多方面的改變，其中最重要的是生活方式的改變。既然教育在教導學習者的生活，生活方式改變，教育內容必然要隨之改變，所以常常要改弦易轍。

然而教育也有「不變」的一面，即是教育的對象是人。這一點永遠不會變。因此教育的「長程」目的，是人之「無限的超昇」。而人究竟能超昇到什麼程度，到現在仍無定論，因為時至今日我們還不知道人的發展「極限」。然而我們卻已經知道了人的發展有兩個方向：一個是向上提昇；一個是向下墜落。向上升有助於提高人的價值，有益於人類生活的改進；向下落則可能落到禽獸不如的地步，失去人生的意義。這關鍵在於用教育提高人的品格，使人最低限度不至於墜落。教育的這項任務，中國先哲早已指出，歷史中也有教育家曾經實行，且在歷代的教育實施中（至少見諸於文字記載）。然而實際的效果卻有限，即是教育的效果並未普遍的呈現出來。這應該是教育研究的一個不容忽視的問題，而這個問題出現在現況研究的似乎還不多見，或者因為現況研究只針對目前，根本的問題不在研究的考慮之中。

對教育現況問題的探討，首先要知道的是問題性質範圍。問題出自一種現象，要先知道這現象是「普遍的」抑或「單一的」。普遍的可能是全面的，至少可見於「多數」；單一的很明顯，只在少數甚至「一個」，是「普遍」與「偶然」的差別。辨明這一點，才能著手策劃解決的方法。通常對一個現況問題，往往「誇大其辭」，把偶然當做普遍來處理，形成「牽一髮而動全身」的舉措，其謬誤可知。例如秦始皇為封閉言路而焚書坑儒，漢末宦者為禁止批評而興起黨錮之禍，雖然不是教育的舉措，卻可見把偶然變做普遍的謬誤。

　　在人的行事之中，影響成敗的有兩個因素：一是所根據的原則或道理；一在實行的作為。二者之中失其一，都構成失敗，而出於作為的為數最多。這就是常見的事實，一件工作這個人做，不見其功，換一個人做，可以做得相當完滿，所以說：「事在人為」。因此在教育現況為題中，便要先辨別問題出在原則或道理，還是在於作為。在實際方面，常見把一個事實問題，不問作為，即歸咎於原則。倘若據此便改變原則，則改變後的結果如何，自是不言可喻。這個道理也不難明白：原則是確定的，作為常常包括多個步驟，步驟中有一個失誤，就會失之毫釐，謬以千里。事實是「執行者」常為自己的作為辯護，不肯承擔作為失誤的責任，寧可委過於「無言」的原則，這是人情之常，不可不辨。例如以考試鑑別能力，是到現在為止無可取代的方法。方法無罪，罪在考試的「技術」。坦白的說，在於「如何命題」。命題切中「知識」的廣度和深度，自然顯示「所知」的深淺和多少，豈不非常明白。若不此之求，專在「題外」爭論，無益且可笑。

# 第三節　教育研究的重點

　　人在追求完美的過程中，對於「作為」，不是做完便算了事，而是有兩項繼起的活動：其一是欣賞作為的成果，由此得到成就感，也證明作為者的能力；其二是檢討作為有無瑕疵，是否能做得更好，這一步叫做檢討，是求進步的工作。這步工作有助於對工作因反省而得到進一步的認識，可以說，認識的愈清楚，對此後工作的執行愈有效。教育研究行之已久，也有了更多的認識，而認識愈多，也會因繁雜生出枝節，以致倒果為因的現象，無論如何，再進一步的認識仍然必要。以下幾點可供參考。

**一、研究的出發點**

　　研究的出發點，即是「為什麼」而研究，也就是研究的目的。雖然籠統的可以說，「為研究而研究」，實則這說法從教育的「應用」功能看，未免嫌其空泛。因為教育研究需要指向一個問題或定點，才有確切的「指標」。不過在教育研究的實際中，的確出現了為研究而研究的事實，坦白的說，即是「學位論文」，這是獲得學位的一個必須條件。雖然論文也決定了一個題目，有了指向，當然，有些是先以題目為出發點的，出於本身的選擇和決定，還可算是「主動自發的」。但也有不少是限於「必須」而尋找題目的。這後一種情況，只能說是為了「遷就」而研究，並無預定的指向，等於缺少最初的出發點。其值得考慮之處，在於對所研究的題目是否有確切的認識和研究興趣。如果只在「迎合」一個需要，是否會影響研究品質？

　　其次，在學術方面，出現了一種風氣，特別在高等教育中，要求教學與研究並重，且更超而上之，以研究重於教學，研究以「發表」為據，且以「數量」定高低。在高等教育層次中，教學與研究並重，乃是必須，一則在教學相長，一則在求學術進步，不過這二者須出於研究者的主動，有主動的研究精神，才有研究的效果可言。而實際的風氣是，研究以「發表的數量」論高下，而不是「質量並重」，如此是否會形成只求發表，而忽視研究？是否會促使發表者離開為研究而研究的主旨，變成為發表而發表？在這種情形下，如果「出版品」缺少評量標準，是否會影響研究品質？

　　在教育領域裡，研究結果有領導並影響教育實施的作用，至少會影響視聽，所以不但言教育者應該慎重，見諸文字者更要考慮後果。以研究為名而發表的文字，見於「實據」，似乎應該想到後果。故而教育研究的出發點，最好以務實為本，以確有「所

見」為據，或者研究前瞻的景象，探討可行的方策；或者研究需要改進之處，探討改進的方法，必求持之有故，言之成理。從這番立意出發，可能是比較正確的開始。

315

## 二、研究的資料

　　教育研究和其他科目無殊，決定了研究問題之後，勢必搜尋相關的資料，在這方面應該有幾項認識。

### ㈠資料的功能

　　根據研究問題尋找資料，當然以和問題有關的為限。其限度首先在確定問題，因為所想的問題是否真的能成立，本就是研究開始的重要工作。杜威說在思想的歷程中，第一步就是確定問題是否為問題。過去確定研究問題時，先要檢查前此是否曾經有過研究，以避免重複。因為如果已有研究，重複相同的題目，一則見其知之不廣，一則有拾人牙慧之嫌。除非認為自己的研究另有發現，而新發現確有價值，可以另當別論。

　　和問題相關的資料，其相關在於論述或事實足以和研究相印證，或是其方法可供參考應用。目前在研究「形式」上，尤其是學術研究與學位論文，引述相關文獻成了一項必然的要求，稱為「文獻探討」。究其目的在使研究者增廣有關問題的知識，從已有研究的內容和歷程以及方法，獲得研究的經驗與得失。若果如此，自是有益而無害。實際上一項研究引述其他研究（包括理論或事實）以為佐證，常常也是必然。但若如此作是出於「形式的要求」，往往也就「流於形式」而失去實質，以致有些研究中出現的「文獻探討」洋洋灑灑，和所研究的問題相關者卻為數有限，只是聊備一格而已。

### ㈡資料的運用

　　相關資料的功能，既在參照，且用以支持或驗證本身的研

究，便要在這方面力求發揮，求其有用。若徒事「抄錄」，用別人的研究填充自己的「篇幅」，未免勞而無功。而在參照方面，自應把相關的各點相比較，以見異同與得失，且可從其中得到啟發，這是在「討論」中必須出現的，不是舉述了便算了事。但是從有些研究所見，文獻探討過後，便消失無蹤，似乎和討論已全然「無關」，未免失去探討的意義。

若就學位論文而言，文獻探討工作，乃是研究的「歷練」過程。在這個過程中，一則因廣事搜尋資料而擴充知識領域，一則從選擇應用的資料而練習辨別與認識的能力。經過這一番歷練，才能進入「獨立研究」的階段。所以「畢業」的真正意義，乃是「開始」（獨立正式研究，不再有指導），而非「結束」。研究本與閱讀密切相關，且是累積知識的必然，資料是研究的記載，有價值的研究結果都會收攬在書本之中，而書本也是當然的資料。

## 三、敘述或討論

研究中必然有敘述或討論，經過文獻探討之後，就主題敘述或討論，是研究的主要部分，此時便要顯示出研究者的「見解」。見解表現在文字，文字所呈現的是「思路」，思路必須合乎思考邏輯：一在條理分明，一在組織嚴密，如此條分縷析，才見言之有物，而能引人入勝。相反的，雜亂無章，說重點不能引起讀者的反應以至「共鳴」，多所附會，反而擾亂讀者的心意。

常見在敘述或討論時，研究者不說自己的見解，仍然大事抄錄從文獻探討得來的資料，復述別人的言辭或記錄，所表現的是自己缺少「定見」，空無所有，只會「鸚鵡學舌」，不見「獨立思考」。在實際資料方面，以數字為據者，往往以圖表呈現。圖表的功能，在於清楚明白，勝於用文字敘述的累贅，使見者可以一目了然，自有其用途。而教育研究之應用統計法者，往往表格連篇累牘，把許多「原始」數字一一表列出來，並無需要，若以

此圖充實篇幅，固不可取；若以此表示研究的信實，也嫌多此一舉，且有低估讀者之嫌。

大致說來，敘述與討論，重在表現研究的主旨，必須把握研究重點，將從研究之所得，扼要說明，有時或須反覆辯論，使「主見」或「發現」得以成立；至於成立與否，不在研究者的「一句話」，而是在於敘述或討論的方法與技巧。

## 四、結論與貢獻

結論是研究的「重頭戲」，經過一番苦心孤詣的努力，得到最初所想望的結果，自然要竭盡全力表現出來。但有時結果未必全如原來的設想，甚至和所期望的適得其反，乃是研究時常有的事實，此時便要本著研究的忠誠，坦白接受事實，檢討全部研究：從預設、方法與研究歷程，以見研究本身有無瑕疵，以待改進後重做研究。這也是科學研究的精神，有這樣的精神，教育研究便不會背離科學，不怕在失敗中獲得經驗，才有成功的希望。

通常照結論而言，必求忠實的呈現研究所得，等於是全部研究的神髓。通常所得的，很難如預期的完美。例如論述的可能正反互見，實際的可能有得有失，或有利有弊。在說明這些相對的情形時，研究者應該誠實的表現自己確定的看法，既使自己所見未必正確，也要敢於承擔其後果。因為研究者的所見，並非憑空而來，而是來自研究，也就是並非出於主觀。此時研究者的所見，已經突出於已有的見解或事實之外，可以和已有的資料「並列」，成為一項資料，也就有了參考的價值，反過來說，也有了學術的「道義責任」，不容輕率。

結論在研究歷程中雖然如此重要，但是到了這個階段，卻會發生一種常見的情形：一是心理的，即是研究接近結束，急於完成，無暇回顧全盤，不免顧此失彼，未曾關照全部研究，而致結論有欠完整；一是力量的，到了作成結論的時候，已經精疲力

盡，再無餘勇可賈，而草草了事，以致虎頭蛇尾。兩者都是研究需要注意的事。所以此時更要殫精竭慮，在結論中呈現出研究的精華。

其次，任何一項學術研究，都在對學術有所貢獻。教育研究貢獻有兩方面：一是理論的，有益於指導教育的實行；一是實際的，有見於教育實施的得失，進而求改進或補救之策。任一方面的研究所得，都有貢獻於教育，也有研究的意義與價值。在教育實施中，除了對人的理想（培養完美的人）不變，作法必須隨著人的生活方式與需要而變。生活方式進步，教育實施的內容與方式也要有所增損，於是繼起的研究必須綿綿不斷，故而繼續研究乃是必須，有貢獻的研究才有意義和價值。

## 五、研究的反省

教育研究也是教育活動中的一環。從人類的理性方面說，人對於自己的行動，一則要有行動的理由，一則要求行動的效果。所以對於後者，往往要從事反省。反省是從頭回顧或回想整個活動的意義：包括動機、作為以至結果。其作用實際上乃是「檢討」當否與得失。可以分兩方面來看：一是活動者「個人」的自我檢討，仍然不免於主觀；一是來自「外在」的意見或批評，可以說是客觀的。

自我反省或檢討時，最好能夠「超然物外」，把自己的研究當作「別人的」來看。我國自古就有一句話說：「文章是自己的好」，這種情形，如同一個人「反觀」（反省以至對鏡）自己時，因為「成見在胸」，傾向於「認可」以至「滿意」，把注意點集中在這一方面，而忽略「缺點」，既使「邊際注意」掃到「瑕疵」，也寧可任其疏漏過去，不願承認。如此反省，將毫無作用。在檢討自己的研究時，又因為已經十分熟悉，難免迅速滑過，不似生疏者的「初讀」，勢必逐字逐句的精到，可以鉅細靡

遺，能夠發現疏漏或缺點。

超然物外，即是假定自己是另外一個人，從來不知道這個研究，當作是一份「全生」的東西來看，或者可以發現一些值得重新考慮之處。不過這樣說似乎容易，做時則要一再提醒自己，或者可以收到一些效果。歐陽修為韓琦寫「相州畫錦堂記」時，開始的兩句原是「仕宦至將相，富貴歸故鄉」，脫稿後已經派人送出，卻又將送者追回，增加了兩個字，成為「仕宦而至將相，富貴而歸故鄉」，便是反省後的結果。其實兩個「而」字都是「虛字」，和原意無關，只在加了這兩個虛字之後，讀起來便鏗鏘有致。一點文字的改正，為文章增加了文采，乃是反省的作用。而在文字之外，關係到影響下一代的教育研究，似乎更要一再反省並檢討，以求完美。

來自外在的檢討，通常稱為「評論」。學術成就，最忌「閉門造車」，《學記》中即曾說：「獨學而無友，則孤陋而寡聞。」試看中外學者，常有相聚討論的舉動，甚至組成研究團隊，即在交換意見，臧否得失，採摘真知灼見。除此之外，國外對出版品，率有評論，且有「專家」專司其事。

教育研究更需要評論，因為研究結果影響深遠，須有「客觀」的意見或見解，無論評論為褒為貶，其有關實施者，都影響教育的得失。對教育研究的評論，分論著與事實二者，關鍵在建立評論的風氣或制度，但必須以客觀公正為原則，即是「就事論事」，不「因人設事」。

說評論「就事論事」，是指評論所針對的在「研究」，與「研究者」完全無關，也就是俗話所說的「對事不對人」。必須如此，才能排除評論者與研究者的「情感作用」。常見西方學者，討論時會爭得面紅耳赤，過後仍然談笑風生，一團和氣。中國有重視「情面」的傳統，又有「黨同伐異」的惡例，習染下來，「順情說好話」則得人喜；「忠言逆耳」則使人惡。見於評

論時，往往「褒多於貶」，縱使不以為「謊言」，也形同「虛
詞」，難以發揮評論的作用，與學術無補。故而在教育研究中建
立正確的評論之舉，實屬必須。端在有心者努力於此。

結語——教育通觀

天地間萬物雜陳，在芸芸眾生中，只有人這一類不願徒靠應運而生，隨機而長，也不甘心死後與草木同朽，所以憑著與生俱來的智慧，認識天地萬物和自己，並靠著所認識的，確定了自己這一類的狀況，希望人類無限度的提昇，並改善人類的生活。在提昇人這方面，想把自己塑造成不愧頂天立地、能與天地參的狀況，於是就要建功立業，使之與時間同其長久，而永垂不朽。

然而一個人在出生的時候，蒙昧無知，和多數有生命的物類無殊，需要親長哺育保護，更要親長教導許多生活之道，包括知識和技能，於是形成「教與學」的雙向活動。待到人類所知的日漸宏富，技能日漸精巧，生活方式演進得日益複雜，「教與學」的內容日漸增加之後，教育事實首先出現於中國古代，「教育」二字連用遂見於孟子中。這兩個字的意義到西方文化傳入後，遂和英文字 Education 相對應，而成為人盡皆知的名詞。查英文字的意義，為引導與培植。中國在孟子之前，只有「教化」二字，「化」字含著改變現狀，形成新猷之意，比培植有更高一層的作用。現在教育二字早已約定俗成，已是一項重要的行政事項，且是教與學的一門學科。

教育事實因為存在已久，對這項事實的論述也見於學術著作中。不過對「教育認識」的專論尚不多見。似乎對教育的認識，還須用「通觀」（perceptive）或「透視」來求徹底的了解。在時間方面，當面對「當前」的時候，還要「瞻前」與「顧後」，可以分三個段落來看。在空間方面，以教育為定點，在針對教育的同時，還要把眼光如放射線般、一方面作圓周式的迴旋，從平面上看，應無所不及，向上看可以直入蒼芎，向下看則可深到黃泉，包括上下四方。而教育的對象是人，必須還有「第三個」向度，即是看向「人自己」，並要旁及和人生的一切，猶如《中庸》裡所說的，所看到的，是「博厚、悠久、高明」。又因為教育就是用在人身上的，對人的認識應占首位。

在知識已經分門別類以後，求一門專知猶恐力有不逮，若如上述所說來認識教育，似乎未免陳義過高。不過如果把握住認識教育的「核心」，所要認識的就有輕重之別，即是把重點先放在人和人生上（人和人生不能分離），其餘有關二者的在次，需要看到知道，並不需要那麼專門的知識。則這個認識的藍圖，便不難把握，次要的認識，只是在與教育有關時，有參照的必要。

說教育以人和人生為主，因為人在生活中需要學習「立身行事」，教育便要教人「立身之道」和「行事之法」。這二者往往靠「知」與「行」互補，即是「知以見行」、「行以見知」。由知以見行，是指知道了才能行，因為人的許多行為，不再徒靠本能衝動，甚至還要控制本能衝動，才符合生活的要求，這就需要學習，而且需要長期學習才能做到。由行以見知，是指從一個人的行為，可以見出其所知的程度，因為在人類生活方式變得複雜以後，有了「可為」與「不可為」，更有了「該為」與「不該為」，於是需要知道何者是「可」或「不可」，何者是「該」或「不該」，從行為的「當否」，可以判斷「知」是否正確。

這樣說或者會得到反駁，因為有事實證明，有人明知其不可或不該，卻做了出來。這種事實確是屢見不鮮，不過究其原因有和「知」相連的兩個因素：一是明明「知道」卻不能自行控制；二是「只知其表而不知其裡」。不能自行控制，歸根結柢，可以說是「不知道」自行控制的方法，是「知而不全」。只知其表而不知其裡，是知道不可或不該，而「不知道」做了不可或不該的後果，可能懷著僥倖之心，卻「不知道」僥倖不可必，還是「知道得有限」。歷史中有多少行險以僥倖的例子，最後還是以「失敗」收場，「不知道」這些事實，不以此為鑑，還是可以從行上判斷知的限度。

人類行為有了該或不該，是人類心靈知識的成就。儒家承認人稟有先天之善，「公正」是首要的一項，特別在人和人相處

時，以公平正直為原則，表現在互愛互助，誠實無欺的行為。然而在生活中因為物質慾望升高，對物的擁有慾強烈，為了「據為己有」，變成互相欺騙以至爭奪殺伐，結果永遠是得利者少，受害者多；得利者或能滿足於一時，受害者則痛苦無限。無論如何，這種表現違背了公平原則，於是人類中出現了「應該」與「不應該」，稱為人的「道德義務」。

這項義務，要求人對「應該」做的，既使「不願意」，也「必須」做；對「不該」做的，雖然「很想」做，也「不能」做。這項義務超出本能之上，必須經過學習才能做到，是教育的主要責任，然而時至今日，尚未收到全功，所以需要對教育做一番通觀，以求把握教育的關鍵。

道德義務，當人類生活尚在簡樸的階段時，物質誘惑不多，物質慾望也有限，道德實踐的可能性也較高。而在知識與物質應用同時並進之後，物慾升高，知識卻分途「各進」，教育也「脫穎而出」，從學術立場說，學有「專攻」，可望「專門成就」，然而從教育牽涉到人類「全部生活」看，「只專注」教育，而不知其他，忽略人與其他各方面，特別是人與物的關係，便很難指導人的生活。教育通觀便是要從人以及和人有關的各方面來看教育。

從人以及和人有關的各方面來看教育，首先要知道各類知識都是人的創造成果，也都將「為人所用」，生活進步，並非只出於「一門」學問，尤其在人類應用知識時，要看到「利」和「弊」兩方面。知識在「改進人類生活」的一面，已見效果空前，但在提昇「人的品質」方面，尚待評估。在評估時教育必須首當其衝。可能一個首要的任務在辨明「人」、以及「生活」和「物慾」之別，要知道這些關係的道理和事實，這是學習者必須知道的。

人需要知而不能盡知，在求知的過程中，只好分別輕重，從基本而普遍的入手。等而上之的，可以各憑自己的能力和所好，各自去探索。粗略的說，基本而普遍的知，約有下述各項。

# 一、生命與生活

## (一)生命

人是有生命的一類。就從有生命的物類說,就有層次高低之別。荀子便曾區分草木、禽獸和人的差別。草木有生而無知,可以不論。禽獸有知,就所觀察得見,禽獸之知,受生命的限制,所以蜉蝣朝生而暮死,其生命異常短促,所知有限。蟪蛄不知春秋,生命只有一季而已。其餘較高等的動物,或十年數十年,有的也可以達到百年,但也只靠本能而生活,難以超出本能之上。人的生命也在百年左右,但是人有知,荀子且認為人且有義。可能因為荀子自己也是人,根據人有義而把人的生命看得特別有價值。人的價值在於人之知和義相連,知道「自己」是人和「人應該如何生活」。如果順著荀子的思維推演,可以說人的生命在於有高度的理性,在於「義」這方面能為自己的生命創造出價值。這就是說,人的生命價值不是原生的,只是一種可能,價值要在後天自己來創造。所以生而為人,是具有了人的本質,至於這種本質有無價值,端在自己日後的作為。由此就可「知道」:第一,生命只是一個存在,本來和其他生命無殊;第二,生命的存在只是一個歷程,有開始必有終結,也就是說有生必有死,明白「眾生皆死」這一點,就能勘破生死,雖然人都「樂生而惡死」,然而死既不可免,就可以知道生固可喜,死亦不足懼,因為懼並不能阻止死。如果因此而知道「珍惜此生」,就能在有生之年,對生活有比較正確的看法和態度,然後才能看到人生的價值何在,才知道自己要如何生活,使自己的生命有了意義,到生命終結時,才能「死而無憾」。

## (二)生活

然而人的生活已經演變到需要經過學習才能知道。「知道」,

並非與生俱來，需要經人啟蒙，需要有人教導，直截了當的說，就是需要「受教育」。有了需要「受教育的人」，於是出現了「教育者」，就在這一步上，先就要知道教育者是滿足我的需要的人，可以說是我的「施惠者」。人有惠於我，我應該如何「感受」，也是需要知道的。

然後在生活中，要知道如何「體驗」生活。只有「知道體驗」，才能知道「何謂生活」。人類的社會生活型態，從幼年接受養育起，便只知道「接受」，倘若不知道「所接受的」從何而來，便會把接受視為「理所當然」，因為人文社會已經遠離自然，看不到鳥獸哺育幼兒的辛苦，和教導幼兒的動作，不知道要自己學習生活技能，長到某個限度，要自求獨立生活，當然也不會知道「生活的首要事項」。

生活的首要事項，在切近處是當有了動作能力後，便可自己「照顧」飲食起居，逐漸脫離「依賴」的狀況，就要自己「會做」一些能夠「獨立完成」的活動，在這些活動中才能「領略」什麼是生活。從其中也可體會到自己「是人」的一項特徵，即是人的生活，除了維持自己的生命，還有「自主」的必要。自主的意義，不是「任意而為」，而是「有所當為」，也「有所不當為」。

「人生」以一個人為單位來說，從一個人的生命開始到終結為一個歷程，在知道這個生命有生必有死以後，所著重的是自己「如何作人」，由此也決定了對生活的認識和生活方式，就是前面所說的「立身」和「行事」，二者都涵蓋在「生活」之中。這樣一來，生活就不徒然是延續生命，而是要使這個生命具有意義。

人的生活必須以物質為基礎，這是生物的基本需要，靠物質來維持生命，只在最低層次，並無意義可言。根據這一點，人便可以知道要維持自己生命的食衣住的限度在哪裡。不過在生活裡，這三項已經從「必須」演進到「奢侈」，從維持生命改變成「享受」，而享受只是「維持生命」的另一種型態而已。

328

維持生命用「享受」的型態時，人便「超不出」本能的物質層次，和其他的「物」無殊，只是多了享受而已。享受在物質，「企求享受」為「慾望」，人為物慾所支配，不但其中找不出意義，而且為自己和人類製造出種種問題，爭奪殺伐，距離「義」愈來愈遠，在此要把生活中人和物質的關係釐清。

### ㈢生活與物質的關係

人的生活既以物質為基礎，當然離不開物。人之用物，從智慧大開以後，進步神速，加上企求享受，以致在用物之外，還要聚物，要努力把物「據為己有」，畢一生之力，永不饜足。這一點可能和人存著原始性的「恐懼匱乏」有關。而對匱乏之原始性的恐懼，在於其時不易獲得食物，而要忍受饑餓的痛苦。這項痛苦基本而強烈，若根據容格（C. G. Jung）所說的，「下意識的祖先精神」來解釋，匱乏的恐懼感在人類心中隱藏，世代傳流不滅，不過人已經不再記得這種恐懼的根源，只是唯恐有生之年，有所匱乏。但人類卻把先民儲蓄的習慣明顯的保留下來，更進而延生出和物慾相連的「財」、「貨」與「權」。於是以「擁有」為得，終生汲汲求之而不厭。

專就物質而論，人自有其需要，但是需要的也有其限度。限度在「必須」。物質對生活，在必須的限度內，套用墨子的話說，即是「無之必不然」，也就是說，沒有必須的物質，便無以為生。例如食物，凡可以吃的，就可以療饑，就可以滿足必須。但若食要「羅列方丈」，也只得「一飽」而已，再用墨子的話說，即是「有之不必然」，也就是說，食前方丈和生活沒有必然的關係。對於食「取不傷廉」，現在還存在於某些原始民族，他們漁獵時，以「夠吃」為限，絕不多取，因為他們知道，食物就在那裡，可以隨需要而取，無須貪多。反觀目前進步社會以漁獵為生的多數人，唯求多取，不惜趕盡殺絕，已是超過了必須的限度。

329

人類由累積食物進而累積財貨，又進而掠奪與財貨有關的權力，這樣的事實，古往今來，不絕如縷，其中優勝劣敗互見，但在其死後，卻又如何？很明顯的是，身外之物，有得必有失。物的價值，在於有用，而用則有其極限，超過極限，不需要便形同「廢物」，「妄用」只是浪費而已。所以中國先哲教人，一要「御物而不御於物」，是說人能「化物」，但不可「化於物」，即是勿為「物慾」所染，而失去人的本質；二要「用物還要惜物」，切莫趕盡殺絕，要留有餘以備不足，直到今天，人們才意識到物質即將匱乏的危險。

人類在物質方面的進步，基本上不外三個要求：舒適、便利、經濟（省時省力）而有效。以現在的生活狀況來說，這三個要求很容易實現。有了這三者，已經是「享受」，只是奢侈浪費不在其中而已，反而因為求奢侈浪費，而生出爭奪殺伐。而爭奪殺伐的結果，往往是未曾享受，先遭遇挫折，以致喪失生命。

## 二、人生之知

人生不僅是生命的延續，而是在生活的過程中，有所持的生活態度，所用的生活方式，以及在生活中，對自己的期許和作為，合起來成為對「人生」的看法。其中包括對自己和對別人的認識，並認識「我與人（所接觸到和所有的人）」的關係，需要分別來看，因為生活中和人接觸的機會最多，所以要先從認識自己開始，然後要認識別人，最後是對生活的觀點。

### ㈠自知之明

老子曾說：「自知者明」，但是我們自反，自己認識自己多少，是否能達到自知而明的地步？

自知而不明，有其心理的障礙。一是自己看自己，「看者」和「被看的」都在一身，「不見此山真面目，只緣身在此山中。」

是視線就被自己遮蔽了，這是物理的障礙。不過出自心理的障礙，才是最主要的原因。心理學家在這方面已經有了透徹的說明。人有一種「自愛」的情感，這本在情理之中，自己和自己「親密」得息息相關，「冷暖自知」，別人無從越俎代庖。就是由於這種自愛的情感，所以自己必然「處處居先」，這個「我」在任何方面永遠「居首」，「不甘人後」，所以看不到自己的缺點，就算「意識到」有不足之處，也可「置而不論」，還可以用理由來解釋，使之成為優點。

因自愛而曲解的自己，往往是「想像的我」，和「真實的我」大有出入。例如「我美麗」、「我聰明」、「我能幹」，所以人們都要「稱讚我」、「羨慕我」、「重視我」。如此想來，我就是「出類拔萃」，無與倫比的一個人。因而這樣的自知明否，不言可喻。

### ㈡知人之智

知人並不容易，因為在人文社會中，社會規範要求人和人接觸時，有互相對待的某些形式，中國的形式是「禮」，其他國家或民族，也有其習慣或風俗。所以在別人面前，一個人所表現的，往往並非本來面貌。心理學中解釋「人格」時，以為其涵義中即有始於早期希臘戲劇中演員所戴的「面具」。意思是說，面具是「表演用的」，而表演是「做給別人看的」。這個人格內涵意義非常寫實。俗話說：知人知面不知心，即是從一個人的表面，很難斷定其心中的想法。荀子曾說：「相形不如論心，……形不勝心」，即指表面和內心並不一致，要從表面穿透到內心，才能真正認識一個人，可是心在內，要看穿十分困難。因而知人本就不易，要具有這種智慧更難，可是人在生活中，又不可不知人。

知人的需要，是因為在生活中，幾乎無時無刻不與人接觸，其中有不可免的，如家屬，工作夥伴，朋友，還有無可避免往來

的若干人。和這些人接觸，就要「知道」他們為「何如人」，包括他們的個性、品格和為人做事的方式。其中尤其關係到自己的「利害」時，更要深知。

知人之難，仍然受心理障蔽，仍然是情感作祟，原自人的「好惡之情」。好人順從我意，惡人違逆我。於是形成「好諛惡直」。另一方面，人之常情是喜歡別人「說我好」，而厭惡別人直言「說我不好」。於是「有求於我者」，必然對我「說盡好話」；而與我「有惡」者，又不免「惡言相向」或「造言生事」。自古以來的「小人」，都以「阿諛取寵」而謀取利益，喜歡這種人而為其「所蔽」，或造成個人損失，或造成國家傷害。古代帝王因為喜近小人而失位的比比皆是，富厚者因喜聽諛詞而喪失財產者也所在多有。孔子所說的「損者三友，益者三友」裡的損者，便是「便辟（僻）、善柔、便（諞）佞」，即是專會說好聽話的，而這樣的話使人聽起來悅耳動聽，便不再確認其為人和說話的動機。相反的，在「直、諒、多聞」中，忠直之言「逆耳」，首先聽了便使人不悅；如果說話的人以正直敢言聞名，其名聲勝過我，則以為是借此增加自己的聲譽，更會觸怒我；多聞多識為我所不及，也使我不悅，也就不想對其「諒解」了。

情感作用的另一方面，在妒賢忌能，而又鄙視不如我者。對前者，可能敬而遠之，「不求深知」；對後者，則「不屑於知」。實則要知人，應該「就其人而識之」，先排除「主觀」的好惡，相信「人各有別」，才能做到「知人者智」的地步。

## 三、人生觀點

對人生的看法，以現在所知的為例，道家老莊因崇尚自然，厭棄人為，而強調「無為」，所以老子避世而去，莊子以譏諷的態度看人生而不知所終。佛家以為人生有生老病死四苦，所以要修煉避免輪迴，不再受苦。儒家以「盡其在我」的態度，「知其

332

不可而為之」，持著「認定真理」的毅力，對人生懷著「希望」，知道理想和事實的距離，一方面接受事實，一方面不放棄理想。可以說儒家自孔子以來，對人生具有透徹的認識，承認生活中有「順利」，也有「挫折」；有「快樂」，也有「痛苦」；有「真理」，也有「無理」；有「正義」，也有「不義」；用俗話說，富貴窮通並存。只有在富貴窮通任何一項落到自己頭上時，「當如何看」，才是自己的問題。這個問題只用孔子的兩句話便可：一是「富貴於我如浮雲」；二是「君子固窮」。（附帶下一句是，小人窮斯濫矣。）

可是人之常情，不願陷於窮苦，而希圖富貴。因為窮苦意味著缺衣少食，無處居身，且無以養家活口，甚至親友也不肯相助，只好也棄我而去，成了告貸無門。而富貴的表徵是「財貨充斥」、「位高權重」。有前者則有「享受」，在物質方面可以「從心所欲」、「予求予取」；有後者則可以「號令別人」、「頤指氣使」。若兩者因其一而兼有之，更使人「志得意滿」，不可一世。「物慾」便是要離開窮苦，企求富貴而生而長，以至永無止境。

對物慾當持何種看法，尤其世人競相以物互相標榜時，「清廉自持」並不容易。而沉迷於物慾後，可能得到一些滿足，內在心靈卻會在滿足之後，有「失落」之感，這種失落感實際上即是「心靈空虛」。因為享受只在表面，不是享受的「真諦」。享受的真諦不在表面和一時，因為表面「有表無裡」：表是外在的，頂多止於感官，不能達到內心，而且為時短暫，所以孔子說「富貴於我如浮雲」，就是這個意思。何況所享受的是身外之物，凡屬身外之物，並非真正為我所有，不定什麼時候，就會失去。試看多少長於累積財富，不肯輕易與人，甚至自己也異常儉約，「捨不得」享受者，最後得到了什麼？更明顯的是，中外古代多少帝王，生時利用權勢，累積珍稀之物，帶到墳墓裡，落得或者

被盜墓者挖掘，連屍骨也被揚棄，如其有知，不知作何感想？

　　大體看來，人生百年，如白駒過隙，古往今來，多少人曾經
生存過，但是絕大多數，死後便與草木同朽。試設想這些人中，
在其有生之年，姑不論其物質狀況如何，若就其心靈狀態推測，
可能有兩種情形：一種是「欲望」甚高，在實際裡卻得不到，而
不知自反，不問自己付出多少力量去謀求，不問自己所求者是否
適當，只因所求不得，而「怨天尤人」，生活在「惱恨」和「委
曲」中。另一種是「安分守己」、「順天知命」，不妄求，也不
抱怨，但得無饑寒之苦，並不想損人以利己，也安然的度過一
生。只有少數卻仍活在後世人的心目中，這才是人所企求的「不
朽」。回溯不朽者在生時，未曾以富貴利達為念，未曾求個人的
享受，甚至是堅苦卓絕，不惜犧牲生命，「以義立身」，以「福
利人」為「職志」，雖然歷經「苦心志」、「勞筋骨」、「餓體
膚」的生活，卻有「最高的享受」，即是「心靈的安貼」，其在
生之年，問心無愧，因為自己給自己的生命，建立了價值，「不
枉此生」，將死之時，知道「自古人生皆有死，留取丹心照汗
青」則可以含笑瞑目。

　　生活類型因人而異。人各不同，生活狀況當然有別，所以一
個人的生活，端在自己主宰，以「能力」與「努力」的程度為指
標，以「機運」為最後的決定因素，而機運即是「時機」。

## 四、通「識」教育

　　如果承認教育是「教人」成為「人」（脫離野蠻的文化人和
文明人）並從事「人的生活」，則可以知道凡是和人有關的，都
在教育的「領域」中，需要以教育為核心，有關的「知識」都在
「知」的範圍內。根據這樣的知來認識教育，「知」才能「周」
而「徹」，庶幾教育的實施，可望無所遺漏，無所偏失。

　　於是在教育之「知」的步驟上，便有一個問題需要考慮，即

是如朱子和陸象山所爭論的，「由博入約」抑或「由約入博」。

　　根據朱陸二位先哲治學的方式，可見朱子廣讀中國典籍，是由博開始；象山似乎重在四書，而以孟子為宗。二人各自的主張姑且勿置可否，只就知的歷程而論，由博入約似乎在「先綜觀多書」的大略，然後再一一「深入求精」；而由精入博則是「執一經」到精熟透徹，然後再旁及其他，差別在從何處開始，至於結果，如果「都能」達到終點，則並無不同，因為「博」和「精」二者都是求知「必須」的。從客觀的立場看，既然都以「博和精」為鵠的，從何處開始，大可各取所好，無須作意氣之爭。

　　根據這個先例，倒可為後學者一個反省。一如前面所說，目的與工具有別。求知是目的，是「唯一的」，「如何」達到目的在方法，方法可能有「多個」。既然目的相同，則凡可以達到目的的方法只要有效，便無不可用，不必拘執一端。設如兩個人在甲乙兩點比賽走路的速度，一個人從甲到乙，一個人從乙到甲，距離相同，所要比的是誰走得快，至於從哪裡開始，並非比賽的條件，自可不論。對教育要通觀，就在通達道理，從根本到枝節觀周觀徹，辨清本末，才能「執中而行」。

# 參考書目

## 中文部分

人物誌

大學

中庸

文心雕龍

王文成公全集

左傳

史記

老子

列子

朱子大全

古今圖書集成

呂氏春秋

孝經

孟子

尚書

易經

周禮

荀子

象山全集

唐詩宋詞選

莊子

張子全書

國語

詩經

楚辭

墨子

管子

漢書

說文解字

論語

戰國策

禮記

韓詩外傳

方東美：新儒家哲學十八講，黎明文化，民18

　　　　：生生之德，同上

李約瑟：中國之科學與文明，商務

## 英文部分

Adler, A.: Practice and theory of individual psychology, Horcourt, 1929

Allport, F. H.: Theories of perception and concept of structure, (International Encyclopedia of Social Science, Vol. I, p.271-4)

Allport, G. W.: Personality and social encounter, 1960

Aristotle: Great Books, Encyclopedia Britannica, (GB) Vol. 8, 9

Augustine: Confessions, GB. Vol. 18

Ayer, A. J.: The problem of knowledge, 1956

Bacon, F.: Advancement of learning, GB. Vol. 30

Berkley, G.: Principles of human knowledge, GB. Vol. 35

Bergson, H.: Time and free well, 1910

Comenius, J. A.: The great didactic, 1923

Darwin, C.: The descent of man, GB. Vol. 49

Descartes, R.: Meditation

          : Rules for the direction of the mind, GB. Vol. 31

Dewey, J.: See Thomas, M. H.: A centennial bibliography, 1962

Dilthey, W.: Encyclopedia of philosophy, Vol. 2, p.403-6

Ebbinghaus, H.: Principles of psychology, 1908

Erikson, E. H.: Childhood and society, 1964

Fichte, J. D.: Science of knowledge, Cambridge, 1982

Frankl, V. E.: Man's search for meaning,1963

Froebel, F.: Education of man, 1912

Gadamer, H. G.: Truth and method, Sheed & Waed, 1957

Goldenson, R. M.: Encyclopedia of human behavior, Doubleday, 1970

Hamlyn, D. W.: Sensation and perception, 1961

Herbart, F.: General theory of education, 1806

Hobbes, T.: Leviathan, GB. Vol. 23

Hume, D.: Concerning human understanding, GB. 35

Husserl, E.: Ideas: General introduction to pure phenomenology, 1952

James, W.: Talks to teacher, Norton, 1958

Kennedy, G.: Pragmatism and American culture, 1950

Koch, S. & Leary, D. E.: A century of psychology as science, APA. 1992

Levitas, G. B.: The world of psychology, Bragaller, 1963

Mead, G. H.: Mind, self and society, 1934

Locke, J: Concerning human understanding, GB. Vol. 35

Maslow, A. H.: Motivation and personality, 1970

          : Toward a psychology of being, 1968

Piaget, J.: The origins of intelligence in children, Norton, 1952

Plato: The republic, GB. Vol. 7

Rogers, C. R.: Counseling and psychotherapy, 1942

          : On becoming a person, 1961

Rousseau, J. J.: Emile, 1762

Russell, B.: Human knowledge, 1948

Sartre, J. P.: Existentialism is a humanism, 1947

338    Skinner, B. F.: Science and human behavior, Macmillan, 1953

               : The technology of teaching, Meretich, 1968

Spinoza, B.: Ethics, GB. 31

Spranger, E.: Types of man, Halle, 1928

Whitehead, A. N.: Process and reality, 1957

Wittgenstein: Language and world, U. Mass, 1981

Wundt, W.: Folk psychology, (in Boring, A history of experimental psychology)

# 索　引

## 二　劃

人才教育　279

人的義務　70, 253

人道觀　86

## 三　劃

大學　19, 24, 60, 73, 91, 105, 120, 121, 125, 130, 132, 133, 171, 192, 195, 196, 198, 220, 237, 247, 251, 259, 260, 265, 268-273, 311, 335

工具　18, 25, 48, 61, 62, 68, 84, 88, 109, 111, 120, 128, 192-194, 197-199, 202, 219, 221, 235, 237, 238, 240, 241, 271, 280, 292, 297, 301-303, 305, 306, 334

## 四　劃

孔子　6, 11, 25, 40, 47, 48, 55, 57, 68, 79, 87, 94-97, 101-104, 106, 120, 145, 153, 163, 164, 168, 177-179, 181, 186, 207, 222, 248, 254, 286, 306, 307, 331, 332

中庸　17, 49, 73, 158, 254, 255, 323, 335

中庸之道　255

文雅　78, 156, 268, 269

文賦　94

文化人　147, 270, 333

文化財　195, 246

文心雕龍　42, 93, 94, 335

文質彬彬　95, 249

文獻探討　93, 315, 316

心理狀況　5, 49, 51, 106, 139, 148-150, 152, 153, 155, 156, 159, 163, 164, 176, 232, 309

心智能力　150

反省　28, 41, 42, 62, 66, 78, 100, 131, 134, 146, 183-187, 210, 247, 253, 304, 308, 310, 313, 318, 319, 334

公平　130, 160, 258, 282-285, 325

分化　70-72, 225

以身作則　286

幻想　39

天道觀　86

王勃　75

## 五　劃

正義　153-154, 177, 207, 258, 282-285, 288, 332

左傳　96-97, 120, 220, 335

史記　67, 84, 87, 95, 103, 104, 223, 310, 335

史實反省　310

世風　47-48

主動學習　34, 272

主動作用　41, 255

生活材料　194, 198, 203, 206

生活經驗　204, 212, 235

目的與工具　303, 334

布蘭坦諾　28

弗蘭寇　179

## 六　劃

自大　154-155

自由意志　69

自卑　9, 101, 154, 288, 294, 295

自然風味　247

自律能力　255

自暴自棄　147, 150, 179, 182, 187, 294

名以指實　44, 61

曲己　288

同情　156, 161, 162, 232-234

合作無間　284

行動研究法　239

成就感　41, 161, 172, 313

成績評量　186

先聲奪人　249, 267, 281

再生　19, 20

朱子　27, 60, 120, 223, 334, 335

朱自清　75-76

老子　79, 99, 101, 161, 329, 331, 335

伏羲氏　38, 86, 89

列子　87, 335

休穆　43

艾德華　43

艾賓皓斯　37

多方面興趣　234

## 七　劃

言辭　45, 75, 95, 97, 145, 150, 168, 185, 267, 288, 316

言教　289, 314

孝經　146, 178, 335

呂氏春秋　86, 93, 335

社會風氣　47-48, 129, 130-132, 143, 177, 250

判斷作用　38, 43, 64, 65, 73

良師興國　170

系統化教學法　239

狂飆期　153

杜甫　37, 74, 104

杜威　36, 64, 199, 203, 237-239, 263, 315

李約瑟　85, 88, 90, 336

狄爾泰　44

沙特　28

沉思　40, 56, 60, 233, 234, 246, 247, 261

### 八　劃

協同教學　292

周禮　87, 90, 97, 120, 121, 124, 193, 219, 335

孟子　22, 34, 41, 55, 60, 97, 103, 106, 108, 119, 121, 139, 144, 145, 158, 169, 185, 210, 220, 226, 229, 241, 245, 249, 269, 292, 307, 323, 334, 335

定義　43, 62, 90, 100, 283

尚書　10, 40, 96, 167, 335

抽象符號　21, 56, 151, 153, 182

易經　68, 86, 91, 101, 335

昇華　73, 78, 232

欣賞　73-79, 98, 110, 208, 234,

257, 287, 313

注意力　20, 34, 35, 37, 39, 41, 198, 200, 225, 267

直觀教學法　21, 230, 236

亞里斯多德　28, 38, 57, 64, 100, 311

表象　19-20, 36, 73

表意法　303

非理性的正義感　153, 258

### 九　劃

洛克　21, 28, 33, 36, 42, 46, 62, 64, 224, 225, 257

品格訓練　223, 234

律詩　98

柯美紐斯　197, 224, 240

柏格森　43

活動空間　111, 246, 256, 257, 260

皇極　282

相同　3, 5, 6, 33, 38, 49, 56, 65, 85, 90-93, 107, 110, 123, 147, 149, 159, 160, 167, 186, 192, 195, 203, 210, 224, 228, 232, 246, 249, 260, 263, 265, 270, 284, 294, 302, 304, 315, 334

研究品質　305, 314

研究資料　308

科目　7, 90, 91, 99, 175, 180, 181, 192, 195-197, 201, 208, 211, 213, 223, 240, 249, 264, 265, 272, 291, 294, 306, 315

紀律　118, 204, 223, 236, 241, 255, 256, 258

胡塞爾　28

風尚　20, 130, 134, 143, 250, 281, 282

### 十　劃

容格　328

時尚　47, 110, 143, 156

書卷氣　269

校風　122, 145

荀子　4, 17, 22-25, 33, 55, 59, 60, 61, 68, 97, 147, 161, 326, 330, 335

訓練　20-22, 26, 27, 35, 37, 45, 128, 134, 169, 201, 202, 204, 205, 211, 223, 226, 231, 234, 239, 252, 254, 256, 258, 262, 266, 267

訓導　8, 163, 231, 293, 295, 296

### 十一劃

郝金　89

基礎研究　306-307

培根　58

專業　7, 102, 170, 171

康德　26-27, 40, 43, 44, 62-64, 73, 78, 118, 204, 252, 256

張載　58, 249, 269

從眾　130, 179, 180, 248

御物愛物　259

教人成人　180, 184

教人有道　167

教育的愛　12

教育實驗　8

教者 7, 10, 11, 118, 119, 134, 135, 146, 169, 170, 220, 277, 279, 281

教師氣質　268

理解　38, 43, 55-58, 63, 211

笛卡爾　27, 42, 47, 49, 60

統整　70-72, 197

統體　249, 272, 284

陶冶性情　75, 96, 247, 266, 271

敘述的研究　309

### 十二劃

麥斯樓　198

媒介　45, 197-199, 291

循規蹈矩　139, 172, 182, 184

斐希特　122-123

斯賓諾沙　49

程頤　168

程顥　168

超脫世俗　247

超然物外　79, 272, 318, 319

鄉學　121, 124, 220

運動精神　254

## 十三劃

傾聽　20

意向　28-29, 34, 35, 44, 66, 105,
148, 150, 232, 269

意志力　66-67

感恩之心　259

感激之情　232, 259

愛彌爾　227-229, 240

敬　47, 55, 60, 85, 119, 121, 123,
143, 146, 156, 160, 167, 168,
171, 175-177, 179, 183, 205,
219, 221, 227, 248-250, 268,
277, 288, 331

楚辭　67, 97, 336

概念　3-4, 13, 27, 28, 40, 42, 44,
55, 57, 61-63, 78, 167, 196, 198,
233, 264, 283

經　3-5, 7, 10-13, 18-22, 26, 28,
29, 33, 34, 36, 39, 40-44, 46,
47, 49, 55, 57, 61- 68, 71, 72,
76-79, 83-87, 88-91, 93,
96-106, 108-110, 116, 117,
120-122, 125, 127-133, 135,
142, 144, 146-160, 162, 163,
167-170, 174-186, 191-194,
198, 200, 201, 203-207, 209,
211-215, 219, 221-227, 229,
230, 232-241, 246-249, 252,
253, 257-259, 261-264, 267,
269, 271-273, 278, 281, 282,
285, 286, 289-292, 294, 296,
297, 301, 302, 304-306,
310-312, 315, 316-319,
324-330, 333-336

詩經　96-97, 101, 106, 198, 336

詹姆士　28

達爾文　73

實至名歸　69

榮格　209

演繹法　57, 100

漏壺　88

睿智　64, 248, 253

福祿貝爾　204, 235, 237

## 十四劃

維根斯坦　45

裴斯泰洛齊　21, 91, 211, 230,
231, 236

語文　61, 63, 201

認知教學法　239

說文解字　66, 92, 336

說明　3-4, 13, 25, 33, 44, 45, 51, 56, 59, 61, 70, 88, 94, 99, 102, 110, 115, 128, 135, 148, 150, 152, 158, 169, 180, 198, 200, 201, 205, 210, 211, 214, 221, 240, 256, 262, 265, 267, 272, 278, 286, 305, 309, 310, 317, 330

說話訓練　267

赫爾巴特　231-232

樂教　266

## 十五劃

課程　195-197, 268

調節情感　50, 255

論語　57, 94, 97, 104, 127, 168, 178, 199, 245, 250, 254, 286, 336

閱覽室　260-261

墨子　68, 90, 328, 336

學以致用　7, 125, 215, 304

學習興趣　152, 199, 200, 202, 212, 213, 266

學術氣氛　122

## 十六劃

擇善固執　246, 269

盧梭　227-230, 232, 240

懂　44-45, 56, 58, 74, 85, 98, 99, 105, 106, 116, 118, 152, 169, 174, 178, 184, 201, 203, 207, 252

聯念主義　37

## 十七劃

應用研究　306-308

環境氣氛　245, 250, 252, 265, 268

環境影響　25, 245, 257, 266

韓愈　40, 170

## 十八劃

歸納法　58, 100

禮記　47-48, 85, 89, 93, 101, 119, 146, 199, 220, 222, 223, 248, 336

關切　147-148, 161, 186, 259, 296

蘇格拉底　6, 57, 64, 100, 102

## 二十劃

權勢　68-69, 87, 110, 332

讀書風氣　269

觀念　9-10, 21, 27, 28, 36, 41, 42,
　　46-48, 62, 63, 76, 83, 85, 86, 89,
　　91, 95, 121, 122, 124, 128, 146,
　　152, 155, 175, 176, 180, 181,
　　210, 221, 224, 228, 232, 240,
　　261-266, 269, 270, 277, 278,
　　283, 287, 306

國家圖書館出版品預行編目資料

教育認識論／賈馥茗著.
—初版.—臺北市：五南，2003〔民92〕
面；　公分.
參考書目:面
含索引
ISBN　978-957-11-3310-2（平裝）
1.教育－哲學,原理
520.11　　　　　　　　　92010282

1ILW
# 教育認識論

作　　者－賈馥茗

發 行 人－楊榮川

總 編 輯－王翠華

主　　編－陳念祖

責任編輯－李敏華

出 版 者－五南圖書出版股份有限公司

地　　址：106台北市大安區和平東路二段339號4樓

電　　話：(02)2705-5066　傳　　真：(02)2706-6100

網　　址：http://www.wunan.com.tw

電子郵件：wunan@wunan.com.tw

劃撥帳號：01068953

戶　　名：五南圖書出版股份有限公司

台中市駐區辦公室/台中市中區中山路6號

電　　話：(04)2223-0891　傳　　真：(04)2223-3549

高雄市駐區辦公室/高雄市新興區中山一路290號

電　　話：(07)2358-702　傳　　真：(07)2350-236

法律顧問　林勝安律師事務所　林勝安律師

出版日期　2003年7月初版一刷
　　　　　2015年3月初版四刷

定　　價　新臺幣420元

※版權所有·欲利用本書全部或部分內容，必須徵求本公司同意※